本书为山东省高等学校"优势特色学科"建设学科（体育学）、山东省高校优秀青年创新团队（中华优秀传统文化传承研究团队）、山东省泰山学者青年专家计划资助出版项目的研究成果

村落体育表演赋能乡村振兴研究

周芳 著

中国社会科学出版社

图书在版编目(CIP)数据

村落体育表演赋能乡村振兴研究 / 周芳著 . —北京：中国社会科学出版社，2024.1
ISBN 978 - 7 - 5227 - 3091 - 2

Ⅰ.①村… Ⅱ.①周… Ⅲ.①农村—体育表演—作用—农村—社会主义建设—研究—中国 Ⅳ.①F320.3

中国国家版本馆CIP数据核字（2024）第037837号

出 版 人	赵剑英
责任编辑	郝玉明　李　立
责任校对	谢　静
责任印制	张雪娇
出　　版	中国社会科学出版社
社　　址	北京鼓楼西大街甲158号
邮　　编	100720
网　　址	http://www.csspw.cn
发 行 部	010 - 84083685
门 市 部	010 - 84029450
经　　销	新华书店及其他书店
印　　刷	北京君升印刷有限公司
装　　订	廊坊市广阳区广增装订厂
版　　次	2024年1月第1版
印　　次	2024年1月第1次印刷
开　　本	710×1000　1/16
印　　张	15.5
插　　页	2
字　　数	245千字
定　　价	98.00元

凡购买中国社会科学出版社图书，如有质量问题请与本社营销中心联系调换
电话：010 - 84083683
版权所有　侵权必究

序 言

本书共五章，主体部分包括四章，分别为村落体育表演论略、乡村振兴与村落体育表演的内在逻辑、村落体育表演赋能乡村振兴战略的个案、村落体育表演赋能乡村振兴的发展路径优化。

第二章，村落体育表演论略。本章分五部分梳理村落体育表演的基础理论。第一部分界定村落体育表演的内涵，认为村落体育表演是以村落为主要表演场域，以传统体育项目（近代体育传入以前我国就已有的体育活动）为表演内容，以个体或集体身体运动为表演形式，通过技术动作、身体姿态、表情造型等表演方法，为实现健身、休闲、娱乐等目标而进行的民间体育活动。第二部分依托历史学对社会发展阶段的划分，结合村落体育表演的历时性变迁特征，将其演进历程分为古代村落体育表演的雏形、近代村落体育表演的发展和当代村落体育表演的转型三个阶段。第三部分根据表演目的、表演人员和表演项目来源对村落体育表演进行分类。第四部分阐释村落体育表演动作的模仿性、表演特色的差异性、表演形式的朴素性等特征。第五部分论述村落体育表演具有的健身健体、教育教化、娱乐健心、社会治理、经济发展以及文化传承价值。

第三章，乡村振兴与村落体育表演的内在逻辑。本章分两部分阐述乡村振兴与村落体育表演的互融互通关系。第一部分阐明乡村振兴为村落体育表演的新时代发展提供了环境和契机。第二部分论述村落体育表演为乡村振兴战略的落地实施提供思想来源和实践支持。村落体育表演以集体行动和个体行动两种方式推动乡村振兴实践，乡村振兴在村落体育表演中的现象表达主要体现在促进村落产业振兴、提升村落社会治理水平和加速村落文化共同体构建等层面。

第四章，村落体育表演赋能乡村振兴战略的个案。本章主要从四个部分进行个案的深度解读。第一部分依托代表性原则和典型性原则，运用分层抽样法和区域抽样法，遴选独具代表性和典型性的袁村鼓子秧歌、尚村竹马和梭村舞龙作为研究个案。第二部分介绍袁村鼓子秧歌的缘起、发展历程和文化内涵，重点论述了精英引领袁村鼓子秧歌表演赋能乡村振兴的表现和现实困境。第三部分介绍尚村竹马的缘起、发展历程和文化内涵，重点论述了政府推动尚村竹马赋能乡村振兴的表现和现实困境。第四部分介绍梭村舞龙的缘起、发展历程和文化内涵，重点论述梭村自组织舞龙表演赋能乡村振兴的表现和现实困境。

第五章，村落体育表演赋能乡村振兴的发展路径优化。本章主要从三个部分阐述优化路径。第一部分论证村落体育表演赋能乡村振兴的指导思想、目标与原则。其中，村落体育表演赋能乡村振兴应该牢固树立以广大村民为发展主体的指导思想，充分利用乡村智慧，唤醒村民文化自觉，让村落体育表演成为村民美好生活的着力点，成为村民生活有序、精神完满的文化创造，让村落成为村民安居乐业的美丽家园。村落体育表演赋能乡村振兴应该坚持村民主体地位、村落特色、创新发展、和谐发展等四项基本原则，以提高村民身心健康、助力健康中国，丰富村民日常生活、提升生命质量，增加村民经济收入、提高生活水平为发展目标。第二部分指明不同发展类型的村落体育表演具有不同的优化路径。精英引领型村落体育表演具有寻求政府支持，对接顶层需求，稳定精英团体，确保村落体育表演的品牌化、特色化和创新化发展等优化路径。政府推动型村落体育表演可选择引导村落精英积极作为，合理开发村落体育表演文化；鼓励村落力量参与，借力村落旅游发展村落体育表演；拓展衍生产业，提高村民的文化自觉意识等优化路径。而自组织型村落体育表演可选择加强自组织建设，提高村落体育表演核心竞争力；动员全员参与，筑牢村落体育表演的群众基础；获取政府帮助，提升村落体育表演的影响力等优化路径。研究创新性提出多元主体协同推动村落体育表演的发展类型，探讨深化多元主体协同发展村落体育表演的理念认同、强化多元主体协同发展村落体育表演的部门协同、明晰多元主体协同发展村落体育表演的责任分担等机制，并给出了拓展村落体育表演在学校教育中的传承空间；

加大村落体育表演组织化、日常生活化融入；延续村落体育表演制度化、谱系化非遗传承；开展村落体育表演信息化、科学化创新发展和扩大村落体育表演竞赛化、标准化项目开发等路径选择。第三部分提出村落体育表演赋能乡村振兴的六大发展保障体系，分别是政府部门联动协作、村落精英主动参与、积极引导村落体育表演自组织发展、提升村落村民的文化自觉和文化认同、促进村落文化产业和村落体育表演的良性发展、加大专家学者科研助力。

目 录

第一章　导论 / 1
　第一节　研究依据和意义 / 1
　第二节　国内外研究综述 / 5
　第三节　研究对象与方法 / 25
　第四节　研究思路与创新 / 28
　第五节　理论基础 / 30

第二章　村落体育表演论略 / 40
　第一节　村落体育表演本体论 / 40
　第二节　村落体育表演的演进 / 55
　第三节　村落体育表演的分类 / 63
　第四节　村落体育表演的特征 / 69
　第五节　村落体育表演的价值 / 76

第三章　乡村振兴与村落体育表演的内在逻辑 / 82
　第一节　乡村振兴中的村落体育表演 / 82
　第二节　村落体育表演中的乡村振兴 / 100

第四章　村落体育表演赋能乡村振兴战略的个案 / 108
　　第一节　个案选取原则与方法 / 108
　　第二节　个案一：袁村鼓子秧歌表演 / 111
　　第三节　个案二：尚村竹马表演 / 134
　　第四节　个案三：梭村舞龙表演 / 158

第五章　村落体育表演赋能乡村振兴的发展路径优化 / 178
　　第一节　村落体育表演赋能乡村振兴的指导思想、目标与原则 / 178
　　第二节　村落体育表演赋能乡村振兴发展路径的优化设计 / 183
　　第三节　村落体育表演赋能乡村振兴发展路径的运行保障 / 209

参考文献 / 216

后　记 / 239

第一章 导论

第一节 研究依据和意义

一 研究依据

村落是乡土中国的最基本社会单元,也是集血缘、亲缘、宗缘、地缘于一体的乡村民俗文化的重要载体,蕴含着华夏五千年文化的基因密码。村落文化作为优秀传统文化的根基,是中华民族文化复兴的重要源泉。村落体育表演作为村落文化的重要组成部分,种类繁多,内容丰富,形式多样,具有乡村古朴气息与浓郁氛围,深受村落民众喜爱,富有极强的观赏性与文化张力。它集中反映了村落独特地缘空间下,村民特有的风土人情、价值观念、文化习俗和生活情趣,是中华优秀传统文化勃勃生机与生命力之所在。

实施乡村振兴战略是传承中华优秀传统文化的有效途径。习近平总书记在十三届全国人大一次会议上的重要讲话中指出:"要推动乡村文化振兴,加强农村思想道德建设和公共文化建设,以社会主义核心价值观为引领,深入挖掘优秀传统农耕文化蕴含的思想观念、人文精神、道德规范,培育挖掘乡土文化人才,弘扬主旋律和社会正气,培育文明乡风、良好家风、淳朴民风,改善农民精神风貌,提高乡村社会文明程度,焕发乡村文明新气象。"[①] 2021

[①]《习近平李克强王沪宁赵乐际韩正分别参加全国人大会议一些代表团审议》,《人民日报》2018年3月9日第1版。

年《中共中央国务院关于全面推进乡村振兴加快农业农村现代化的意见》又再次指出:"深入挖掘、继承创新优秀传统乡土文化,把保护传承和开发利用结合起来,赋予中华农耕文明新的时代内涵。"①

村落体育表演作为中国乡土文化和中华优秀传统文化的重要载体,在传承中华优秀传统文化、彰显中华美德、弘扬社会主义核心价值观等方面发挥着积极而广泛的作用,是全面推进乡村振兴战略,推动中华优秀传统文化创造性转化、创新性发展,加快农业农村现代化建设的重要文化资源。

二 研究意义

(一)探寻乡村振兴战略下村落体育表演发展的实践经验

村落作为构建社区内生型秩序的公共空间,是在人与自然长期协调平衡的生态环境下逐渐生成的。② 村落是村落体育表演得以传承发展的先决条件。通过见人见物见生活的深刻洞察,到村落结构和特性中去寻找村落体育表演的独特价值和韵味,是新时代传承非物质文化遗产的重要方式。

村落体育表演是我国非物质文化遗产的重要组成部分,承载着一个地域的文化血脉和思想精华,反映特定历史时期的生产关系和人类认知能力,是维系国家统一、民族团结的重要精神纽带。村落体育表演不应只是现代体育手段的补充,而应将传统村落体育表演文化习俗纳入现代文化价值体系,引领风尚、教育人民、服务社会和推动乡村发展,成为广大农村开展体育活动易抓、可行、有效的手段。村落体育表演以融入人民日常生活为显著特点,是人们最直接感知、最容易理解的文化传统,它不仅是丰富人们精神文化生活的重要手段,也是构建和谐社会、建设社会主义先进文化、实现乡村振兴的宝贵资源。因此,应以村落体育表演为核心,以村落文化建设和传承为目的,提升村容村貌,带动村落旅游开发、休闲娱乐、住宿餐饮等相关行业的发展,实现乡村产业振兴、人才振兴、文化振兴、生态振兴、组织振兴。

---

① 《中共中央国务院关于全面推进乡村振兴加快农业农村现代化的意见》,《人民日报》2021年2月22日第1版。

② 参见韩明谟《农村社会学》,北京大学出版社2001年版,第73页。

(二) 对接国家乡村振兴战略，促进农业农村现代化

乡村振兴战略是中国政府深耕农村百年变迁历史与建设经验的重大决策部署。城镇化背景下，沿袭千年的村落社会格局正在发生日新月异的新变化、新形式，面临着新的挑战和新的机遇。物质生活的提升给村落传统精神文化带来极大冲击，追求时尚、简约的生活方式正在改变着农村人民的生活习惯。[1] 中国改革开放的经济发展经验证明，乡村社会的现代化发展应该在提高农村居民生活水平的同时，重视文明乡风、良好家风和淳朴民风建设。

村落承载着中华民族的历史记忆，维系着中华文明的血脉，寄托着中华各族儿女的乡愁。村落体育表演长期浸润于村落生活语境，是村民生动鲜活的民间传统的真实体现。村落体育表演贯穿着一方村民的集体智慧、生活乐趣与文化逻辑，传承着我国民间社会千百年来形成的道德观念、精神需求和价值体系等，构成了一种无形的群体性行为规范。新时代村落文化建设需要可以依赖的载体，需要可以依靠的抓手。本书提出以村落体育表演为中介，依托其独特的凝结性、深厚的本土性、广泛的参与性，延续传统文化习俗，调整农村文化生态，丰富村民日常生活，满足人民群众日益增长的精神文化生活需求，促进新时代农民美好生活的实现。

(三) 挖掘村落体育表演文化，保护中华文化多样性

中华民族创造了辉煌灿烂的华夏文明，其中蕴含着纯然厚重的中华文化。习近平总书记曾指出，要讲好中国故事，提高国家文化软实力和中华文化影响力，只有讲清中华文化的独特创造、价值理念、鲜明特色，才能更好地增强文化自信和理论自信。[2] 中国村落文化古朴典雅，历史厚重，是中国文化多样性的重要组成部分。在新时代中国特色社会主义事业和经济建设的高质量发展时期，除发挥精英文化、主流文化的引领示范作用外，还需在五千年中华民族精神和文化中寻找力量和源泉，不断增强中华民族的文化自信、理论自信，凝聚人心、振奋精神，不断开创中国特色社会主义事业发展新局面。

---

[1] 参见潘鲁生《点击激活农村文化产业这"篇"重要链接》，http://www.dzwww.com/2006wbh/zxbd/t20060215_1354329.htm，2006年2月15日。

[2] 参见张岂之《深刻认识中华文化的历史渊源》，《人民日报》2014年5月16日第7版。

村级行政单位村落作为最基层和最基本的细胞，其在促进文化遗产的保护、传承和发展中的作用毋庸置疑。①

住建部《全国村庄调查报告》和《2019年城乡建设统计年鉴》的数据显示，我国行政村总数由1978年的69万个减少到2019年的51.5万个，而自然村总数也由1984年的420万个减少到2019年的251.3万个，年均减少4.8万个。② 村落是文化传承的"活化石"，是文化展现的重要场域空间，村落数量的不断减少，其伴生的村落体育表演文化也不断消亡，逐渐成为珍贵的历史文化遗产。中国历史学家余英时认为，中国文化的重建问题可归结为中国传统文化的基本价值在现代化的要求下如何调整与转化的问题。③ 中国追求的现代化目标是构建一个新的文明秩序，新文明秩序的形成断然离不开文化传统的启蒙。④ 城镇化建设对传统乡村文化、对传统乡村社会秩序与文化秩序的消解，使得农耕文明积淀下的中华传统村落文化迅速瓦解、消失、涣散、泯灭，现代化与传统文化特别是乡村民俗传统文化之间的距离越拉越大。因此，如何走出乡村文化建设迷失困境，缓解当代文化认同危机，村落体育表演是探寻乡村振兴战略下村落文化、村落体育文化发展必不可少的新路径、新视角。

民俗文化传承是当代中国"地方性知识""地方性标志"形成的关键。村落体育表演传承着中华文化传统，延续了华夏文明血脉，蕴含着丰富的身体文化形态和民族文化内涵。因此，在保持鲜明民族传统体育特色基础上，本研究深挖村落体育表演内涵，立足村落场域，凸显村落文化韵味，不断拓展我国村落体育表演的文化生态空间和生存空间，在挖掘其带动村落经济文化发展潜力的同时，为传承延续中华文化多样性提供参考。

---

① 参见张士闪《非物质文化遗产保护与当代乡村社区发展——以鲁中地区"惠民泥塑""昌邑烧大牛"为实例》，《思想战线》2017年第1期。
② 参见丁忠明、冯德连、张廷海、徐旭初《变迁与创新：乡村振兴战略的本土逻辑与高质量推进》，《财贸研究》2021年第4期。
③ 参见余英时《文史传统与文化重建》，生活·读书·新知三联书店2004年版，第430—432页。
④ 参见金耀基《论中国的"现代化"与"现代性"——中国现代文明秩序的建构》，《北京大学学报》（哲学社会科学版）1996年第1期。

第二节　国内外研究综述

一　国外研究现状

本研究以"traditional sports""traditional games""folk dancing""rural sports""performs""festival performance"等为篇名、主题、关键词在 EBSCOhost（ASP + BSP）全文数据库、JSTOR（西文过刊全文数据库）、ProQuest 数据库、Springer Online Journals（施普林格在线期刊）、Web of Science 文献检索平台、PQDT（博硕士论文全文数据库）等进行文献检索。国外有关体育表演、村落体育表演的研究报道主要表现为以下几个方面。

（一）体育表演概念探索研究

古希腊哲学家柏拉图将表演表述为一种模仿，英语中的 perform/act/play 都含有表演的意思。① 表演是一个包括政治、经济、娱乐、艺术、仪式、民俗、体育与人际互动的"广谱"，是主体身心融合状态下的行动体现，并且多方面地影响人类的现实生活②③。19 世纪法国唯物主义哲学家狄德罗说："在人们的交往中，除了声音和动作，再没有什么别的。"④

1955 年，美国学者 G. Stone 发表著作《美国的体育运动：表演与展示》，他将体育运动分为展示（display）和表演（play）两种类型，并首次提出体育表演这一名词。⑤ 随着体育赛事活动的日益频繁，观众数量持续增加，体育竞赛表演成为当时极为重要的特殊事件，并持续带动观众的激情和狂热。⑥ 荷

---

① 参见［古希腊］亚里士多德《诗学》，陈中梅译，人民文学出版社 1998 年版，第 209 页。
② 参见 Richard Schechner, "A New Paradigm for Theatre in the Academy", *The Drama Review*, Vol. 36, No. 4, 1992。
③ 参见王杰文《"表演"与"表演研究"的混杂谱系》，《世界民族》2012 年第 4 期。
④ 参见《列宁选集》第 2 卷，人民出版社 1972 年版，第 32 页。
⑤ 参见仇军《西方体育社会学：理论、视点、方法》，清华大学出版社 2010 年版，第 17 页。
⑥ 参见［法］乔治·维加雷洛《从古老的游戏到体育表演：一个神话的诞生》，乔咪加译，中国人民大学出版社 2007 年版，第 92 页。

兰学者 Johan Huizinga 认为，英语中的"play"源于盎格鲁-撒克逊语 plega plegan，原意指"游戏"或"玩"，也指快速运动，手的抓握，身体姿态，鼓掌喝彩和各种身体活动等。① 学界认为身体活动沿着从 play 到 game 再到 sport 的过程。美国学者 David Barboza 认为，体育（sport）是为了欢娱而从事的一种身体活动，是娱乐消遣的源泉，与娱乐并无二致。② 因此，一般西方学者将观赏体育竞赛视为一种娱乐活动，体育被视为一种表演活动。

Johan Huizinga③、Little John. S. W.④、Guterman⑤ 等学者，从不同侧面将"二战"后体育竞赛的迅速发展总结为表演化的推动。Richard Schechner 从社会表演学的视角入手，认为不管是体育运动的参与者还是体育运动的观赏者，从奥林匹克竞技到各种各样类型的比赛都是非常重要的表演形式。⑥ 这些研究成果传播到中国后，影响了中国学者对体育表演的理论认知，促进了中国学者对于体育表演研究的开展。

约瑟夫·马奎尔（Y. Maguire）将体育竞赛表演视同影视作品一样的表演，他认为"体育场如同剧场，沉浸其中可以获得一系列或愉悦，或兴奋，或愤怒的情感体验。情感表现伴随着比赛结果的变化而变得不确定，但观看体育竞赛表演的意义在于从情感、精神和社交等方面进行了投入和付出"⑦。美国社会学家杰·科克利（Jay J. Coakley）认为明星运动员在竞技比赛中就是一个演员，体育竞赛就是他们表演的舞台，前美国职业篮球运动员丹尼斯·罗德曼（Dennis Rodman）承认通过自己的举止、文身和头发颜色，来展

---

① 参见［荷］约翰·赫伊津哈《游戏的人：文化中游戏成分的研究》，何道宽译，花城出版社 2007 年版，第 41 页。

② 参见 David Barboza, Michael Jordan, "Movie Is Sports Marketing in New and Thinner Air", *The New York Times*, No. 16, 2000。

③ 参见［荷］约翰·赫伊津哈《游戏的人：文化中游戏成分的研究》，何道宽译，花城出版社，2007 年版，第 41 页。

④ 参见［美］斯蒂芬·李特约翰《人类传播理论》，史安斌译，清华大学出版社 2009 年版。

⑤ 参见［美］古特曼《从仪式到纪录：现代体育的本质》，花勇民译，北京体育大学出版社 2012 年版。

⑥ 参见［美］理查·谢克纳主编《人类表演与社会科学》，孙惠柱中文主编，文化艺术出版社 2008 年版，第 3—5 页。

⑦ ［英］约瑟夫·马奎尔、［英］凯文·扬主编：《理论诠释：体育与社会》，陆小聪主译，重庆大学出版社 2012 年版，第 4 页。

现一种取悦于人的风格和形象。① 美国著名体育评论员鲍勃·科斯塔斯（Bob Coastas）认为，当运动员被看作表演者时，他们看待事情、处理问题的方式会发生一定变化；当需要取悦于那些对某项体育运动没有相应技术知识的人时，取向也会发生改变。② 综上，国外学者所指的"体育表演"更多地属于竞技体育表演或体育竞赛表演，将观赏体育竞赛视为一种娱乐活动。

（二）村落体育表演的价值研究

村落体育表演带动经济发展的相关研究较为多见。西方国家以乡村旅游为抓手，促进经济多样化发展，提振乡村经济，村落体育表演扮演了重要的角色。Meida McNeal 以特立尼达狂欢节为例，认为应该通过加强表演的创作实践来加深青年群体的国家、地方和社区概念。③ Regina Bendix 研究发现瑞士茵特拉肯村民俗展览中的舞蹈、摔跤等体育表演活动坚持本土化特色发展，促进了民俗旅游的经济提升。④ Katherine Dashper 认为女性参与骑马表演活动塑造了独具特色的乡村休闲景观，提高了村落的影响力。⑤ Vasiliki Georgoula 等提出希腊卡拉马塔舞蹈节经过 22 年的运作，已成长为城市品牌的代表。⑥ Michael Dubnewick 等通过参与式研究，认为参与传统游戏表演能够增加土著青年的体育经验，促进青年的文化自豪感。⑦

村落体育表演推动社会发展开始成为新的关注点。Lydia Zeghmar 认为地

---

① 参见［美］杰·科克利《体育社会学——议题与争议》，管兵等译，刘精明审校，清华大学出版社 2003 年版，第 425 页。
② 参见［美］杰·科克利《体育社会学——议题与争议》，管兵等译，刘精明审校，清华大学出版社 2003 年版，第 425 页。
③ 参见 Meida McNeal, "Navigating the Cultural Marketplace: Negotiating the Folk in Trinidadian Performance", *Latin American and Caribbean Ethnic Studies*, Vol. 8, No. 1, 2013。
④ 参见 Regina Bendix, "Tourism and Cultural Displays: Inventing Traditions for Whom?", *The Journal of American Folklore*, Vol. 102, No. 404, 1989。
⑤ 参见 Katherine Dashper, "Strong, Active Women: (Re) Doing Rural Femininity Through Equestrian Sport and Leisure", *Ethnography*, Vol. 17, No. 3, 2015。
⑥ 参见 Vasiliki Georgoula, Theano S. Terkenli, "Tourism Impacts of International Arts Festivals in Greece. The Cases of the Kalamata Dance Festival and Drama Short Film Festival", in Katsoni, V., Velander, K. eds., *Innovaoive Approaches to Tourism and Leisure*, Springer, 2018。
⑦ 参见 Michael Dubnewick, Tristan Hopper, John C. ets., "There's a Cultural Pride Through Our Games: Enhancing the Sport Experiences of Indigenous Youth in Canada Through Participation in Traditional Games", *Journal of Sport & Social Issues*, Vol. 42, No. 4, 2018。

方政府的文化机构和文化政策对于土耳其传统舞蹈从村庄表演延伸到社会制度的过程中，发挥了重要的作用，成为地方认同的重要工具。① Climence Scalbert-Yucel 从性别、宗教、国际化和文化赋予等方面论证了吉卜赛人保留了几个世纪的传统体育表演项目巴斯克球的发展历史，体现出原始文化和集体认同的国家认同工具性，凸显了民族特征。② Ryan Copus 和 Hannah Laqueur 以美国芝加哥城为观察点，发现在超级碗、美国篮球协会比赛和职业棒球联赛等大型体育赛事表演活动赛季，芝加哥市的小型犯罪事件减少甚至消失，体现了体育表演的社会治理功能。③

此外，Katsushi Ikeuchi 等提出采用机器人表演来拓展舞蹈类等非物质文化遗产的保护路径，以舞蹈表演动作为基础，构建任务模型、技能模型和表演模型等程序，为未来的科技化融入研究打下了一定的理论基础。④ Climence Scalbert-Yucel 以土耳其的 YesilYayla 节为例，认为传统的歌舞表演发挥了重要的中介作用，构建的文化活动网络，提供了社区建设的动力，其所属的 Arhavi 镇成为当地的文化重镇。⑤ Michelle Whitford 通过定性研究方法，对昆士兰 18 个地方和州政府年度体育的参与者和主要利益相关者进行半结构化访谈，研究认为以体育表演为主要特色的节日活动，实现了从文化资本到社会资本的转化，促进了经济增长，被用作当地维持经济发展的工具，也成为促进社区可持续发展的重要因素。⑥

（三）乡村振兴的经验探索

世界各国的乡村发展历程不尽相同，但都先后出现农业经济地位下降、

---

① 参见 Lydia Zeghmar, *Tradition Makers. The Recognition Process of a Local Dance: From the Village to the Institutions*, Turkish Cultural Policies in a Global World, 2018。
② 参见 Bartosz Prabucki, "Small Nation, Big Sport: Basque Ball-Its Past and Present Cultural Meanings for the Basques", *The International Journal of the History of Sport*, Vol. 34, No. 10, 2017。
③ 参见 Ryan Copus, Hannah Laqueur, "Entertainment as Crime Prevention: Evidence From Chicago Sports Games", *Journal of Sports Economics*, Vol. 20, No. 3, 2019。
④ 参见 Katsushi Ikeuchi, Yoshihiro Sato, Shin'ichro Nakaoka, "Task Modeling for Reconstruction and Analysis of Folk Dance", *Dance Notations and Robot Motion*, No. 5, 2016。
⑤ 参见 Climence Scalbert-Yucel, "The Dream of a Village: The YesilYayla Festival and the Making of a World of Culture in the Town of Arhavi", *Turkish Cultural Policies in a Global World*, No. 19, 2018。
⑥ 参见 Michelle Whitford, Lisa Ruhanen, "Indigenous Festivals and Community Development: A Sociocultural Analysis of an Australian Indigenous Festival", *Event Management*, No. 17, 2013。

农村基础设施薄弱、青壮年人口外流、环境污染和资源短缺等共性问题，无论是发达国家，还是发展中国家，都采取了适合本国国情的应对措施，以促进乡村重构和社区建设，实现振兴农村、服务于城镇化的健康发展。为解决城市市区人口密度过高、交通拥堵等"城市病"问题，美国的新城镇开发建设、英国的农村中心村建设、法国的"农村振兴计划"先后出台。① 后工业化发展国家日本、韩国等，在国内农业衰退、城乡发展差距日益扩大等突出问题出现时，及时推行农村振兴与建设运动，如韩国的新农村运动侧重于改善农村生产环境、扩大收入来源和树立社会新风尚②，日本的村镇综合建设示范工程寻求在乡土价值层面的突破③等。上述国家通过体制机制创新，不断改善农村生产条件，推进农村社区基础设施建设，提高农民生活条件，盘活农村土地资源，采取补贴政策吸引人口返回农村等措施，改善了农村日益衰落的情境。

二　国内研究现状

（一）村落体育研究

1. 村落体育的概念、分类和特征研究

农村体育的主体是村落体育。村落体育是在农村村落环境下，以村民为主体，以自在的或混含着娱乐消闲、健体等目的所进行的非生产性的身体运动的统称。④ 罗湘林对湖南省中部区域的刘村开展的村落体育活动进行了分类。⑤

虞重干等提出农村体育的根基在村落。⑥ 我国村落体育具备时代性和民族性、继承性和融合性、家族性和共同性、自发性和开放性、地域性和民俗性

---

① 参见 Carr. P. J., Kefalas, M. J., "Hollowing Out the Middle: the Rural Brain Drain and What it Means for America", *Journal of Rural Social Science*, Vol. 291, No. 14, 2010。

② 参见 Park, Chung Hee, *Saemaul: Korea's New Community Movement*, Korea Textbook Co. Ltd., 1979。

③ 参见［日］南真二《里山保全の方向性と法の仕組み》，《法政理論》2008 年第 40 期。

④ 参见罗湘林《村落体育研究——以一个自然村落为个案》，博士学位论文，北京体育大学，2005 年。

⑤ 参见罗湘林《村落体育研究——以一个自然村落为个案》，博士学位论文，北京体育大学，2005 年。

⑥ 参见虞重干、郭修金《农村体育的根基：村落》，《武汉体育学院学报》2007 年第 7 期。

等文化特征。① 应发挥村落体育独特的社区整合、民间文化传承、文明乡风建设、规避社会失范和推进社会主义新农村建设功能②，以及为新农村建设提供丰富的精神沃土，营造村落和谐环境，促进村落富裕和促进农村生活现代化等功能③。学者们纷纷献计献策，如郭修金等以沈泉庄村为田野调查点，探析了村落体育的若干特征和社会功能；④ 李会增构建出村落体育与生产劳动、文化艺术和民族文化相结合的发展模式；⑤ 孙风林通过对郭村的深刻观察，认为村落体育包括自生、共生、再生、变异、移植等五大生态类型；⑥ 王建伟指出村落体育在未来发展中与经济发展同步，"培育与输入"并举，培养村落领袖、与学校体育结合的发展定位。⑦ 目前全国各地各具特色的村落体育相继进入学者视野，展现了我国村落体育活动的各种形态，拓展了村落体育的研究宽度和厚度。

表1-1　　　　　　　　　　村落体育分类一览表

分类标准	类别	代表性项目
活动主体	村落性的活动	舞龙
	小群体性活动	群体游戏
	个体性活动	练武
活动时段	日常性活动	公共性游戏，举石锁，抵杠，武术
	节庆性的活动	舞龙，踏青，登高

---

① 参见李会增等《我国村落体育的文化特征及发展模式研究》，《北京体育大学学报》2007年第10期。

② 参见郭修金、虞重干《村落体育的主要特征与社会功能探析——山东临沂沈家庄的实地研究》，《广州体育学院学报》2007年第3期。

③ 参见王建伟《新农村建设背景下村落体育文化的功能、变迁及定位》，《首都体育学院学报》2014年第1期。

④ 参见郭修金、虞重干《村落体育的主要特征与社会功能探析》，《广州体育学院学报》2007年第3期。

⑤ 参见李会增等《我国村落体育的文化特征及发展模式研究》，《北京体育大学学报》2007年第10期。

⑥ 参见孙风林《村落体育的社会生态学分析——以河北沧州郭村为例》，《体育科学》2013年第3期。

⑦ 参见王建伟《新农村建设背景下村落体育文化的功能、变迁及定位》，《首都体育学院学报》2014年第1期。

续表

分类标准	类别	代表性项目
活动性质	仪式性的活动	舞龙
	娱乐性的活动	游戏
	功利性的活动	武术

资料来源：笔者根据罗湘林的博士学位论文内容整理所得。

2.村落体育的发展研究

村落体育是村落文化的重要组成部分，学者们对于各地村落体育项目的梳理和剖析，为深入了解村落体育的作用、功能，把握村落体育的发展对策等奠定了良好的基础。尤其是2004年中国农村体育年提出后，较多学者以典型村落为观照点，对农村体育开展了多方面的研究。

罗湘林最早开展村落体育研究，指出村落体育结构包括体育活动主体、条件和形式三个要素，村落体育兼有仪式性、功利性和娱乐性。[①] 该项研究成果是质的研究与个案研究结合的成功范例，成功运用社会学研究中的重要研究方法，为开展后续研究提供了宝贵的借鉴经验和启示。

胡庆山等指出发展新农村体育是建设社会主义新农村的题中之义，塑造社会主义新型农民的必要途径，提出大力推动实施"农民体育健身工程"，建立农村体育发展的长效机制，多方培育农村体育的主体力量等措施来构建和谐社会背景下的和谐体育。[②] 万义以土家族双凤村为研究对象，分析村落传统体育文化生态结构和变迁、传承方式和传承困境及生态修复机制等问题，探讨村落少数民族传统体育应建立和社会主义市场经济相一致的生态系统，完善生态修复机制，营造以少数民族传统体育发展为核心的文化生态村。[③] 孙风林建议通过"四干预原则"完善村落体育的生态化发展路径。[④] 王明建以陈家沟、鲍屯、

[①] 参见罗湘林《对一个村落体育的考察与分析》，《体育科学》2006年第4期。

[②] 参见胡庆山、王健《新农村建设中发展"新农村体育"的必要性、制约因素及对策》，《体育科学》2006年第10期。

[③] 参见万义《村落少数民族传统体育发展的文化生态学研究——"土家族第一村"双凤村的田野调查报告》，《体育科学》2011年第9期。

[④] 参见孙风林《村落体育的社会生态学分析——以河北沧州郭村为例》，《体育科学》2013年第3期。

鲍店东街三个村落为研究个案,通过透视"微观村落"里的武术文化现象,深刻剖析中国武术发展中的"社会生态"和"社会动因"问题,通过深入的社会学解读与分析获得对中国武术文化的更深层次理解①②。此外,国内学者还对瞻淇村、烟台诸村、南岔村、天穆村、乌珠牛录村等村落体育发展变迁中的问题进行深入探讨,这些精细的刻画和解读为本研究的开展提供了诸多启发和经验。

村落生产方式、农民生活方式、农民的传统思维和价值观制约着村落体育的开展。③ 少数民族地区"亿万农民健身工程"的推广进入学者视野,高静飞"深描"湘西州苗族村落农民体育的发展现状④,何迎以老官李村传统体育表演活动兴盛—衰退—重现—转型的演进为切入点,认为社会变迁加快了现代体育项目在村落的传播,提出"以人为本"村落体育发展的应对策略。⑤ 汪俊祺论证了徽州村落体育创意产业扶贫的价值,提出发挥政府作用、规范体育创意企业行为、打造人才高地、加大职业培训普及面及普及力度的徽州村落体育创意产业扶贫对策。⑥

(二)民俗体育研究

自20世纪80年代学界提出"民俗体育"的概念后,21世纪初达到民俗体育的研究热潮,且成果数量喜人,水平较高,相关成果为本研究的开展提供了重要的资料基础和可供借鉴的思路。

1. 民俗体育的概念、分类研究

民俗体育是人类社会结构不断进化的产物,是普通民众生活中的一部分。林伯原认为中国岁时礼仪民俗中体育的形成,与各地区的自然环境、生产方式、行为方式、生活习俗密不可分,因自然崇拜、神鬼迷信和禁忌而产生的民俗体育活动伴随社会发展逐渐转变为娱乐性活动。⑦

---

① 参见王明建《武术发展的社会生态与社会动因》,博士学位论文,上海体育学院,2013年。
② 参见王明建《拳种与村落:武术人类学研究的实践空间》,《成都体育学院学报》2016年第1期。
③ 参见姚磊《村落体育发展的制约因素及对策》,《体育文化导刊》2012年第9期。
④ 参见高静飞《湘西州苗族村落体育研究》,硕士学位论文,吉首大学,2012年。
⑤ 参见何迎《村落传统表演型体育活动的演进》,硕士学位论文,首都体育学院,2013年。
⑥ 参见汪俊祺《与乡村旅游融合的徽州村落体育创意产业扶贫价值、困境、对策——结合徽州武术创意产业进行分析》,《宁夏社会科学》2016年第5期。
⑦ 参见林伯原《论中国岁时和礼仪民俗中的传统体育》,《北京体育学院学报》1993年第1期。

涂传飞等认为民俗体育是"由一定民众所创造，为一定民众所传承和享用的集体化、模式化、传统性、生活化的体育活动，兼有体育文化和生活文化的双重特点"①。陈红新等则认为民族体育中包含民俗体育，民俗体育是传统体育的重要组成部分。② 王俊奇指出民俗体育与民间风俗习惯关系密切，具有集体性、传承性和模式性特点。③

学者依据生产方式、地理地形、历史文化、宗教信仰对民俗体育分类。如，王俊奇将民俗体育分为游艺类民俗、经济类民俗、社会类民俗、竞技类民俗、信仰类民俗等。④ 罗远标等按照时代特点分为传统民俗体育文化、海洋民俗体育文化、现代民俗体育文化。⑤

2. 民俗体育的特征、功能研究

民俗体育的特征是民俗体育的本真问题。涂传飞等认为民俗体育的内在特征包括竞技性、依附性、民族差异性、娱乐性和人类共同性；观赏性、变异性、历史性、地域性和传承性是其外部特征。⑥ 张同宽认为陆地民俗体育与海洋民俗体育互动发展。⑦ 周建琼提出要把握民俗体育文化特征，推演民俗体育发展规律，探寻民俗体育发展路径⑧。张华江认为民俗体育具有原始崇拜性、固有生活性、自然场域性、特有象征性等特点。⑨

民俗体育的功能价值也受到学者的关注。熊晓正认为优化民俗传统体育功能，立足文化自信，才能在全球化格局中站稳脚跟，凸显风采。⑩ 王岗认为

---

① 参见涂传飞、余万予、钞群英《对民俗体育特征的研究》，《武汉体育学院学报》2005年第11期。
② 参见陈红新、刘小平《也谈民间体育、民族体育、传统体育、民俗体育概念及其关系——兼与涂传飞等同志商榷》，《体育学刊》2008年第4期。
③ 参见王俊奇《也论民间体育、民俗体育、民族体育、传统体育概念及其关系——兼与涂传飞、陈红新等商榷》，《体育学刊》2008年第9期。
④ 参见王俊奇《关于民俗体育的概念与研究存在的问题——兼论建立民俗体育学科的必要性》，《西安体育学院学报》2007年第2期。
⑤ 参见罗远标、梁丽凤《海南民俗体育研究》，《体育文化导刊》2011年第12期。
⑥ 参见涂传飞、余万予、钞群英《对民俗体育特征的研究》，《武汉体育学院学报》2005年第11期。
⑦ 参见张同宽《海洋民俗体育文化特征与对策研究——以浙江省沿海、海岛为例》，《山东体育学院学报》2008年第3期。
⑧ 参见周建琼《闽台传统节日民俗特征及文化认同研究》，硕士学位论文，集美大学，2010年。
⑨ 参见张华江《地域性"原生态"民俗体育发展的现实进路》，《广州体育学院学报》2012年第4期。
⑩ 参见熊晓正《传统的批判与批判的传统——略论本世纪提倡民族传统体育的得失》，《体育文史》1987年第2期。

应跳出西方现代体育的思维禁锢,寻找中国传统文化的自尊①。童昭岗等认为体育文化的价值表现为是否有利于人的健康和谐发展和人性的复归②,民俗体育应充分发挥对人、对社会的凝结作用。

谢玉以长乐"故事会"为个案,从文化生态的视角,认为民俗体育的价值表现为个人价值和社会价值。③ 刘旻航认为民俗体育具有应然性和显性功能兼有、实然性功能与隐性功能共存,历史性与现代性交融、复杂性与简单性穿插、稳定性与动态性交互、全局性与局限性共存的特点。④ 王若光等将民俗体育的功能总结为社会规范、身体健康、发展经济、文化娱乐、维系情感、信仰仪式等6个方面。⑤ 涂传飞认为民俗体育是一种社会再生产机制,应与时俱进,保留核心功能,转换不合时宜的功能。⑥

3. 民俗体育的发展策略研究

李红梅等归纳知识、技能、竞技性、技巧性等影响民俗体育现代化的因素,提出革新思想观念、突破传统体育观念、建立民俗体育文化自信、保持开放和与时俱进的态度等发展途径。⑦ 颜若艺探讨民俗体育与城市发展的辩证关系,民俗体育呈现出传统性和时尚化的转化、地域性和民族性的重组、竞技性与大众性结合三大走向。⑧ 胡娟以龙舟竞渡为例,提出民俗体育应与现代体育合流、参与竞赛表演的发展路径。⑨ 张国栋等提出"挖掘整理、提高民众认识、鼓励良性变异"等民俗体育发展策略。⑩

---

① 参见王岗《民族传统体育与文化自尊》,北京体育大学出版社2007年版,第189—196页。
② 参见童昭岗、孙麒麟、周宁《人文体育——体育演绎的文化》,中国海关出版社2002年版,第144—151页。
③ 参见谢玉《文化生态视野下民俗体育传承与发展研究——以长乐"故事会"为个案》,硕士学位论文,湖南师范大学,2014年。
④ 参见刘旻航《民俗体育功能分类及特点研究》,《山东体育学院学报》2012年第5期。
⑤ 参见王若光、刘旻航《我国民俗体育功能的现代化演进》,《武汉体育学院学报》2011年第10期。
⑥ 参见涂传飞《社会再生产机制:对民俗体育历史作用的人类学阐释——来自一个村落舞龙活动的民族志报告》,《天津体育学院学报》2011年第1期。
⑦ 参见李红梅、郑国荣、方千华《论民俗体育的现代化发展》,《沈阳体育学院学报》2008年第6期。
⑧ 参见严若艺《民俗体育在城市中的演进与发展趋势研究》,博士学位论文,江西师范大学,2008年。
⑨ 参见胡娟《我国民俗体育的流变——以龙舟竞渡为例》,《体育科学》2008年第4期。
⑩ 参见张国栋、刘坚、李运等《我国民俗体育发展现状及对策研究》,《西安体育学院学报》2008年第1期。

涂传飞提出遵循文化发展变迁规律，将文化变迁与民族性、时代性结合，以民众的主体需要为根本的重构策略。① 贾瑞学立足沂蒙文化背景，建议"红色旅游"和"民俗体育旅游"结合加快沂蒙山区民俗体育发展。② 陈福刁等提出应"遵循科学发展观，与学校体育相结合，走市场化发展，打造潮汕品牌民俗体育文化"③。艾安丽对湖北省汉水流域的龙舟、高龙和草龙3个个案进行深描，提出汉水流域民俗体育文化与竞技体育、大众健身、学校教育相结合，走产业化道路、保持自在自发性、适应生态环境等策略。④ 白晋湘等提出未来体育非物质文化遗产保护研究应从注重人的主体性、文化生态建构和发展理念重塑等方面入手。⑤ 结合乡村振兴战略，白晋湘等提出由"档案式"保护模式转化为"生态博物馆""民族文化村""文化生态村"等以社区组织为主体，特色凸显的村落体育非物质文化遗产治理模式。⑥

有关民俗体育的基本理论、典型个案、代表区域的详细阐述，为本研究提供了丰富的资料储备，打开了广阔的理论视野，体现出学者们对于传统民俗体育当代境遇的深切关怀。学者们通过理论阐释和实践论证相结合的方式，以求缓解民俗体育发展式微的现状。村落体育表演项目是民俗体育的重要表现形式，民俗体育的相关研究成果对于开展村落体育表演研究具有重要的启示和价值。

但学者们的研究还表现出如下不足：研究成果多以民族志描述为主，局限于从历史文献的视角对某民俗体育项目个案进行描述性研究，对要素间的因果关系、主次关系和反馈关系的分析存在简单化倾向；真正严格意义上的田野作业较少，大多数为粗线条的静态描写。绝大多数研究没有将个案与其

---

① 参见涂传飞《农村民俗体育文化的变迁——江西省南昌县涂村舞龙活动的启示》，博士学位论文，北京体育大学，2009年。
② 参见贾瑞学《沂蒙山区民俗体育的调查研究——以"龙灯、抗阁"为例》，硕士学位论文，江西师范大学，2011年。
③ 参见陈福刁、周进国、潘哲浩《对潮汕民俗体育研究的几点思考》，《体育学刊》2012年第4期。
④ 参见艾安丽《汉水流域湖北段民俗体育文化的变迁——以"三龙文化"为例》，博士学位论文，福建师范大学，2015年。
⑤ 参见白晋湘、万义、龙佩林《探寻传统体育文化之根 传承现代体育文明之魂》，《北京体育大学学报》2017年第1期。
⑥ 参见白晋湘、万义、白蓝《乡村振兴战略背景下村落体育非物质文化遗产保护的治理研究》，《北京体育大学学报》2018年第10期。

社会语境和民众的日常生活相联系，缺乏动态分析，过多地停留在对民俗体育事项的一般性介绍，对个案进行深层次思辨的研究成果较为少见，从个案上升到理论建构和演变规律探寻的研究成果更是凤毛麟角。因此，以村落为观察点，借助在村落观察到的村落体育表演现象，有助于概括和推演村落体育表演的内涵、结构、功能、演进规律等。已有研究成果为本研究的开展提供了宝贵的经验和启示，奠定了一定的理论和实践参考基础。

（三）体育表演研究

1. 体育表演概念探讨

体育活动是人的本能，体育的本质是人类不断进行的自我创造和创新[①]。体育表演是表演者将自身所具有的体育技能展示给观众的总称。马鸿韬等认为"体育表演艺术"是体育与表演艺术的结合，以人体姿态、表情、造型和技术动作为主要表现手段，以体育内容为表演素材，融体育、音乐、舞蹈及艺术表演于一体，为促进身体健康、体现体育情感、展示体育精神及反映体育生活而专门组织的有计划的体育文化艺术形式。[②] 不同的表演形式具有各具特色的呈现方式和呈现对象。

20世纪末，郑丽冰对我国体育表演进行了首次分类，她认为体育表演包含娱乐性体育表演和竞赛性体育表演，其中娱乐性体育表演主要指大型文体表演，竞赛性体育表演是具有较强表演性的体育竞赛项目，如艺术体操、花样滑冰等。[③] 后续很多学者沿用了这样的分类方法。各种娱乐文化活动，不专指艺术活动，还指向体育赛事表演，尤其是加入大量艺术元素的运动项目（如健美操、体育舞蹈、艺术体操等），更是被称为体育表演艺术项目，[④] 因其具有较强的感染力和欣赏性，观众易获得情感共鸣和审美享受。

2. 运动会开幕式表演研究

运动会的开幕式表演是人类宝贵的文化财富。黄宽柔等通过梳理运动会开幕式对社会的良好影响、大型运动会开幕式表演的特点，总结了第9

[①] 参见伍雄武《现代人与体育》，中国社会科学出版社1990年版，第58页。
[②] 参见马鸿韬、李敏《体育表演艺术概念及分类的探讨》，《北京体育大学学报》2006年第9期。
[③] 参见郑丽冰《刍议我国体育表演的功能与发展趋势》，《武汉体育学院学报》1999年第1期。
[④] 参见马鸿韬《体育艺术概论》，高等教育出版社2011年版，第80页。

届全运会、第8届大学生田径锦标赛、第7届广东中学生运动会等开幕式的仪式表演创新的宝贵经验。① 李莉等认为"体育精神"是运动会开幕式表演中的内涵，通过展现体育元素、融合艺术形式、运用科技手段等诠释体育精神。② 黄宽柔等认为团体操是体育与艺术高度结合、综合性的集体表演项目，集体运动动作、队形图案和艺术装饰是团体操的核心要素。③ 高留红梳理团体操表演模式的演变历程，④ 并在后继研究中提出团体操以宏大精美的表演形式被奥运会开幕式、国家纪念日所采用，具有仪式、文化与艺术等功能⑤。

1953年体育表演项目首次出现在第一届少数民族传统体育运动会上。何雄谦最先对比分析民运会上的表演项目和竞赛项目。⑥ 卢文超对民运会表演项目的价值取向、内在本质、形态特征及发展趋向等问题进行讨论，为少数民族传统体育表演项目的发展提供了理论依据。⑦ 李莉围绕民运会表演项目的设置，寻求少数民族传统体育的发展模式和发展趋势。⑧ 王兆谦以第八届和第九届民运会为例，分析两届运动会表演项目的共同特征，提出借助民运会推动中国少数民族文化的世界化推广路径。⑨

表1-2　　我国第1—11届少数民族运动会项目数量统计一览表

届数	举办时间（年）	举办地点	表演项目数	竞技项目数
第1届	1953	天津	36	5
第2届	1982	内蒙古呼和浩特	2	68
第3届	1986	新疆乌鲁木齐	115	7
第4届	1991	广西南宁	120	9

---

① 参见黄宽柔、胡小明、李佐惠等《我国大型运动会开幕式表演的特点及其对社会的影响》，《体育学刊》2003年第1期。
② 参见李莉、黄宽柔、赵海波《论运动会开幕式表演的体育精神》，《体育文化导刊》2014年第3期。
③ 参见黄宽柔、赵海波《团体操表演范式的构建与解读》，《体育与科学》2014年第3期。
④ 参见高留红《论团体操的内涵及表演模式的发展演变》，《北京体育大学学报》2014第11期。
⑤ 参见高留红《团体操表演功能：仪式、文化与艺术》，《北京体育大学学报》2017年第7期。
⑥ 参见何雄谦《从民运会现状看今后民族体育的发展》，《体育科技》1993年第2期。
⑦ 参见卢文超《对民运会表演项目几个相关问题的思考》，《体育科技》1995年第4期。
⑧ 参见李莉《试论少数民族传统体育的发展》，《西安文理学院学报》2008年第4期。
⑨ 参见王兆谦《基于民运会表演项目特征的我国少数民族传统体育现代化发展研究》，《赤峰学院学报》（自然科学版）2014年第6期。

续表

届数	举办时间（年）	举办地点	表演项目数	竞技项目数
第5届	1995	云南昆明	129	11
第6届	1999	北京	153	13
第7届	2003	宁夏银川	124	14
第8届	2007	广东广州	148	15
第9届	2011	贵州贵阳	150	16
第10届	2015	内蒙古鄂尔多斯	140	17
第11届	2019	内蒙古呼和浩特	150	17

资料来源：笔者根据国家体育总局官网信息整理所得。

3. 体育竞赛表演研究

商业化的开发逐渐延伸到体育行业，伴随着职业运动员的出现，体育从单纯的游戏活动发展为复杂的社会文化现象，数以亿计的观众、体育迷涌入赛场，体育比赛成为重大社会事件。奥运会、世锦赛、世界杯等顶级赛事已经成为全世界人民狂欢的节日，体育竞赛表演作为人类最生动最富有激情的表演文化而存在。

孙惠柱最早指出体育与表演存在互通关系，他认为"戏"历来与体育运动相通，运动和戏剧应推崇弱功利性的游戏精神。[①] 方千华以表演新视角观照当今风靡世界的竞技运动，从本质论、场域论、存在论和发展论4个维度解读竞技运动表演本质，主张以生命视野关注竞技者的本体生命，体现竞技运动的社会存在价值，形成了国内最早的体育表演学研究理论体系。[②]

赵岷等首次将西方职业体育竞赛表演化的先锋理论引入国内，围绕西方体育竞赛表演发展史、发展趋势、构成因素和表演转型的文化学意义等4个方面进行研究[③]；对体育表演学相关理论进行整合，以身体为法则，认为人类所有的行为都必须遵循身体法则，保持和促进身体更完善地存在[④]。赵岷等在

---

① 参见孙惠柱《游戏与竞赛——戏剧和体育的联想》，《戏剧艺术》1997年第2期。
② 参见方千华《竞技运动表演论》，博士学位论文，福建师范大学，2007年。
③ 参见赵岷、李翠霞、魏彪《西方职业体育竞赛表演化发展趋势的研究》，《山西大同大学学报》（自然科学版）2009年第12期。
④ 参见赵岷、李翠霞、王平《体育——身体的表演》，知识产权出版社2011年版。

其后续研究中,剖析了古罗马角斗活动从墓地葬礼仪式演变为文化表演的历程,认为角斗表演是罗马征服文化的映射,它不仅是一项娱乐表演活动,也承担着社会教化功能。①

其他学者也从"作为表演"的视角来探讨当今体育的若干现象。梁林认为足球运动是一种表演文化②,4年一度的奥运盛会,是世界各国的运动员、裁判员、教练员和观众的集体表演③。姜泉花等提出NBA运动员在比赛场上场下的所有行为都是一种表演,是典型的以比赛形式展开的身体文化表演。④

4. 武术表演研究

武术是中国传统村落体育文化的典型代表,武术表演作为深受广大群众喜爱的表演类型,既能给观众带来精神上的愉悦,也能传达催人奋进、鼓舞斗志的尚武精神。李江霞等认为武术表演将武术蕴含的审美因素与现代舞台表演的灯光、服装、音响等元素结合,展现力与美。⑤ 王永胜认为武术表演已成为大型比赛、集会开幕式的常客,日趋商业化的武术舞台表演具有较强的观赏效果。⑥ 武术表演同时作为人们日常娱乐观赏的重要形式,学者们指出要遵循武术创编规律,提出武术健身价值和艺术性、审美性的完美结合⑦⑧。朱泽建认为太极拳作为中华民族优秀传统文化的典型代表,是一种高雅的健身养生之术。⑨ 吕福祥界定了太极拳舞台表演的概念、基本特征和多元化艺术,突出其深厚的文化内涵。⑩

5. 村落体育表演项目研究

村落体育表演项目是人类体育文化多样性的重要表现形式。我国五千年

---

① 参见赵岷、李金龙、李翠霞《从仪式到表演:古罗马角斗活动的文化学剖析》,《西安体育学院学报》2015年第2期。
② 参见梁林《自我呈现、表演失范与媒介景观》,《体育成人教育学刊》2012年第8期。
③ 参见梁林《伦敦奥运会的社会表演学观照》,《体育文化导刊》2013年第1期。
④ 参见姜泉花、吴炎兵《试论NBA的"文化表演性"——从NBA的发展历程、特征与当代发展趋势进行分析》,《吉林体育学院学报》2013年第1期。
⑤ 参见李江霞、贾鹏《武术表演走进体育展示之研究》,《贵州工业大学学报》(社会科学版)2008年第5期。
⑥ 参见王永胜《从当代审美活动看武术表演审美的发展》,《运动》2017年第10期。
⑦ 参见吴静《武术舞台表演创编研究》,硕士学位论文,河南大学,2010年。
⑧ 参见辛治国、孙维国、李辉《武术团体表演创编研究》,《搏击》(武术科学)2011年第2期。
⑨ 参见朱泽建《试论太极拳技击、表演和健身的辩证统一》,《中华武术·研究》2012年第5期。
⑩ 参见吕福祥《太极拳舞台表演艺术化发展》,《武汉体育学院学报》2013年第11期。

的历史文化孕育了 56 个民族的大家庭，977 项传统体育项目，其中近 90% 的民族传统体育项目存在于广大农村地区①。

管竹笋以布迪厄惯习理论为基础，借助文化人类学视角切入，认为舞龙灯习俗是桂林村庄历史图腾的惯习再现，也是村落精英的盛会，还是村庄影响范围的场域界定，舞龙灯习俗提高了村庄认同观念。② 冀宁等从阐释人类学的视角对原生态村落体育（九鲤灯舞）进行思辨，提出"村民自治"与"政府引导"相结合的运行机制。③ 游拢认为传统村落保证了民族传统体育的技能传承，丰富了村民的文化生活，应通过完善传承机制、加大日常运用研发、鼓励多元创新等途径来提高传统村落对民族传统体育的保护力度。④ 郭学松提出以村落为基点，村民自治为核心及相关部门为服务体系的发展机制，制定因地制宜的活动方案等措施来保护原生态村落体育。⑤ 杨海晨等对红水河流域的演武活动、南丹黑泥屯的演武活动、傣族村寨的马鹿舞等⑥进行一系列文化人类学研究，丰富了我国村落体育表演的研究成果。

目前国内以典型体育表演项目为核心的相关研究成果，从不同视角、不同地区进行了深入的分析，充分展现中华大地形式各异、文化特色各有千秋的村落体育表演项目，凸显了我国深厚的村落文化，丰富了我国传统体育项目的研究角度。

（四）乡村振兴战略下的体育发展研究

实施乡村振兴战略是 2017 年党的十九大作出的重大决策部署，是新时代做好"三农"工作的行动指南。各地区各部门要充分认识实施乡村振兴战略的重大意义，把实施乡村振兴战略摆在优先位置，让乡村振兴成为全党、全社会的共同行动。实施乡村振兴战略，加快推进农业农村现代化，推动广大

---

① 参见中国体育博物馆、国家体委文史工作委员会编《中华民族传统体育志》，广西民族出版社 1990 年版，第 93 页。
② 参见管竹笋《村庄认同意识的升华》，《黑龙江民族丛刊》2006 年第 3 期。
③ 参见冀宁、褚晓娥《沟边村九鲤灯舞的体育人类学研究》，《体育文化导刊》2015 年第 10 期。
④ 参见游拢《传统村落对民族传统体育发展的促进作用研究》，《体育文化导刊》2016 年第 12 期。
⑤ 参见郭学松《原生态村落体育"盘古王戏水"的调查研究》，《军事体育学报》2016 年第 1 期。
⑥ 参见杨海晨、吴林隐、王斌《走向相互在场："国家—社会"关系变迁之仪式性体育管窥——广西南丹黑泥屯"演武活动"的口述历史》，《体育与科学》2017 年第 3 期。

农民在共建共享发展中获得更多的获得感、幸福感和安全感。① 其中，产业振兴、文化振兴是乡村振兴的核心与灵魂。

乡村振兴战略背景下农村体育的现代化发展进入学者视野。冯琦将我国农村体育发展划分为初步发展阶段、稳定发展阶段、快速发展阶段和新时代全面发展阶段，提出政策引领、产业融合、城乡融合、利用科技和健全组织等发展路径。② 肖伟等以乡村振兴与体育发展的内在关联解析为基础，提出产业化发展、生态环保发展、文体融合的乡土民俗发展、公共服务的社会治理路径以及健身康体发展路径。③ 傅刚强等以浙江金华、富阳和安吉为研究样本，提出重点突破、特色培育、多方融合的实践路径，认为"体育搭台、各方唱戏"的现象将会成为未来乡村振兴的新风尚。④ 任海提出着力打造农村生态体育，从体验维度、教育维度、生活维度、增强城乡包容和深植社会基础等内容入手，促进城乡体育资源的双向流动，进而促进城乡体育融合发展，为乡村振兴和新型城镇化建设作贡献。⑤

我国农村公共体育服务面临政府职能缺失、运行制度缺陷，基础配置、经费投入、专业人才配备等发展不平衡的矛盾⑥，颜小燕提出构建农村体育公共服务发展规划体系，完善宏观组织架构，发挥社会组织的积极作用，提升村民参与体育公共服务治理的自治水平和民主程度；建立畅通的信息系统，定向培养体育人才，繁荣体育文化，有序推进农村体育公共服务治理现代化。⑦ 乡村振兴战略为我国农村体育公共服务的升级发展带来了重大机遇，许彩明等认为创新管理、健全配置、改革治理、升级交流是新时代农村体育公共服务升级的

---

① 参见姜长云《全面把握实施乡村振兴战略的丰富内涵》，《经济研究参考》2017年第63期。
② 参见冯琦《契机与前景：乡村振兴战略背景下我国农村体育现代化的发展路径》，《西安体育学院学报》2018年第4期。
③ 参见肖伟、田媛、夏成前《乡村振兴战略下农村体育发展方向与路径研究——基于乡村振兴与体育发展关联的辨析》，《武汉体育学院学报》2019年第1期。
④ 参见傅钢强、耿文光、夏成前等《我国农村体育助力农村社会发展的历程回顾、使命赓续和未来展望——基于浙江省乡村振兴的典型样本分析》，《体育科学》2020年第8期。
⑤ 参见任海《乡村振兴战略与中国特色城乡体育融合发展》，《上海体育学院学报》2021年第1期。
⑥ 参见许彩明、段国伟《我国农村体育公共服务在乡村振兴中的作用分析》，《湖北体育科技》2018年第11期。
⑦ 参见颜小燕《农村公共体育服务供给的治理机制研究》，《体育与科学》2018年第2期。

主要途径。^①钟秉枢等通过实地观摩、访谈和考察，肯定了广西壮族自治区以"村级体育中心"为抓手，开创村级基本公共服务体系的建设模式，实现了乡村自治治理体系建设，提供了乡村文化建设、社区秩序重构的生动经验。[②]

农村体育产业发展促进乡村产业振兴也是学者关注的热点。方汪凡从"生活、生态和生产"入手，认为发展体育旅游，能够践行"以人民为中心"的理念，推动可持续发展，促进产业升级，引导乡村治理，应通过加强政策扶持、完善基础设施、布局时尚体育项目、培育专业体育旅游运营商等手段来发展体育旅游。[③]钟丽萍等提出"3+1"模式共同协调发展、开发多样化的旅游商品、走可持续发展道路、重视人才等策略。[④]任波等通过分析体育产业与乡村振兴的关系，认为新时代体育产业发展能够提供农村居民需要的体育产品与服务，培育农村体育消费，发展农村健身休闲产业，补齐农村体育发展短板，助力精准扶贫和"乡村振兴"，并提出激发农村体育市场主体活力、促进农村体育产业与相关产业融合、强化农村体育产业政策供给、体育与扶贫深度融合等助推路径。[⑤]

文化振兴是乡村振兴战略的重要内涵。韦金亮认为落实乡村文化振兴促进乡风文明，应明晰政府、市场及社会组织在乡村传统体育文化活化与传承中的角色定位，通过多方利益沟通，合理分工[⑥]；陈志平提出因地制宜，深入挖掘和精准规划的特色体育文化开发思路[⑦]；陈家明等基于四川西北地区的田野资料，提出统一规划区域少数民族传统体育文化，优先发展优势项目，做大做强少数

---

① 参见许彩明、武传玺《乡村振兴战略背景下我国农村体育公共服务升级路径研究》，《西安体育学院学报》2019年第5期。
② 参见钟秉枢、张建会、刘兰《用体育的力量，推进乡风文明、治理有效——来自广西乡村振兴的体育实践》，《北京体育大学学报》2019年第3期。
③ 参见方汪凡、王家宏《体育旅游助力乡村振兴战略的价值及实现路径》，《体育文化导刊》2019年第4期。
④ 参见钟丽萍、刘建武《发展体育旅游 助力乡村振兴》，《湖北体育科技》2019年第6期。
⑤ 参见任波、黄海燕《新时代体育产业助推乡村振兴的价值审视与实施路径》，《体育文化导刊》2020第2期。
⑥ 参见韦金亮《乡村振兴背景下传统体育文化资源的活化研究》，《云南行政学院学报》2019年第5期。
⑦ 参见陈志平《地方特色体育文化在乡村振兴中的功能定位与开发思路》，《北京印刷学院学报》2020年第2期。

民族传统体育文化产业，使少数民族传统文化服务于乡村振兴战略①；杨青等阐释了陈家沟太极拳嵌入乡村社会关系、生产结构及民俗传统共同体的建构路径。②

体育非物质文化遗产是民众文化生活和国家文化建设之间的纽带和桥梁，③ 面对乡村振兴战略契机，学者们提出若干策略来利用非物质文化遗产带动乡村振兴。王萍从文化生态视角，构建了新疆体育非物质文化遗产系统，力主科教并行，尊重文化生态，倡导理性回归，加快促进民族文化交融，维系多民族地区社会稳定。④ 白晋湘等提出推广"生态博物馆""民族文化村""文化生态村"等以社区组织为主体的治理模式，提高村民的参与率，提升村民的自治能力。⑤ 冯子健等以藏族赛马节可持续发展的价值诉求和现实障碍为关注点，提出加强赛马人才培养、塑造特色赛马文化、设立赛马节专管机构、完善赛马节规范化管理、推动赛马节产业化发展、塑造赛马节特色体育品牌等乡村振兴实现路径。⑥

目前国内有关乡村振兴与体育发展的研究方兴未艾，但有关村落体育表演宏观视野的解读，且观照村落体育表演赋能农村文化振兴和产业振兴的发展个案研究较少，这为本研究提供了拓展视角和空间。

三 研究述评

前人多维的研究视角和丰赡的研究成果对于我们了解村落体育、民俗体育、村落体育表演项目，系统梳理村落体育表演产生的缘由，形成表演理论视域中的村落体育表演带来了较多启示，奠定了研究基础，拓宽了研究思路。

---

① 参见陈家明、蒋彬《少数民族传统体育融入乡村振兴路径研究——以川西北地区为例》，《云南民族大学学报》（哲学社会科学版）2020年第4期。

② 参见杨青、刘静《乡村振兴视域下"以拳塑乡"的新型乡村共同体建构及治理——基于"武术之乡"陈家沟的田野调查》，《西安体育学院学报》2021年第1期。

③ 参见白晋湘、万义、白蓝《乡村振兴战略背景下村落体育非物质文化遗产保护的治理研究》，《北京体育大学学报》2018年第10期。

④ 参见王萍《乡村振兴战略背景下新疆民族传统体育非物质文化遗产保护》，《体育成人教育学刊》2018年第6期。

⑤ 参见白晋湘、万义、白蓝《乡村振兴战略背景下村落体育非物质文化遗产保护的治理研究》，《北京体育大学学报》2018年第10期。

⑥ 参见冯子健、朱亚成《乡村振兴背景下藏族赛马节发展研究》，《武术研究》2019年第12期。

相关研究还存在以下不足。

（一）成果以个案微观探讨较多，宏观微观结合的研究较少

我国幅员辽阔，民族众多，村落星罗棋布、数量众多，村落体育表演项目形式各异、特色鲜明，前人针对村落体育表演的研究多以个案深描体现，在乡村振兴战略提出后，以微观与宏观相结合的形式，探讨村落体育表演与乡村振兴的研究相对较少，本研究从宏观层面梳理村落体育表演和乡村振兴的内在逻辑关系，结合三个村落体育表演个案的微观分析，探讨村落体育表演对乡村振兴的助推。

（二）成果以单一级别表演项目多，多层次综合性研究较少

前人成果多关注典型区域的村落或社区，以生产静态性的"地方知识"为研究取向，相对原生态的村落体育表演项目研究较多，选择国家级、省级非物质文化遗产入选项目和无级别村落特色体育表演项目的综合性研究相对较少。乡村振兴战略下，各层次的村落体育表演项目发展是否对接了国家需求？如何对接国家需求？发展过程中存在什么困境？如何进行优化发展等问题，尚需深入探讨。未被充分挖掘的村落体育表演项目，是广大村民日常生活的组成部分，在美丽乡村建设、乡村振兴战略发展中具有重要的潜力和优势，这类研究应该纳入学者的关注范围。

（三）乡村振兴战略下村落体育表演的发展路径探讨有待深入

乡村振兴需要学界提供有效的中国智慧和中国方案，目前学界有关体育类非物质文化遗产的发展路径探讨较多，而对接新时代乡村振兴战略实施后村落体育表演的发展路径研究较少。村落体育表演是与村民日常社会生活水乳交融的文化活体。对接乡村振兴战略，面对7亿多农民主体，以健身健心、文化传承、经济发展为目的的新时代村落体育表演，应扮演什么样的角色、发挥什么样的作用，如何设计发展路径，即将成为学界关注的焦点。立足新时代社会发展大背景，从宏观角度论证村落体育表演作为文化资本进行产业资源开发的意义、类型和影响研究更是当下亟待解决的问题。

综上所述，本研究愿以此为契机，将村落体育表演作为研究整体进行综合考量，为保持人类文化的多样性贡献力量，为村落社会发展服务，为广大村民提供非物质福利，让村民过上生活有富余，闲暇有意义，人际关系良好，未来可预期的美好生活，助力乡村振兴和文化强国建设。

第三节 研究对象与方法

一 研究对象

本书以乡村振兴战略下村落体育表演的发展为研究对象，以三大村落体育表演个案（袁村鼓子秧歌、尚村竹马和梭村舞龙）为调研对象。

二 研究方法

（一）文献资料法

文献资料法是指搜集、鉴别、整理文献，并通过文献研究，形成对研究对象较为科学认识的方法。① 本论文将文献资料分为五类：1. 直接相关文献。包括乡村振兴、村落体育发展、村落体育表演项目等方面的文献。2. 间接相关文献。包括非物质文化遗产保护（以下简称"非遗保护"）、民族传统体育方面的文献。3. 田野个案文献。包括在网络数据库搜集的关于村落体育表演个案的文献、在田野调查中获得的文献资料等。4. 国家政策文献。对美丽乡村、新农村建设、乡村振兴战略等政策性文件、领导讲话、典型报道等资料进行整理、归纳和分析。5. 研究方法文献。包括民俗学、表演学等相关学科研究方法论和方法的文献。

本书获取与参考的文献如下：1. 通过中国知网总库、SAGE 人文社科期刊数据库查阅了大量与民俗体育、体育表演相关的文献。论著类包括中文、外文（翻译）等学术专著和教材等研究成果 200 余部/本；期刊类包括《体育科学》《北京体育大学学报》《中国体育科技》等体育学科和《民俗研究》《文史哲》《山东社会科学》等其他学科代表性期刊论文 400 余篇。2. 笔者在田野调查中获得的相关文字资料和撰写的田野调查笔记 15 万余字，本书参考引用 3 万余字。

---

① 参见陈少雷《文化价值观的哲学省思》，社会科学文献出版社 2015 年版，第 18 页。

(二) 调查法

任何学术研究都必须来源于实践、服务于实践。调查法是深入实践、获取一手资料的重要方式。田野调查法包括参与式观察和深度访谈,它是观察村落文化的重要方式,是研究村落体育表演的一把钥匙。

在研究过程中,一方面,笔者采用参与式观察对村落进行近20次多维度的实地考察,包括对村落建筑、碑文、木刻、文献、村志的信息资料收集与整理;村落体育表演传承方式、状态、文化生态环境和表演活动情景的定性观察,以及表演活动场景布置、表演活动过程、村民参与情境的观察,获得了较直观的认识、体验。另一方面,采用半结构式访谈,向组织者、表演者、村民、游客询问村落体育表演项目的有关情况,倾听他们的感受、经验和困惑,时间充裕的时候采用随意聊天沟通,也有通过电话沟通、微信语音聊天等方式,获得有效信息。田野调查过程中,笔者集观察者、旅游者、研究者等身份于一体,在参与观察中理解,在深度访谈中求证,深入体验村落体育表演的文化内涵,紧紧依托通过个案的深入调查,获得丰富的经验依据和全面的语境把握,形成独创性的文化理论。

1. 参与式观察

村落体育表演糅合了国家政治、地方社会以及村落组织、村民的多方力量参与,必须通过多次深入的调查才能真正了解其发展情况。本研究综合运用了历史学、社会学、文化学、民俗学的学科知识,近距离参与观察分析,获取资料和信息,以求讲好中国农村社会故事、阐明中国农村道理。

2. 访谈法

(1) 专家访谈

为了掌握第一手实践资料,针对本研究所要解决的具体问题,全面了解当代我国村落体育表演的真实现状,本研究开展了广泛而深入的调查和访谈工作。对从事民俗学研究和农村体育研究方面的多位专家,采用邮件访谈、实地访谈和电话访谈等相结合的方式,在全书框架设计、研究思路调整以及田野调查项目的确定等方面获得诸多有益的指导。

(2) 无结构访谈

本研究对地方体育管理部门和文化管理部门的工作人员、田野调查点的村干部、村落精英、表演民众开展了无结构式访谈，倾听他们作为村落体育表演实践者的个人观念、情感、经验和困惑，并就参与观察中产生的疑惑求教于访谈对象，以准确把握村落体育表演的真实信息。

(三) 个案研究法

本研究以"眼光向下"的研究视野，以村落"能提供人们社会生活的较完整切片"为研究视角，聚焦国家级非物质文化遗产项目袁村鼓子秧歌、山东省非物质文化遗产项目尚村竹马、泰安市村落体育表演项目梭村舞龙，通过细致的实证研究，深入的田野调查，解读袁村鼓子秧歌表演、尚村竹马表演、梭村舞龙表演的"意义结构"，获得丰富生动的研究材料，对接乡村文化振兴和乡村产业振兴，落实"见人见物见生活"的生态发展理念和研究理路。提出以村落发展保育文化传统，以村落体育表演培育村民的文化认同理念，丰富广大村民的日常生活，落实乡村振兴战略。

本研究力求将三个典型村落体育表演的发展置于国家与地方、历史与现代以及村落体育表演主体的日常生活中进行深度描写，通过深入细致的分析论证，充分展现村落社会的丰富性和复杂性，以期能够从中发现带有规律性、普遍性的问题，进而为分析当前我国村落体育表演文化的现状及如何赋能乡村振兴战略提供一定的理论依据和实践参考。

(四) 逻辑分析法

学术研究根植于实践，服务于实践，最终要接受来自实践的检验。[①] 演绎论证和归纳论证，是两种最基本的逻辑学论证方法。学术研究要想获得新的认识，需要从新鲜的经验材料中归纳出一般理论，所得到的结论深浅不同，然后需要通过演绎来进一步检验和修正。

事物之间存在着普遍联系，村落体育表演处在与国家、社会、村落的互相联系中，需要从系统整体角度出发分析和研究。本研究首先从村落体育表

---

① 参见樊凡《从围观走向行动：乡村振兴战略背景下研究范式的转型》，《中国农村观察》2019年第1期。

演的本体论、演进、分类、特征和价值五个层面梳理村落体育表演的文化内涵；其次，阐释乡村振兴与村落体育表演的内在逻辑关系；再次，全面细致地描述和呈现乡村振兴战略下袁村鼓子秧歌、尚村竹马和梭村舞龙的发展实践，从实践中归纳其经验和困境；最后到实践中进行演绎，提出乡村振兴战略下村落体育表演发展路径的优化，实现学术研究与社会实践的相育相长。

第四节　研究思路与创新

一　研究思路

村落体育表演不仅是村落文化的记忆传承，也是新时代实现乡村振兴战略，助力 2035 年社会主义远景目标"文化强国、教育强国、人才强国、体育强国、健康中国"实现的有效手段。开展对村落体育表演的研究离不开历史人类学、文化学、民俗学、体育学等相关学科的理论基础，又同时需要表演理论、社区理论、社会变迁理论和文化资本理论等理论的指导。

因此，本研究通过文献调研、文本分析、田野调查等研究方法，在梳理村落体育表演的演进历程、分类、特征和价值的基础上，阐释了乡村振兴战略和村落体育表演的内在逻辑，通过深描三个典型个案，剖析其发展历史、发展经验和发展困境，得出村落体育表演赋能乡村振兴的路径优化。（如图1-1所示）

二　研究创新

村落体育表演的传承发展既要深深根植于村民日常生活，又要紧密结合社会发展背景和发展趋势。本书沿着"村落—表演—文化"的逻辑关系，深入挖掘村落体育表演文化的脉络，在乡村振兴战略下优化其发展路径，具有以下三点创新之处。

1. 研究揭示村落体育表演与乡村振兴具有的互融互通关系，通过梳理二者的内在逻辑，为乡村振兴战略实施提供理论支持。

2. 研究提出精英引领型村落体育表演、政府推动型村落体育表演和自组

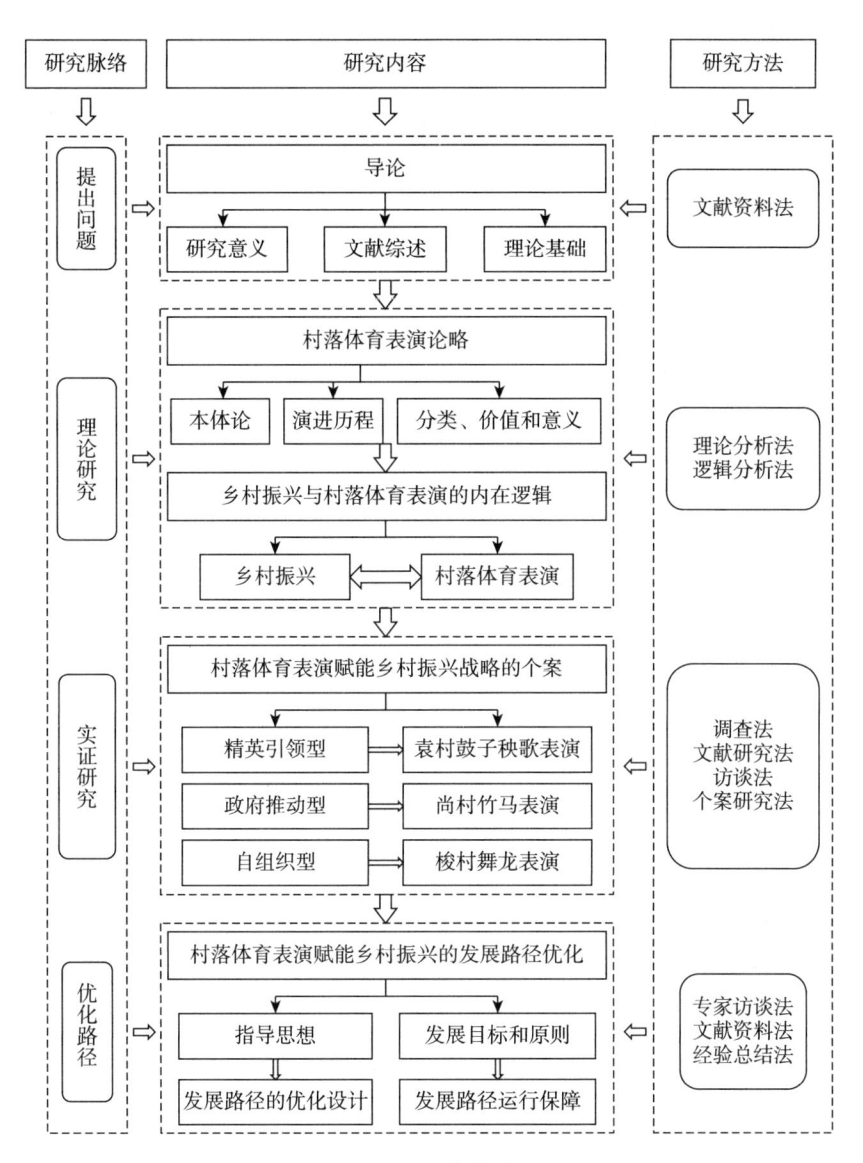

```
┌─────────┐      ┌─────────┐      ┌─────────┐
│ 研究脉络 │      │ 研究内容 │      │ 研究方法 │
└────┬────┘      └────┬────┘      └────┬────┘
     ↓                ↓                ↓
  ┌──────┐      ┌──────────┐      ┌──────────┐
  │ 提出 │ ───→ │   导论   │ ←─── │文献资料法│
  │ 问题 │      └────┬─────┘      └──────────┘
  └──────┘   ┌──────┼──────┐
             ↓      ↓      ↓
          研究意义 文献综述 理论基础
                    ↓
  ┌──────┐      ┌──────────────┐
  │      │ ───→ │村落体育表演论略│
  │      │      └──────┬───────┘
  │ 理论 │      ┌──────┼──────┐       ┌──────────┐
  │ 研究 │      ↓      ↓      ↓  ←─── │理论分析法│
  │      │     本体论 演进历程 分类、价值和意义  │逻辑分析法│
  │      │            ↓                └──────────┘
  │      │      ┌─────────────────────┐
  │      │      │乡村振兴与村落体育表演的内在逻辑│
  │      │      └──────┬──────────────┘
  │      │         ┌───┴───┐
  │      │         ↓       ↓
  │      │      乡村振兴 ⇔ 村落体育表演
  └──────┘
             ┌──────────────────────────┐
             │村落体育表演赋能乡村振兴战略的个案│
             └──────────┬───────────────┘
  ┌──────┐         ┌────┼────┐              ┌──────────┐
  │ 实证 │ ───→    ↓    ↓    ↓         ←─── │ 调查法   │
  │ 研究 │   精英引领型  袁村鼓子秧歌表演      │文献研究法│
  │      │   政府推动型  尚村竹马表演          │ 访谈法   │
  └──────┘   自组织型    梭村舞龙表演          │个案研究法│
                                              └──────────┘
             ┌──────────────────────────────┐
             │村落体育表演赋能乡村振兴的发展路径优化│
             └──────────┬───────────────────┘
  ┌──────┐       ┌─────┼─────┐               ┌──────────┐
  │ 优化 │ ───→  ↓     ↓     ↓         ←───  │专家访谈法│
  │ 路径 │   指导思想  发展目标和原则          │文献资料法│
  │      │   发展路径的优化设计 发展路径运行保障│经验总结法│
  └──────┘                                     └──────────┘
```

图 1-1　研究技术路线图

资料来源：笔者根据学界相关研究成果设计整理所得。

织型村落体育表演三种类型，并围绕三种类型的内涵、特征、动力机制和优化路径进行了系统论述，为村落体育表演赋能乡村振兴战略可持续发展提供现实依据。

3.研究提出乡村振兴战略下多元主体协同型村落体育表演的发展路径，

为新时代村落体育表演的创新发展提供可能。

第五节　理论基础

一　表演理论

（一）表演理论及其发展脉络

20世纪60年代末70年代初美国民俗学界提出"表演理论"（Performance Theory），戴尔·海默斯（Dell Hymes）、理查德·鲍曼（Richard Bauman）、罗杰·亚伯拉汗（Roger Abrahams）等是其代表人物，被称为"美国表演学派"（American Performance School）。其中，理查德·鲍曼以《作为表演的口头艺术》《故事、表演和事件》《民俗、文化表演和大众娱乐》等一系列研究成果阐明了表演理论强调交流、实践、能力展示和个人创造等观点，解答社会何以达成等问题，并获得相关学者的一致认同。①

作为一种理论方法，表演理论提出对生活进行整体研究，开辟了民间叙事研究的新视野。鲍曼认为，表演特别是民俗文化表演，是特定区域、特定环境的产物，肇始于社会、经济、文化、交际的碰撞与交流，具有即时性和创造性。体育从属于游戏表演范畴，从体育运动参与者到体育赛事观众，从顶级奥运赛事到普通比赛都可以归属为表演。村落体育表演作为村民日常生活实践的重要文化形式，具备民俗表演的特质，具有地域性、族群性、文化性和动态性特点。20世纪80年代，表演理论开始传入中国，在人类学、民俗学、语言学和文学等学科被广泛接受并应用，相关研究集中于以下五个层面。

（1）针对特定语境中的民俗表演事件；（2）从交流过程、表演动力入手，强调民俗表演的实践性，突出诸多参与和塑造因素（个人层面、传统层面、政治层面、经济层面、文化层面、道德层面等）；（3）突出民俗表演过程，不同参与者之间进行的交流互动；（4）强调表演的现场性与创造性，突出每次表演都是独特的，关注表演中的个人因素；（5）表演作为一种文化事

---

① 参见杨利慧、安德明《理查德·鲍曼及其表演理论》，《民俗研究》2003年第1期。

件,强调在特定的地域、文化与语境中,以民族志的形式来理解民俗表演①。

经过半个多世纪的学术反思和创新,表演理论经历了一场范式革命:由侧重于历史民俗、文本研究转向当代民俗和区域性、地方性的民族志研究;由对于静态文本的关注转向动态表演、交流过程和语境的关注;由关注集体转向关注个人,尤其是有创造性的个体。

(二)表演理论对本研究的贡献

表演理论蕴含着面向当下的学术导向,其从日常交流实践中发现社会发展的动力,突出对生活整体性研究的新视角,进入日常交流实践的田野作业方法,为我国人类学、民俗学、语言学的相关研究提供了独特的关注视角。近些年体育学界的部分研究也开始借鉴表演理论的核心思想。村落体育表演是一个地方群体内在情感的外在表达,表现了村落群众的精神世界,将表演理论关注到村落体育表演,在理论和实践上为村落体育表演的研究提供了新的向度。

本研究立足中国独特国情,对表演理论进行创造性的转化,基于表演理论的情境性、交流性和动态性,在以身体动作为主的民间表演形态中引入表演理论,扎根村落体育表演的田野实践,深入民众中间,开展相关研究。研究过程中,一方面立足村落历史文化情境,体现村落体育表演"建构人体存在和生命价值"的内在意蕴;另一方面遵循文化的动态发展规律,提倡作为实践的表演观,倡导村落体育表演向个体生活世界的回归,作为守护村落文化共同体的重要手段,增加对村民日常生活的关注和观照。在第四章"村落体育表演赋能乡村振兴战略的个案"深描中,应用表演理论的分析框架,阐析三个典型村落体育表演个案产生的特定地域和文化特征,强调表演情境中村民的交流互动、表演形式和村落发展的互动,突出村落体育表演的实践性和创新性。

二 社区理论

(一)社区理论及其发展脉络

社区理论也称人文区位理论,它强调把社区作为一种空间现象或区域单

---

① 参见杨利慧《表演理论与民间叙事研究》,《民俗研究》2004年第1期。

位开展研究。德国社会学家斐迪南·滕尼斯（F. Tonnies）于1881年，首次提出社区概念并将其引入社会学研究领域，将社区理解为建立在一致自然情感和文化意识的基础上，成员间具有排他性和紧密性的社会联系。滕尼斯将"社区"界定为"那些具有共同价值趋向的同质人口组成、关系密切、守望互助、疾病相扶、富有人情味的社会团体"，并提出了地缘共同体、精神共同体和血缘共同体三种类型的社区生活共同体。①

美国芝加哥学派和城市社会学研究重要奠基人罗伯特·帕克（R. E. Park）认为社区三要素是：按地域组织的人群；人群深深扎根于所生息的地域；个体生活在一种相互依赖的关系网中。② 这一论断加速了"中国社会学派"的发展。由以上分析可知，地域、人口、物质基础、组织、文化特征、社会关系等是社区的基本构成要素。

社区区域论的代表人物麦基文（R. M. Maclver）在《社区：一种社会学的研究》（1924）一书中阐明了他的观点，他从地域的角度入手，认为社区是人类共同生活的区域，面积可大可小，村庄、城镇是社区，城市、国家也是社区，甚至人类生活的地球也可以看作一个社区。③ 美国学者科尔曼（J. S. Coleman）最早提出社会冲突理论，他认为经济争端、政治争端和价值观冲突是社区冲突的根源。1958年，美国社会学家桑德斯（Irvin Sanders）以空间为单位，提出三种模式（社会体系论、社会冲突论和社会场域论）都注重把社区视为"一个互动的体系"，所有相关研究也应在互动的体系内进行。

由于研究者的取向、兴趣不同，研究结论强调的重点不尽一致，但这一时期取得一系列颇有影响力的研究成果，如尼尔斯·安德森（Niels Anderson）《流浪者》，弗里德里克·斯兰舍尔（Friedrich Slanscher）《帮派》，路易斯·沃斯（Louis Wirth）《城市主义作为一种生活方式》，左布夫（Zuobuf）《黄金海岸和贫民区》，克里夫·肖（Clive Shaw）《一个越轨少年的自述》，保罗·克莱西（Paul Clancy）《出租汽车舞厅》，奥斯卡·刘易斯（Oscar Lewis）《未崩溃的城市化》，赫伯特·甘斯（Herbert J. Gans）《城市村民》，费舍尔

---

① 参见王刚义《中国社区服务研究》，吉林大学出版社1990年版，第23页。
② 参见安定明《西宁东关回族社区的变迁研究》，博士学位论文，中央民族大学，2009年。
③ 参见安定明《西宁东关回族社区的变迁研究》，博士学位论文，中央民族大学，2009年。

（Claude S. Fischer）《城市性的亚文化理论》《社会网络与场所：城市环境中的社会关系》，韦尔曼（B. Wellman）《社会网络、邻里关系和社区》等。①

有关中国的社区理论研究更注重独特的"乡土关怀"。1919年，美国学者丹尼尔·哈里森·葛学溥（Daniel Harrison Kulp）最早应用社区研究的方法来观察中国村落社会，发表了《华南的乡村生活：广东凤凰村的家族主义社会学》，关注到社区研究对理解和透视中国社会的意义，开启了中国乡村社区研究的篇章。② 20世纪30年代，燕京大学社会学系的师生将"Community"译成中文"共同体"，后来译为"社区"，从此"社区"成为中文语境下的专门学术用语。1935年，英国学者拉德克里夫·布朗（Radcliffe Brown）建议在中国大力推进乡村社区的人类学调查，"因绝大多数中国人都住在乡村，乡村是最小的社区"，可以开展乡村共时性或横向研究、乡村逆时性或变迁研究、乡村社区外部关系研究等。③ 曾留学欧美的吴文藻和他的学生积极实践，开展不同类型的社区和少数民族地区的实地考察和研究，并且带动具有爱国主义情怀的大批社会学工作者深入乡村、工厂和少数民族地区进行实地调查，取得丰硕成果。后期，吴文藻、费孝通等归纳了社区的核心要素，包括人民（人口）、人民所居住的地域、人民生活方式（文化），提出体验社区研究方法和参与观察的手段。

作为社会学本土化的早期探索，费孝通通过对云南、江苏等省份典型村庄的田野调查，创立了中国特色的社区研究范式，形成"乡土中国"的理论建构，掀起了中国乡村社区研究的第一个高潮。国内社会学学科得以重建后，乡村社区研究尝试性地应用"国家与社会"的分析框架，立足国家与社会的博弈，将大国家与小村庄、大社会与小社区相联系，学者们运用从西方引进的理论与研究方法，对中国乡村的基本性质进行了相关研究，取得丰硕的研究成果。

自20世纪80年代起，费孝通领衔的"江苏小城镇研究"课题取得系列成果，小城镇研究成为人们关注的热点，乡村社区研究进入第二次高潮。紧

---

① 参见赵定东、杨政《社区理论的研究理路与"中国局限"》，《江海学刊》2010年第2期。
② 参见安定明《西宁东关回族社区的变迁研究》，博士学位论文，中央民族大学，2009年。
③ 参见陆益龙《后乡土中国》，商务印书馆2017年版，第2页。

接着，中国乡村社区研究开始尝试引入历史人类学中"文化过程""社区史"等研究方法，"乡土观照"下开启了"地方知识与区域文化"和"传统与国家制度"间的互动探索。改革开放后，社区建设和社区服务逐渐兴起，社区研究逐渐成为各级政府关注的焦点问题。进入 21 世纪，社区研究的理论视野日渐开阔，发展成为一个多学科交叉研究的学术领域，理论成果也日渐丰厚，对于社会实践的指导意义愈发凸显。中国乡村社区建构社区研究的"乡土关怀"，形成中国特色乡村社区研究的传统。历经"文化大革命"、新农村改造、改革开放、市场经济社会转型之后，中国乡村社区呈现了乡土终结、城镇化、新乡土、后乡土化等社会变迁带来的新论题，学者们通过对中国乡村社会现代化发展历史经验与现实形态的考察，开展了一系列中国乡村迈向现代化乡村发展的路径探究。

（二）社区理论对本研究的贡献

尊重社区和确保社区参与是实施联合国教科文组织制定的《保护非物质文化遗产公约》的基本前提和行动基石。[①] 让村落体育表演实践真正回归民间，融入村落社区发展，是"非遗"保护工作的关键。社区作为一种复杂的"互动体系"，是一种特殊的"时空坐落"。村落具备人口、地域和生活方式（文化）要素，符合传统社区概念。

作为村落文化特色养成的日常实践交流方式，村落体育表演是村落社区居民间的重要联结纽带，是增强村民社区认同、凝固社区意识的重要抓手。本研究以社区理论为基础，阐释乡村振兴战略为村落体育表演带来的发展环境和发展契机，深描社会转型期典型村落体育表演的发展现状及发展路径，体现村落文化在当今现实社会背景中运作、表达、积淀与再生产的循环过程，开辟一条以村落体育文化传承助推村落社区发展、以村落发展推进优秀体育传统文化传承的新路径。在第四章"村落体育表演赋能乡村振兴战略的个案"论述中，应用社区理论分析典型个案的独特社区背景，立足"乡土关怀"，阐释不同历史阶段，村落体育表演对于三个村落村民产生村落社区认同、凝固

---

① 参见张士闪《非物质文化遗产保护与当代乡村社区发展——以鲁中地区"惠民泥塑""昌邑烧大牛"为实例》，《思想战线》2017 年第 1 期。

村落社区意识、奠定村落文化认同的重要价值，突出村落体育表演内含的社区共建价值。

三 社会变迁理论

（一）社会变迁理论及其发展脉络

人类始终处于社会变迁的历史旅途中。社会变迁理论来源于西方发展社会学理论，现已发展成为社会科学、人文科学中普遍使用的重要概念，也是当代中国较有代表性的社会学理论之一。"社会变迁"主要指社会生活具体结构形式和发展形式的整体性和根本性变迁，包括文化变迁、环境变迁等，既指社会变化的过程，又指社会变化的结果。① 美国社会学家威廉·菲尔丁·奥格本（William Fielding Ogburn）认为，社会变迁主要是文化的变迁，发明、积累、传播和调适导致了文化发生变迁。在现代社会，文化的交流和传播，不同文化间的冲突和融合是文化变迁的主要动因。② 其中，结构功能主义和社会发展理论是社会变迁理论的主流发展趋势。

首先，是结构功能主义视角的社会变迁理论。法国社会学家代表人物伊西多尔·孔德（Isidore Comte）、埃米尔·杜尔凯姆（Émile Durkheim）等认为社会是由各个部分构成、相互依存的有机整体，整体功能大于各个相互依存的部分功能之和，每一部分都为维持整体的稳定运作发挥功能。学者们强调知识、信仰、宗教、家庭、劳动分工等在维持社会秩序，达到社会长期稳定方面的重要作用。因此，结构功能主义学者认为，社会（社区）由不同的功能模块构成，模块之间具有共生互动、动态平衡的系统关系，社区应该通过调适而非冲突来解决社会"发展"问题。③

其次，是社会发展视角的社会变迁理论。社会变迁推动社会发展进步，社会发展理论主要从宏观视角入手，研究社会变迁规律及其表现形式，认为人类社会表现为"传统—现代"的社会演进发展过程，"传统社会是以农业生产为主、注重身份地位、静止的、职业分工简单的社会；现代社会是以工业

---

① 参见郑杭生主编《社会学概论新修》，中国人民大学出版社2003年版，第321页。
② 参见刘晖《"摩梭人文化保护区"质疑》，《旅游学刊》2001年第5期。
③ 参见高永久《民族社会学概论》，南开大学出版社2010年版，第75页。

生产为主、注重成就、动态的、职业分工复杂的社会"①。

最后,"变迁"是循序渐进的变化,不会一蹴而就,可能会出现发展、进步、停滞、倒退等不同的结果。承续性变迁是指主体实质内容承续,表现形式发生改变,或表现形式存续,主体实质内容发生变化;更始性变迁指主体实质内容与表现形式均发生变化。从社会学角度来看,社会变迁指社会结构发生变化的动态过程及其结果的范畴,既泛指一切社会现象的变化,又特指社会结构发生重大变化;既指向社会变化的过程,又指向社会变化的结果。②

综上,当代中国乡村社会的发展表现,一种是乡村社会并未完全脱离乡土基因,保留了传统乡土特性,但接受并实践一些现代化理念,发展成现代性的乡村社会,呈现出新农村或新乡土等现代乡村社会形态;另一种是借力国家政策制度与社会资本,乡村社会逐渐蜕去乡土外壳,进入城市化或城镇化,升格为现代都市或郊区城市。虽然当代中国已经进入信息社会,但是农业社会、工业社会还在延续着自己的生命。社会的演化不是单向直线进行,远比我们想象的过程复杂。③ 当下,伴随城镇化建设的逐步深入,完全以农业谋生的人口比例会越来越小,但城乡二元结构短时间内不会消失,村落、村落生活会长期存在,中国农村的当代发展必将呈现出自己的特色。

(二)社会变迁理论对本研究的贡献

社会变迁制造了一种在现代化和传统之间的摇摆局面,进步与传统、存在与行动、归属与成就之间的平衡被不断打破,充分体现了社会现象发生变化变迁的动态过程。在漫长的历史长河中,传承至今的村落体育表演经历了与时俱进的历史演化,在演化过程中不断被注入社会变迁的新元素、新内容和新形式。

乡村振兴战略的实现是一项系统工程,涉及农村政治、经济、社会、文化和生态等多方面内容。顺应社会的变迁规律和变迁特点,村落体育表演逐

---

① 周敏浩、刘彦蕊:《社会变迁的基本理论范式与表现形式评述》,第二届中国科技哲学及交叉学科研究生论坛论文集,北京,2008年,第394页。
② 参见郑杭生主编《社会学概论新修》,中国人民大学出版社2003年版,第321页。
③ 参见费孝通《百年中国社会变迁与全球化过程中的"文化自觉"——在"21世纪人类生存与发展国际人类学学术研讨会"上的讲话》,《厦门大学学报》(哲学社会科学版)2000年第4期。

渐演化为具备新特点、新形式、新价值的表演活动。本研究对村落体育表演的"实质内容"与"表现形式"进行分析，解读变迁原因和变迁表现，探寻变迁规律，突出村落体育表演的人文追求，激发村落的活力和价值，从而促进村落体育表演满足人和社会的双重和谐发展需要。

在第二章"村落体育表演论略"论述中，应用社会变迁理论从宏观角度分析了我国村落体育表演的演进历程，解读村落体育表演的变迁原因和表现，探寻变迁规律；在第三章"乡村振兴与村落体育表演的内在逻辑"关系阐述中，一方面应用社会变迁理论梳理中华人民共和国成立后的"三农"政策发展理路，另一方面关注社会变迁背景下乡村振兴与村落体育表演的互动关系，其中重点剖析乡村振兴为村落体育表演带来的发展环境和发展契机；在第四章"村落体育表演赋能乡村振兴战略的个案"深描中，以结构功能主义和社会发展理论为分析基础，剖析三个个案的发展历程，明确三个个案在乡村振兴背景下创新发展的基础。

四 文化资本理论

（一）文化资本理论及其发展脉络

资本是现代经济学理论的核心范畴，也是经济增长的核心范畴。文化资本是"文化"概念与"资本"概念的互渗融合，是能带来价值增量效应的文化资源或是以财富形式表现出来的文化价值的积累。[①] 文化资本作为一个兼具学理性和产业化特征的新概念，既有文化学意义，又具有经济学意义；既有财富属性，又具价值属性。

20世纪80年代末法国社会学家皮埃尔·布迪厄（Pierre Bourdieu）的经典专著《资本的形式》问世，提出了资本具有"物质的"和"非物质的"两种形式，并将资本分为社会资本、经济资本和文化资本三种类型。布迪厄第一次完整地论证了文化资本理论，认为文化资本是人类劳动成果的积累样式，形式上表现为一种身体化的文化资源。[②] 自此，文化资本开始进入人们的视

---

① 参见施炎平《从文化资源到文化资本》，《探索与争鸣》2007年第6期。
② 参见刘孝蓉《文化资本视角下的民族旅游村寨可持续发展研究》，硕士学位论文，中国地质大学，2013年。

野,并逐渐受到众多经济学家的关注。澳大利亚戴维·思罗斯比(David Slosby)认为文化资本包括"有形的文化资本"和"无形的文化资本"两种形式,提出非物质文化遗产是一种"无形文化资本"。①

布迪厄之后的研究者,拓展文化资本的研究范畴,将文化资本研究推向多元化,具体表现为三个方面:一是探讨文化产品和文化产业间的关系,获取文化对产品价值的影响;二是关注个人发展与文化资本的关系,主要探讨教育背景、家庭背景、个人性格等对未来从事事业的影响;三是以制度主义为切入基础,探讨文化体制和制度对于企业、地区、国家甚至全球经济的影响。随着对资本范畴的拓展,人们逐渐深化把握文化资本在经济增长中的独特作用。文化资本作为一种重要的经济现象,文化资源的合理、有效转化能够产生可观的经济价值,能够对国民经济增长发挥重要作用。

弗朗西斯·福山(Francis Fukuyama)认为,文化因素和经济生活密不可分,文化会直接影响甚至决定人们的经济生活。② 作为人类社会生活中的"资本"组成部分,文化资本不能进行量化,却和金钱、财力等生活资本一样,能够在社会关系发展中发挥作用。文化资本运作需要场域和空间来进行合理运作,实现人文价值和经济价值的有机融合,并以经济价值体现出其文化价值。当下中国村落衰败、乡村式微、人口资源向城市集中,但乡村仍是很多走出乡村的人割不断的乡愁,村落仍然延续着中国人内心的敬畏和温暖。作为中华文明的源头活水,乡村蕴含着丰富的非物质文化遗产,这些非物质文化遗产是潜在的宝贵文化资本,具有稀缺性、不可再生性和经济价值的增值性,应加快其从文化遗产到文化资本再到经济资本的转化。③

(二) 文化资本理论对本研究的贡献

人类通过文化保存下来的历史记忆会随时在社区和村民意识中复活成长,

---

① 参见黄胜进《从"文化遗产"到"文化资本"——非物质文化遗产的内涵及其价值考察》,《青海民族研究》2006年第4期。
② 参见[美]福山《信任:社会美德与创造经济繁荣》,彭志华译,海南出版社2001年版,第4页。
③ 参见黄胜进《从"文化遗产"到"文化资本"——非物质文化遗产的内涵及其价值考察》,《青海民族研究》2006年第4期。

在被丢弃的文化生活中被重拾,彰显其意义和价值,成为新时代满足人民对美好生活追求的有益补充。因此,探讨村落体育表演所具有的文化资本属性,既是对传统文化价值的再发现和再利用,也是提供传统文化资源向文化资本转化的引导性实践。

村落体育表演作为人类一种重要的社会文化资源,是具有重要开发潜力的文化资本。本研究立足村落文化资源,对接"符号经济""知识经济""注意力经济""非物质文化遗产经济"等传承语境,以文化再生产理论为基础,通过文化的整合、概括,探讨村落体育表演文化资源如何转化为产业资本,对接乡村振兴战略,并以此促进村落的可持续发展,走向"以文养村,以文兴村"的良性循环道路,由文化资本获得经济资本,并上升为社会资本,具有重要的现实意义。

在第四章"村落体育表演赋能乡村振兴战略的个案"论述中,通过对三个个案带动村落文化振兴和村落产业振兴等的经验梳理,验证文化资本理论的观点,证实乡村振兴战略背景下,村落体育表演作为文化产品带动文化产业发展,文化资源成长为文化资本的可行性和必要性;在第五章"村落体育表演赋能乡村振兴的发展路径优化"探析中,将文化资本、文化产品和文化制度的理念融入发展路径的设计中,以推动不同类型村落体育表演的高质量发展。

第二章　村落体育表演论略

第一节　村落体育表演本体论

一　村落体育表演概念

概念探析是所有理论研究的起点。国外体育表演研究肇始于 20 世纪初，学者认为体育表演是表演者将自身所具有的技能展示给观众的过程。随着社会生产效率的提升，人们休闲活动时间不断增加，体育赛事活动举办随之频繁，观众数量持续增加，体育竞赛表演成为重要的社会事件。[1]《从仪式到纪录：现代体育的本质》[2]、《游戏的人：文化中游戏成分的研究》[3]、《从古老的游戏到体育表演：一个神话的诞生》[4] 和《人类传播理论》[5] 等系列研究成果逐渐翻译到国内后，丰富了中国学者对体育表演的认知，加速了中国学者对于体育表演研究的开展。

国内学者认为"体育表演"是体育与表演艺术的结合，以体育项目为表演素材，以技术动作、身体姿态、表情造型为表现手段，融体育、音乐、舞

---

[1] 参见［法］乔治·维加雷洛《从古老的游戏到体育表演：一个神话的诞生》，乔咪加译，中国人民大学出版社 2007 年版，第 92 页。
[2] 参见［美］古特曼《从仪式到纪录：现代体育的本质》，花勇民译，北京体育大学出版社 2012 年版。
[3] 参见［荷］约翰·赫伊津哈《游戏的人：文化中游戏成分的研究》，何道宽译，花城出版社 2007 年版。
[4] 参见［法］乔治·维加雷洛《从古老的游戏到体育表演：一个神话的诞生》，乔咪加译，中国人民大学出版社 2007 年版。
[5] 参见［美］斯蒂芬·李特约翰《人类传播理论》，史安斌译，清华大学出版社 2009 年版。

蹈及艺术表演于一体,为促进人体健康、展示体育情感及精神而专门组织的有计划的体育文化艺术形式。① 郑丽冰将体育表演划分为娱乐性体育表演和竞赛性体育表演两类。②

本研究中的村落体育表演属于娱乐性体育表演,不以追求竞技成绩为目的,同时又将参演对象或表演项目的范畴界定于村落边界内。有鉴于此,根据本研究需要,将"村落体育表演"界定为:以村落为主要表演场域,以传统体育项目(近代体育传入以前我国就已有的体育活动)为表演内容,以个体或集体身体运动为表演形式,通过技术动作、身体姿态、表情造型等表演方法,为实现健身、休闲、娱乐等目标而开展的民间体育活动。

二 村落体育表演源流

中国历史的经济与文化基础一向在农村,不在城市。每个村庄都具有一部独特的民族身体文化发展历程。村落体育表演随着人类社会结构的变迁而萌生,最早表现为人类原始的身体活动形态,体现了村落居民碎片化的身体自我呈现。早在两汉三国时期,我国已出现表演性蹴鞠,《礼记》也有"孔子射于矍相之圃,观者如堵墙"的射礼表演记载。

作为带有中华文化印记的身体活动,村落体育表演承载了华夏五千年的文明发展历程,熔铸了中华儿女魂牵梦绕的历史记忆、文化意涵和传承脉络,也是村民日常生活的重要组成部分。如果把村落看作一个容器,村民的日常生活看作这个容器中的石子,那么村落中的体育表演活动便是细沙,它充盈了村民的日常生活,满足了村民的精神需求,实现了村落文化的代际传承。

(一)人类本质力量对象化的载体

1. 身体的本真存在

人类通过自己的身体来思考自然和社会。③ 身体是人类安身立命的基础,

---

① 参见柳庆阳《现代跆拳道舞台表演设计的探讨》,硕士学位论文,华中师范大学,2016年。
② 参见郑丽冰《刍议我国体育表演的功能与发展趋势》,《武汉体育学院学报》1999年第1期。
③ 参见[加]约翰·奥尼尔《身体五态》,李康译,北京大学出版社2010年版,第15页。

是生命的本原,立足身体、关注身体、思考身体是人文社会科学的重要研究传统。身体是指"一个人或一个动物的生理组织的整体"①,即人和动物的躯体。人类的身体不仅是自然的、物质的,也是能动的行为实体。身体的任何实践行为都表达了主体对生命本质的追求和期望,体现了生命的能动性。法国哲学家米歇尔·福柯(Michel Foucault)认为身体是人类的出发点和落脚点,每个人依托生理身体,进行着独特的物质和精神生产活动,与此同时,他又将自己活动的成果重新纳入自己的身体,以不断地充实自己的生命,不断更新和重新开辟自己的生命历程。②

在人类表演文化体系中,身体是表演的核心,身体是表演的依托,透过表演者的身体之维,我们可以追寻到表演的本质。③人通过身体实践活动形式在自然界留下的印记即文化,逐渐发现"自我",形成一些规范的身体活动对身体进行规训、修正,进而不断地充实自己的生命。"身体"是人类感知、记录、传承"世界知识"和"生活经验"的永恒媒介。没有身体,人的思想意识无所依托;没有身体,生命就失去载体。同时,身体是理解和认识民俗文化的中介,它有助于我们领悟人类文化的昨天、今天和明天,有助于认识人类从何而来,向何而去。④意识是身体的本体反应,是依赖于身体的内部思维,身体需要通过人类的意识来认识和强化,意识维系着生命的存在和在场。由于表演的出现,保证了人的躯体在"动"中呈现生命的意义,强化身体意识,表现身体的生命力量,从生活中的身体过渡到文化中的身体,从而实现了身体在表演中的人类生命价值和意义存在。⑤

2. 身体的表演存在

身体是人类开展表演活动的前提与基础。德国社会学家、史学家诺贝特·埃利亚斯(Norbert Elias)在《文明的进程》中解释了体育的演进,认为

---

① 中国社会科学院语言研究所词典编辑室编:《现代汉语词典》第6版,商务印书馆2012年版,第1152页。
② 参见王宣扬《福柯的生存美学》,中国人民大学出版社2005年版,第479页。
③ 参见方千华《竞技运动表演论》,博士学位论文,福建师范大学,2007年。
④ 参见向云驹《论非物质文化遗产的身体性》,《中央民族大学学报》(哲学社会科学版)2010年第4期。
⑤ 参见方千华《表演视域中的竞技运动诠释》,《体育科学》2008年第6期。

体育存在的形式是人类身体不断强化的控制与征服的一种辅助工具,是在长期的亲身实践中掌握只可意会不可言传的身体知识、经验和技能,通过身体的"体现""体知""体认""体悟",转化为身体行为模式与能力,是人类社会文化实践的重要体现形式。① 从古至今,人类的攻击性本能通过竞争性体育运动或其他方式才能得到释放,因而村落体育表演以游戏或竞斗的形式存在于人类发展的历史长河中,人们以一种合乎村规民约的渠道展现自我身体存在和自我的力量。

首先,人类的心理、精神生活与娱乐的需求推动身体表演的发生。《诗经·大序》中记载原始先民常常借助手舞足蹈(舞蹈)来抒发内心的情感,即"情动于中,而形于言,……咏歌之不足,不如手之舞之,足之蹈之也"。马克思说:"有意识的生命活动把人同动物的生命活动直接区别开来。"② 表演的需要和欲望是"被看"的需要和欲望。被人"关注",就要接受别人的"看",是个体生命力的体现。活泼风趣的村落体育表演使身体、村落、歌舞与情感密切地相互交融在一起,给人以美与乐的享受,产生强烈的集体共鸣和巨大的吸引力。源自生命本真的激情和欲望,村落体育表演以其形式各异的运动形式展示着身体的存在和生命的价值,人回归到了人本身,并在群体互动之中感觉到自己是人。③

其次,身体表演体现了人的本质力量存在。人作为社会关系的复杂存在,任何个体都不是封闭的、独立的,而是要与其所处的社会文化环境相生共存。身体不是被动地接受文化,而是积极地创新文化、升华文化。人借助身体来理解他人,认知世界,并带来自身的积极反应。没有身体,表演就无所依附,身体是表演的载体,表演内涵通过身体来进行完整呈现。④ 身体是生命意义产生的前提,人们通过身体来感知生命与世界的联系,并通过身体动作达到表意传情、彰显生命力量的作用。

最后,身体表演是人类社会自发形成的身体活动类型。伴随人类思维能

---

① 参见[德]诺贝特·埃利亚斯《文明的进程》,王佩莉、袁志英译,上海译文出版社2013年版。
② 马克思:《1844年经济学哲学手稿》,人民出版社2000年版,第57页。
③ 参见钱中文主编《巴赫金全集》第6卷,李兆林等译,河北教育出版社1998年版,第12页。
④ 参见肖英《论戏曲表演与身体美学》,《中国人民大学学报》2017年第6期。

力的不断发展成熟，人类开始用野兽皮毛和牙齿装饰人体，开始在部落仪式中有节律地舞动身体，这个漫长的演变过程蕴含着人类对自我身体技能的逐渐肯定，也孕育了人类最朴素的身体美的内涵。闻一多认为原始舞蹈以综合性的形态动员生命，以律动性的本质表现生命，以实用性的意义强调生命，以社会性的功能保障生命，是人类生命的综合体现。① 身体表演作为人类最原始最本真的"财富"，不但能满足人类美的身体诉求，而且可以表达人类内在的生命状态和精神体验。"没有一个肉体的肌肉不表达内心的变化。一切肌肉都在表示快乐和悲哀，兴奋和失望，肃穆和狂怒……伸着的两臂，斜着的躯干，是和眼睛与嘴唇同样温柔地微笑的。"②

3. 村落体育表演中的身体

身体是充满生命、活力与灵性的，身体性的非物质文化遗产必然充满生机与创造力。非物质文化遗产的活态传承表明非物质文化遗产必须活在生命里，有赖于机体的生活、生存和生命，同时也构成生活、生存与生命的具体样式与细节。村民是村落体育表演的创造者、拥有者、发展者和受益者，因此，村落体育表演必须以人为本体，以人为主体，以人为载体，以人为活体，才能延续传承、代代不息。

一方面，村落体育表演中的表演者和观众之间具有灵活的调整方式，既能"有效"地表演与观看，也能有效地实现表演者和观看者之间角色的随机转换。这种转换的"有效"性，意味着对话、生成、成长和创造，也意味着自我的形成、发展与完善。村落的每位村民都是享有平等权利的生命个体，同时也是具有表演冲动的个体，因此，每位村民都拥有不可被剥夺的参与表演和观看表演的自由与权利。实质上，身体在体育表演中象征性地出现，身体也就同时获得了象征的意味。手足运动产生的丰富动作和姿态，寓于节奏、动力和音乐的象征力量等都通过身体意象而象征性地表现出来，③ 它是通向身体哲学的宝贵遗产。

另一方面，村落体育表演与村落节日、祭祀、婚丧嫁娶等融为一体，是

---

① 参见《闻一多全集》第2卷，湖北人民出版社1993年版，第209页。
② ［法］罗丹口述：《罗丹艺术论》，葛赛尔记，沈琪译，人民美术出版社1978年版，第16页。
③ 参见胡志毅《神话与仪式：戏剧的原型阐释》，学林出版社2001年版，第241页。

村落精神生活自给自足的主要形式。村民用诗意的语言、凝练的舞蹈、夸张的身体动作，诉说着村落的发展历史，展现着美丽的田园风光、甜美的爱情和辛勤的劳动。村落体育表演不但是村民精神自足的需要、情感传统的传承和民族的历史记忆，而且有着极强的社会功能，许多社会问题在表演过程中消融和化解，艺术的审美教育作用得到最有力的朴素体现。村民的这些精神表达方式，在村落社会中确立了生命平等、生命与自然同等价值的观念，实现山与水的交融，天与地的情怀，人与社会、人与自然的和谐共生。村落体育表演成为建构人的身体存在，实现和体验人的生命价值、生命意义的重要形式。

（二）宗教仪式人神对话的媒介

英国人类学家阿尔弗雷德·拉德克利夫-布朗（Alfred Radcliffe-Brown）认为，人类不同区域的宗教仪式活动作为建立和维系原始社会秩序的手段，如原始人类的舞蹈等身体活动，其地位高于法律。[①] 当原始人意识到体育、舞蹈等具有娱神祈福的特殊功能，是人神交流的最佳媒介，就开始用原始体育游戏和舞蹈表演表达仪式、顶礼膜拜、敬神祈福。

马克思曾指出"宗教本身是没有内容的，它的根源不是在天上而是在人间"[②]。人类借助虔诚的宗教仪式和宗教信仰以求获得精神慰藉，通过村落体育表演形式来感谢神灵，祛病消灾，祈雨求福。作为宗教仪式的重要组成部分，集合全村男女老少进行的娱神活动，维持了村民的精神信仰，稳定了村落的发展秩序，逐渐演化成复杂多样的村落体育表演形态。云南地区的目瑙纵歌起源于景颇族对天神的祭奠，后期成为云南地区最盛大的传统节日之一。作为中国西部地区的民族狂欢节，云南省德宏州陇川县景罕镇曼胆村在每年的正月十五前后迎来目瑙纵歌节，节日期间成千上万的民众身着节日盛装，汇聚一堂，踏着同一鼓点，同一节奏，翩翩起舞，场景壮观，震撼力强，素有"万人狂欢舞""天堂之舞"的美誉。

---

① 参见［英］拉德克利夫-布朗《原始社会的结构与功能》，潘蛟等译，中央民族大学出版社1999年版，第176页。

② 《马克思恩格斯选集》第27卷，人民出版社1995年版，第205页。

一方面，村落体育表演的"敬神娱神"体现了人类原初的敬畏之心。它以人自身的自然身体活动作为人神交流的媒介，竭尽所能地展示身体技能，最大限度地获得外部自然界的认可，把轻松和愉悦带给循环往复在繁杂生产活动中的人们，通过超越常规的体验，让人们在短时间内得到最大限度的身体和精神放松。

另一方面，村落体育表演是人类自身创编的体育与歌舞结合的表演形式，是以自身需求为出发点，兼具保佑村落村民安全、生存与生活功能的带有一定仪式意味的身体活动。当然，随着人类认识自然能力和支配自然能力的提高，宗教的影响在逐步淡化，宗教的神秘面纱被逐渐摘下，人类开始冲破祭祀的禁锢，村落体育表演向着自娱、娱人、健身、娱乐的多维度发展，这也是村落体育表演在当代得以传承发展的不竭动力。

（三）节庆活动情感表达的方式

1. 身体的岁时节庆狂欢

传统节庆活动，源于对自然规律的遵循和崇拜，源于原始社会人类娱乐、消遣、休息、放松的过程[①]，通过一定的礼仪、制度、物质和活动进行表达，热闹非凡。建立在农耕经济基础上的中国节庆文化，是村落体育表演所依托的社会结构，并对民族民间风俗产生了潜移默化的影响。早在2005年，各部门联合发出的《关于运用传统节日弘扬民族文化的优秀传统的意见》中指出"要突出传统节日的文化内涵，精心组织好重要节庆活动，特别要组织好春节、清明节、端午节、中秋节和重阳节等最具有广泛性和代表性的节庆活动"[②]。这里的身体与岁时节庆狂欢有三层含义。

首先，岁时节日是村民情感绽放、情绪交流的最佳契机。作为中国传统社会文化的基本时间单位，日常生活是中国传统社会文化习俗单调且平静的场域，节日是理解中国传统身体文化生存的重要时间指南[③]。其最大特点是周期性复现，年度循环。英文表达中，"节日"对应"Holiday"和"Festival"

---

① 参见王毅《中国民间艺术论》，山西教育出版社2000年版，第270页。
② 《中央宣传部等部门发出〈意见〉提出运用传统节日弘扬民族文化的优秀传统》，《人民日报》2005年6月24日要闻版。
③ 参见高丙中《圣诞节与中国的节日框架》，《民俗研究》1997年第2期。

两个单词。"Holiday"由 Holi 和 day 构成，Holi 意为神圣的，因此 Holiday 指神圣的日子。"Festival"源于拉丁语，意为"神圣的日子"。在中文表达中，"节"（繁体为節）字从竹字头，意为"竹节"，因竹节的分段有一定的规律，引申出"节日"一词。可以看出，无论中外，在对节日的理解上都认同固定的、异于常日的才是节日，才能脱离日常生活而进行非日常身体文化的狂欢。

其次，岁时节日是中国传统文化和身体文化的重要载体。它们以农业耕种生态方式为基础，与天时、农时的周期性转换相适应，在人们社会习俗、文化习俗和身体文化中表现出某种约定俗成的风俗活动[①]。我国农耕文化悠久厚重，不同地域、不同民族都有独具特色的节日。因此，传统节日作为一个非常广泛的概念范畴，既包括各民族共同的传统节日，如清明节、端午节、中秋节、重阳节等，也包括少数民族的节日，如壮族龙船节山歌节、藏族沐浴节、彝族火把节、傣族泼水节等。这些岁时节日是圣俗同乐的场所、人神共娱的盛典，集中反映了人们对生命存在和身体审美的反思和寄托。

最后，节日狂欢是身心康健、娱乐休闲和情感净化的重要手段。中华传统节庆保留了民族身体文化中最精致、最具代表性的庆祝仪式，是我国古老而恒久的身体文化式样和载体。村落体育表演内生于村民的日常生活，多维呈现了日常与非日常，群体聚合与个体娱乐休闲、健身健体、净化情感的互融。节日为村落体育表演的开展提供了良好的机会和平台，村落体育表演丰富了节日的身体文化内涵和表现形式，两者相得益彰。

2. 村落体育表演中的族群记忆与情感表达

我国各民族传统节日庆祝活动，使得身体文化形态各异、价值文化多元的村落表演活动经久不衰，至今仍有数以万计的村落体育表演活动存续。村落体育表演起到了以下三个方面的作用。

一是村落体育表演提供了村民个体感受生命多元价值的可能性，搭建了文化体验的平台。节庆活动是民众繁忙生活中的休止符，是一个短暂调节人们生活的插曲。如果要让这个节日持续存在，就需要给它装进一个我们时代

[①] 参见钟敬文主编《民俗学概论》，上海文艺出版社 1998 年版，第 131 页。

所需要的意义①。作为一种公共文化行为，节日是通过集体的庆祝活动和人人参与，来建立一套公共集体的精神信仰和价值观念。人们借助周期性的节日庆祝活动脱离日常世俗空间，借助神圣的历史时空，与祖先、神灵对话，重温传统、体味传统，并从中汲取源源不断的文化力量。节日里既有一定的风俗模式，也有不同的礼仪娱乐活动，同时也掺入了各种形式的身体表演活动。

二是村落体育表演筑牢了村落村民间的情感和文化认同，以及族群记忆。人类是在与他人的互动中而不是孤立中建构他们的文化。②岁时节日的狂欢活动，即兴的表演和全民的共同参与不仅营造了一种放松自由的氛围，还进一步促进了人们之间形成自由平等的沟通交流关系，形成了一种全新、单纯的关系，拉近了村民之间的距离。村落体育表演祈求村落平安，五谷丰登，六畜兴旺，满足了村民的归属感和成就感，也满足了村民在节日期间强化情感交流的需求。尤其是通过节日活动，把个体和群体聚合，使个体及整个族群传承地域文化。因此，节庆活动的村落体育表演维系着村落民众的族群记忆和文化认同，拥有一种内在的稳定性，经久不衰。

三是村落体育表演成为村民娱乐身心、宣泄情绪和情感表达的重要窗口。传统身体文化与节庆仪式和情感活动关系密切。诸如，早在先秦时期，"角抵""百戏"曾引发"三百里内皆来观"的壮观场景，春秋战国时期的齐国"其民无不吹竽鼓瑟"，北宋时期"歌舞百戏，鳞鳞相切，乐声嘈杂十余里"，老北京"行乡走会十三档"中"过会者，乃京师游手扮作开路、中幡、杠箱、高跷、秧歌、五虎棍、耍坛子、耍狮子之类"，其中大部分表演源于村落民间体育表演项目。在这些历史记载中，我们可以感受前人参与体育表演的场面和场景，其中传统身体文化和节庆文化，在表演和观赏中不断升华，成为娱乐身心、宣泄情绪和情感表达的重要形式。

三 村落体育表演本质

本质是科学研究领域的基本命题。人类在历史长河的积极进取中，追求

---

① 参见闻一多《端午节的历史教育》，《生活导报》1943年7月3日第32版。
② 参见[美]康拉德·菲利普·科塔克《人类学：人类多样性的探索》，黄剑波、方静文译，中国人民大学出版社2012年版，第9页。

真善美和幸福生活是生命实践的本质。真是善和美的基础，善是真的结果和美的灵魂。中国村落文化不仅为人们提供了日常经济活动的舞台，塑造了不同的地方文化传统与品格心性，而且永远地、静默地赋予地方社会生活以底色与基调，孕育了我国民众追求表演性与技巧性，讲究文雅，强调完美、和谐共处的村落体育表演风格。作为中国对世界作出的独特贡献，中国式村落体育表演也向世界传达了一种声音：体育运动不仅仅是竞技体育和对"更快、更高、更强—更团结"的奥林匹克格言的追求，也是愉悦身心、陶冶情操、感悟生命和享受生命的真善美的追求。

（一）村落体育表演的求真

真，是客观事物所具有的规律。村落体育表演的求真，是通过符合人类生理特点和规律的身体行为，所积极采取的种种实践过程。有意识的生命活动把人跟动物的生命活动进行了区别。① 民俗体育展现的是人类生命本身的价值，是生活世界的表征和现象，体现了一种人类生存框架的日常生活模式，体现了人类本真不伪的生命常态②。村落体育表演强调演示、示范、体悟、体验，强调集体交流过程中多种感官的参与，是人类展示身体力量的最可靠途径③。村落体育表演实现着村民个体间的持续互动和交流，并以身体活动为媒介，在规律性的身体实践过程中实现对本体的感知和认同，展现生命本质的力量。

1. 生命的运动实践

生命是任何时代的主题，人世间最美的事物是人的生命。生命在于运动，生命通过肢体运动来冲破自我的极限和外在的约束，达到超越性的自由。

首先，村落体育表演释放了生命的活力，体现了人体的生命权利和生命价值，让表演者保持充沛的体能、饱满的情绪状态和良好的身体灵活性。无论是青少年还是中老年人都必须维持生命力，满足其生命本能中的身体运动

---

① 参见马克思《1844年经济学哲学手稿》，人民出版社2000年版，第50页。
② 参见田祖国、姜河、白晋湘等《湘鄂渝黔边山寨民族体育文化研究现状及发展对策》，《西安体育学院学报》2000年第3期。
③ 参见魏群《论马克思主义美学和中国传统美学的互补性》，《湖州师范学院学报》2013年第2期。

需求。村落体育表演过程中追求人生的价值,提升生命的境界,实现生命的意义,领悟了运动的真谛,不断扩展和形成人的意义世界,在获得身体能力提升的同时也实现了形而上的超越,其"应然性"向度得到更好的发展。

其次,村落体育表演促进了生命的健康状态,表达了对人类生命健康的终极关怀,借助于耳熟能详的表演程式,调节人的情绪情感,形成人类丰富多彩的社会生活和精神世界。村落体育表演以接地气的身体活动方式,通过对自我身体的挑战或与对手的抗衡,抑或是集体表演的展现,来感知人类身体力量、速度、节奏等的生命律动,享受生命的自由,在生命的超越中感知快乐,诠释生命。

最后,村落体育表演催生了生命的创新实践。表演动作、表演技巧、表演形态、表演模式不断调整变化,反映了人们创新进取、奋发超越的卓越生活品质,凝聚了人类发掘自身生命潜质的能力与诉求。人类是生物体不断进化发展的物质结果,活跃于村间地头、具有浓厚地域色彩的村落体育表演是人类精神外化的典型表现方式。

2. 自我的真实表达

村落体育表演是动态的、活着的文化,具有自身发展的内在规律性,它随社会变迁而发展变化。村落体育表演的身体动作是一种文化符号,由村落文化进行建构,反之,它们也书写、表述了村落文化。村落体育表演以身体动作向村民讲述自己的故事,身体动作作为文化符号积淀和叙述着村落文化的记忆和理想。

村落体育表演是人类生命力丰盈度的重要展现途径。一方面是无论男女老少,源于对自我生命力量的忠实与自信,都投入表演活动中,进行自我生命力量的表达,从而获得生命欢悦的自由,更加热爱生命、热爱自我;另一方面源于内心的欢喜,人们赋予身体以创新发展的意义,提升自己的生命潜能,同时创编出新的动作,组合出新的技巧,达到超越自我的境界。在体验生命创新的过程中,人类自我的生命力量得以勃发,自我认同感随之提升。

村落体育表演还是村落成员自我意识真实呈现和表达的舞台。村落的男女老少沉浸在和谐融洽、没有约束力的表演氛围中,不讲究规定性、程式性,只需要遵守基本的表演技巧进行随性的表演。这样一种乡土语境下的即兴表演,是村民自我意识的真实表达①。村民借助身体动作、表情服饰,体验速度快慢变化,展现良好的体形体态,组成了生命情韵千变万化的风景线,真实再现了人类世界各种真实的生命体。

(二) 村落体育表演的至善

善不积,不足以成名。善作为一种价值取向,给人以希望、幸福。本研究认为,以村落体育表演为载体,以和谐适度、与人为善、淳朴善良、积极向善为坐标,培育文明乡风、良好家风、淳朴民风,符合新时代中国特色社会主义新农村建设和乡村振兴战略要求。

1. 和谐为善

宇宙大道之至善是为圆满和谐。② 和谐是指某个系统的各个组成部分,通过相互作用、相得益彰协调彼此关系,使整个系统达到相对稳定、平衡的良性运行状态。人类群体的和谐可以归结为生命关系和生命状态的和谐。村落体育表演体现了生命自然同等价值的观点,体现了山与水的交融,天与地的情怀,也体现了人与社会、人与自然的和谐共生,具有以和谐为善的本质特征。

村落体育表演提倡生态道德之善。表演要求村民与自然和谐相处,讲秩序、循规矩、重节制,循规蹈矩地按照规则行事,通过继承和传递而内生为人们的价值观和行为,依然发挥着特殊功用。村落体育表演通过身体的规训、养育,形成一种改善后的自我,快乐,幸福。以背新娘、女儿节、抬幺妹、聘礼习俗、歌舞习俗等为载体,表达了村落生活中健康、积极的爱情观和婚姻观,仪式过程的群众参与和群众激情的表演及呼应,能激发村民对生活、对人生、对爱情的理性认知,弘扬友善的社会主义核心价值观。

村落体育表演倡导以和为贵。村落体育表演蕴含着以和为贵的处事方式,也洋溢着先人后己的集体主义精神,重视担当的责任意识,维持天人合一的生态观念,提倡与日常生活均衡、与自然环境协调发展的原则。村落里面名声不好、评价不高的村民没有参与集体村落体育表演的机会。倘

---

① 参见张娜娜《表演类非遗项目的展陈研究》,硕士学位论文,中国艺术研究院,2017年。
② 参见宗白华《美学与意境》,人民出版社1987年版,第112—113页。

族的抢花炮活动中,村民都严格遵守着不成文的规则:不打人,不踏人,不弄虚作假,以力量、速度和智慧取胜,培养了村民遵守纪律规范、团结协作的优良品质。

村落体育表演引导村民间的和谐相处。村落体育表演倡导人们养成敬畏自然、尊重祖宗、尊老爱幼、诚实守信等品质,其本质是倡导人与自然、人与人、人自身的和谐相处①。尊老爱幼、孝悌为先、长幼有序、同舟共济等价值观是村落体育表演推崇的主要道德标尺,这对促进村落之间和村落成员间的和谐共处具有重要的约束价值。村落体育表演通过仪式活动去追求村落的风调雨顺与平安。通过仪式表演过程中身体技能动作的展现,表演者将自己对孝道的理解诠释出来,体现自己对祖先神灵、父母长辈的敬重和孝顺,让他人在共同的民族村落文化背景下,唤醒、刷新与强化对孝道的理解与践行②。相传千年的淑世情怀,以村落体育表演为中介传递着流传至今的热情和真诚。

2. 教化为善

尊师重道、礼敬他人、重礼仪、知廉耻等优良品质,是我国传统文化的核心要义。远在上古时期,夔作为舜帝时期掌管艺术教育的官员,要求以歌舞性的祭祀表演为训练手段,教育引导被需求和欲望所驱使、生活相对不安定和组织散漫的青年人。让青年人在歌舞表演中相互感染、相互激励、相互支持,引导青年人获取直接和间接生活经验,构建起有序、和谐与团结的群体意识,借助排练和表演倡导青年人学会包容、学会相处,从而形成步调一致、凝心聚力的有机整体。③

一方面,村落体育表演具有强有力的教化功能。它以独特的凝聚力、感召力和影响力,在村落发展中担任着无形的领导力。村落体育表演通过感化、榜样和鞭笞三种途径对当代村民的精神文明、道德情操建设发生积极影响。村落体育表演传达出的教育意义投射到村民的日常生活当中,并潜移默化地

---

① 参见朱启臻《村落价值与乡村治理关系的探讨》,《国家行政学院学报》2018年第3期。
② 参见何秀全《少数民族民俗仪式在四川重大体育活动中的作用研究》,《体育文化导刊》2017年第1期。
③ 参见董德光《戏曲表演程式研究》,博士学位论文,中国艺术研究院,2012年。

影响村民的为人处世、待人接物。在同一种社会历史环境熏陶中成长起来的村民具有深刻的文化认同感，具有稳定一致的价值观，这也是村落体育表演能够发挥教化作用的原因。以村落文化为基础，以村民表演为主体，以村落活动为载体，互助、敬老、诚信、友好等传统美德不断得到村民的践行，不断升华为村落文化的主旋律。①

另一方面，村落体育表演具有"仁""礼"的中国传统文化内核。自古至今习武之人讲究"以仁为本"，注重道德修养，推崇善的行为，以"为国为民"为己任，在武术实践中以国家利益、民族利益为重。村落体育表演的不断演习，能稳定乡村秩序，维护乡村和谐，夯实文化产业发展的根基。舞龙表演作为集体性项目，每个动作的完成都需要全体队员在鼓乐的伴奏下，齐心协力，相互配合，任何一个成员的失误都会影响整套动作的完成质量。山东海阳秧歌的表演过程中，演员全身倾斜至最大幅度向观众行感谢礼，当两支秧歌队伍在村中相遇，互相行礼时，需要进行最大程度的扑步下蹲动作见礼，但同时还要注意不能触碰到对方的身体，以表示对对方的尊重。

(三) 村落体育表演的臻美

美是世间万物的生命力，是人类生存的永恒追求。村落体育表演以身体活动为中介，表现动作美、人体美和默契美，带给村民美的享受、美的熏陶和美的教育，唤起村民对美好生活的热爱，对生命的尊重和对幸福明天的向往，彰显中华民族的韵律美、风情美和形体美。

1. 村落体育表演的动作美

村落体育表演项目以对身体美的展示为基础，借助对道具的巧妙运用和身体动作的延伸来展示人类身体动作之美。如，在每年8月举办的蒙古族"那达慕"大会，动人心魄的赛马比赛、扣人心弦的射箭技艺和难分伯仲的摔跤较量令人叹为观止。精彩刺激的马上骑术表演，骑手们娴熟惊险的动作美，表现了骑手们自我肯定、自我超越的胆略。"乘马倒挂"也是民众表演的拿手好戏，骑手身体倒挂于奔驰的骏马上，全身仰面悬于坐骑之侧，头与地面极为接近，通过脚尖紧钩马镫，防止坠落，环场一周，场面惊险。骑手在奔驰

---

① 参见朱启臻《村落价值与乡村治理关系的探讨》，《国家行政学院学报》2018年第3期。

的骏马上弯腰用嘴衔起地面鲜花的"口摘鲜花"表演,其他如"马背横撑""叠金字塔""单腿挂环""单马双人"等精彩骑术表演,骑手们或站,或蹲,或辗转腾挪,险象环生,引人入胜,充分体现了骑术、马力和意志的较量,博得观众阵阵喝彩。

从原始祖先抒发感情的手舞足蹈,发展到春秋战国士阶层的斗剑表演,再到宋元明清瓦肆艺人的舞枪弄棒,自娱和娱他的武术表演无论在宫廷还是在市井处处可见,在历史长河中翻滚磨砺,成为中华传统文化的"永恒经典",时至21世纪的今天,中国传统武术表演将外在形式美和内在意蕴美结合,观其形,品其韵,悟其道,成为感悟不尽的动态人体文化。

2. 村落体育表演的人体美

村落体育表演追求对生命活力的崇敬和颂扬,对熟练而高超的运动技术和技能的应用,培养身体良好的感知能力,锻炼心肺功能,提高身体的柔韧性和轻盈性,充分体现人体之美。人体之美通过肌肉力量、快速运动和灵敏反应充分体现出来。身体的快速运动,表现为空间上的速度美;人体肌肉的收缩,展现了生命力之美;人体骨骼关节、韧带、肌腱等的伸展性带来的身体曲线变化,表现了人体柔和、弛缓的柔韧美;身体在紧急状态下的灵敏快速反应,给人带来惊讶、惊喜和惊叹之外的愉快情绪,充分地显示人体的动态美。[①]

"舂新米"是云南省临沧市沧源县93个自然村落的佤族群众庆祝稻米丰收而展开的喜庆竞技活动,素有"黑珍珠"之称的姑娘们拥有黝黑健康的肌肤,娴熟的劳动技能,表演过程中一边舂米,一边有节奏地甩动她们乌黑的长发,以传递丰收和胜利的喜悦,谱写辛勤劳作终有收获的颂歌,凸显出阿佤人民独特的民族情怀和民族情趣。[②]

服装代表着民族特色,是积淀千年的民族文化的象征,如山东海阳秧歌的表演角色,借助服装差异来体现人物特色:乐大夫角色头戴毡帽,上身穿深色绸袢和皮袄,下身穿深颜色的灯笼裤,脚蹬皮靴;货郎角色头戴礼帽,腰系黄色彩带,下穿彩裤,脚穿黑布鞋。山东章丘扮玩活动中的演员服饰一

[①] 参见单亚萍《关于体育舞蹈美学价值的研究》,《北京体育大学学报》2004年第1期。
[②] 参见周小燕、邢金贵《我国少数民族传统体育表演项目创作的发展走向与文化传承——简论"第8届全国少数民族传统体育运动会"之室内表演项目》,《首都体育学院学报》2009年第2期。

般是红色绿色撞色搭配,以营造欢乐喜庆、轻松愉快的节日氛围。山东沂蒙山区临沭县村民热衷的"猴呱哒鞭舞"表演夸张,节奏明快,演员脸谱色彩跳跃、线条柔美、生动逼真,给人一种赏心悦目之感,其中造型独特的"扑蝴蝶舞"脸谱、"花棍""草龙""明珠"等不同造型,体现了劳动人民的集体智慧,彰显了民间艺术的审美功能。①

3. 村落体育表演的默契美

表演者的默契和共识,是需要长时间的磨合才能达到的效果。表演者借助独特表演场景的衬托,以程式化的动作,激起观众的共鸣,凸显项目的文化内涵以及精神价值。大部分村落体育表演是群体性、配合性的展现过程,演员之间通过默契的分工和协作,在相互的支持、配合和鼓励中,完成动作,体现表演活动的整体美、过程美,通过主角、配角的完美合作,满足观众的视觉审美要求,鼓励群众在日常生产生活工作过程中,追求团队合作,培养合作意识,展现人的机智顽强、勇于拼搏、团结协作的精神,达成合作之美。

村落体育表演为村民的朴素审美与生命审视提供了展现平台,人类的想象力、审美力和创造力得以孕育发展。纵览人类发展的历史长河,村落体育表演凸显了丰富多彩的生命自然之美、生命艺术之美和生命人格之美,它不仅承载了5000多年来炎黄子孙对于美的不懈追求,提供了华夏儿女精神上的丰盈、愉悦和积极向上的生活动力,也满足当代人求新求奇求异的多样化审美需求,从而保证村落体育表演继续活态地在民众的日常生活中自然流淌。村民全身心地投入表演活动之中,体验体育之美与生命之美的交合融汇,直至通达生命自由之境。

第二节 村落体育表演的演进

在我国,村落体育表演是一种随处可见的社会现象,大多数村落都有独特的体育表演项目。这些活动项目因缘起、表现形式存在差异,且所经历的

---

① 参见贾瑞学《沂蒙山区民俗体育的调查研究——以"龙灯、抗阁"为例》,硕士学位论文,江西师范大学,2011年。

社会洗礼存在差异,其所蕴含的"故事"也各有千秋。据文献调研、实地考察得知,多数民间体育表演历史可追溯到近代社会以前,少则有百余年时间,多则有上千年历程。因不同项目所经历的朝代更迭差异较大,作为一种特殊的进化力量,村落体育表演传承至今,展现了其坚韧的文化适应能力和独特的文化魅力。村落体育表演顺应社会变迁规律和变迁特点,不断变化革新,逐渐演化为具备新特点、新形式、新价值的表演活动。故本研究依托历史学对社会发展阶段的划分,结合村落体育表演的历时性变迁特征,运用社会变迁理论,对社会变迁过程中村落体育表演的"实质内容"与"表现形式"进行综合性分析,解读其变迁的原因和表现,探寻其变迁规律,突出人文追求,再造村落的活力和价值,从而促进村落体育表演满足人和社会的双重和谐发展需要。本研究将我国村落体育表演的演进历程分为古代社会村落体育表演、近代社会村落体育表演和当代社会村落体育表演三个阶段。

一　古代社会村落体育表演

（一）社会发展背景

观今宜鉴古,无古不成今。中国古代社会历史悠远漫长,历经原始社会、奴隶社会再到封建社会等社会形态。其间,我国劳动人民创造了诸多丰功伟绩,为人类社会保留了众多文明景象,如万里长城、大运河及故宫等都是世界型文化遗产,指南针、造纸术、火药及印刷术被誉为"四大发明",如此等等,都已成为中华文化博大精深的有力诠释,展示了中国智慧,蕴含了不同历史时期的"中国方案",向全人类证实了中国对世界发展的重大贡献。这些重大贡献很好地谱写了中华文化博大精深的意蕴,涉及文化、科技、经济、教育、军事、宗教等诸多领域的共同发展。就文化领域而言,仅艺术、杂技、体育等类目也是包罗万象,千奇百态,而其中的村落体育表演文化也是琳琅满目,成为中华传统文化的重要有机组成部分。

（二）村落体育表演的雏形

中华民族传统体育项目多缘起于古代社会,古人对中华武术的研究较为关注,呈现了《剑经》《纪效新书》《武经总要》《武编》《阵纪》等传统武术史料。而更多的民间体育、民俗体育则流落市井，依靠口耳相传的形式枝藤蔓延。正因如此，早期我国许多村落体育表演文化并未被相关文献记载下来，仅有极少数村落体育表演现象可以通过文献追忆。如，宋朝陈懋仁编撰的《泉南杂志》为我们再现了当时村落社会中民间体育表演状况："迎神赛会，莫盛于泉。游闲子弟，每遇神圣诞期，以方丈木板，搭成抬案，索绹绮绘，周翼扶栏，置几于中，加幔于上；而以姣童妆粉故事，衣以飞绡，设以古玩，如大士手提筐筥之属。"① 这种民间体育表演类似于当今村落社会流行的"台阁"表演活动。

虽然，许多早期民间体育表演未以文献的形式存续，特别是官方修撰的志、史更是少有涉及，但也有部分具有特别影响力的民间体育文化有迹可循，如福建霞浦沙江村的曳石表演活动。据传明嘉靖年间，戚继光在福宁府抗倭过程中，由于城内兵力空虚，戚继光率领官兵在中秋之夜通过曳石运动迷惑敌人，运用"空城计"，既恫吓了倭寇，又保全了当时的福宁府城。于是，人们为了纪念曳石运动对当地社会的重大作用，后人自觉地延续了中秋之夜的这种村落民俗体育表演活动。正是因该活动对当地社会的影响力较大，清朝时期《霞浦县志》对该活动的表演状况进行过相关报道。如清道光举人李大琛的《中秋夜拽石歌》："秋夜月，大石蹒跚横巨鳌，六丈麻绳巧约束，蜂屯蚁聚为爪牙，瞋其目，坦其腹，昂其首，侧其足，前推后挽，如轮蹄之辗辐。……是时观者如堵墙，满城杂沓相驰逐。"② 以此，可以推测，当时曳石表演活动非常兴盛，表演场域热闹非凡，参与者争先恐后，观看者跃跃欲试，生动描绘了当时村落体育表演的画卷。

二　近代社会村落体育表演

(一) 社会发展背景

近代中国社会主要是指自 1840 年鸦片战争到 1949 年中华人民共和国成立这一历史阶段。近代中国社会历经多重变迁，改变了中国古代社会发展环

---

① （明）陈懋仁：《泉南杂志》下卷，艺文印书馆 1966 年影印本，第 13 页。
② （清）李大琛：《中秋夜拽石歌》，成文出版社 1928 年影印本，第 221—222 页。

境,影响了政治、经济、文化的发展。鸦片战争改变了中国"自给自足"的内生式发展模式,封建社会的机制体制逐渐暴露出与世界列强的差异,反帝反封建运动成为近代社会觉醒的重要形式。总体来看,近代中国社会矛盾重重,战争频仍,社会动荡不安,人民生活困苦不堪。中华民族在国外列强入侵之际,逐渐认识到社会斗争的必要性和紧迫性。清朝末年,中国面临着被列强瓜分并彻底沦为殖民地的危险,① 中国人民历经了鸦片战争、抗法斗争、中日甲午海战等一系列反侵略抗争,中国从闭关锁国走向半殖民地半封建社会。中国人民不仅要反对帝国主义的入侵,还肩负着反封建的历史使命。于是,辛亥革命便在这种社会环境中应运而生,结束了两千多年封建社会的统治,建立了中华民国。后又因军阀割据,国民革命斗争风起云涌,五四运动推动中国社会逐渐进入新民主主义革命阶段。后期,在中国共产党的英勇领导下,中国人民取得反法西斯战争的胜利,建立了中华人民共和国,开辟了中华民族历史新纪元。因近代中国社会动荡不安,民众生活在水深火热之中,对村落体育表演的开展与发展影响颇大。

(二) 村落体育表演的发展

近代中国社会动荡不安,战争频繁发生,广大民众生活受到很大影响,特别是日本侵华战争等给近代中国社会造成了巨大创伤。面对西方列强的入侵,林则徐积极倡导尚武精神,颁布告示鼓励国人人人持刀与侵略者进行战斗,并招募渔民、滨海居民等人士进行习武以助军威。② 近代教育家梁启超、张伯苓、陶行知等都曾积极倡议尚武救国,并呼吁世人,"尚武之风不可不讲,尚武之风不可不兴""欲使国强,非人人尚武不可"③。毛泽东同志指出,"国力荼弱,武风不振,民族之体质日趋轻细,此甚可忧之现象也"④。孙中山先生也强调"盖以振起从来体育之技击术,为务于强种保国有莫大之关

---

① 参见徐晓望主编《福建通史·近代》,福建人民出版社 2006 年版,第 7 页。
② 参见郭守靖、郭志禹《以武术弘扬民族精神的历史回顾与教育策略》,《体育文化导刊》2006 年第 7 期。
③ 参见侯方明、陈青《抗日战争中武术凝聚民族精神的社会意义》,《搏击》(武术科学) 2006 年第 11 期。
④ 毛泽东:《体育之研究》,人民体育出版社 1979 年版,第 1 页。

系"① 的尚武观念。在这些社会精英及领导人的积极倡导下，作为民族传统体育的代表——武术在"保国强种"的呼声中，不断被国人倡导推行并身体力行，像近代的精武体育会便是典型的民间武术组织的发展例证。此时，民间武术类表演趋向于发挥其本质的技击功用，主要被广大民众用以强身健体，保家卫国，强国保种。

相对于武术的社会功用特征，一些村落民间体育表演环境不容乐观。在一系列反帝反封建斗争中，广大民众的安静生活格局被打破，村落体育表演也受到一些不利影响，被束之高阁，甚至消亡于纷火战乱之中。随着西方列强入侵，师夷长技以制夷、西学东渐等改变中国传统文化的发展态势，中国传统体育文化在"土洋体育"之争中枝藤蔓延。夏成前②在江苏盐城的调查中发现，村落体育表演活动义丰龙舞在近代战火纷飞的环境中，发展规模和开展范围都在不断收紧，出现了举步维艰的境况，甚至在抗日战争期间，出现了停滞发展情况。虽然近代中国社会饱受帝国主义入侵之创伤，但并不能据此认为近代中国社会没有村落体育表演活动。总体而论，近代复杂多变的社会环境影响了村落体育表演的开展，仅存的枝藤蔓延现象，浸润着中国传统文化的基因，深深地埋藏于人民心中。以此，我们可以看出，社会变迁对村落体育表演的发展具有重大影响。

三　当代社会村落体育表演

（一）社会发展背景

透析当代中国社会发展需要重点关注重大历史事件及关键时期，如中华人民共和国成立、"文化大革命"、改革开放等。中华人民共和国的成立改变了近代中国半殖民地半封建社会性质，结束了一百多年的内外战争，为中华民族和平崛起创造了良好的社会环境。在此基础上，我国的政治、经济、文化事业开始步入发展正轨，整个社会充满了勃勃生机，各行各业开始了发展建设与创造阶段。新中国成立为各项事业发展带来了希望，同时也带来了诸

---

① 参见陈铁生《精武本纪》，精武体育会1919年版，第1—2页。
② 参见夏成前《农村体育非物质文化遗产的困境及其救赎——以盐城地区义丰龙舞及楼王莲湘为个案》，《体育与科学》2011年第5期。

多挑战。例如，在体育事业发展方面，因近代中国社会多动荡，对我国体育事业发展带来了前所未有的冲击，特别是新中国成立初期的体育事业发展就以改变近代社会所遗留的人民群众体质健康问题为首要。毛泽东同志结合我国人民群众的体质问题，号召广大民众要"发展体育运动，增强人民体质"。贺龙同志也强调："体育是人民的一项事业，我们不去干，还算是共产党员吗！"① 1956 年，刘少奇指出："要加强研究，凸显其科学价值，改革武术、气功等我国的传统体育项目，采用各种办法，传授推广。"② 体育事业发展得到了国家层面的大力倡导与支持，《关于推行广播体操活动联合通知》《中央人民政府政务院关于在政府机关中开展工间操和其他体育运动的通知》《体育运动十年规划》等相关政策性文件相继出台③。

中华人民共和国成立后的一段时间内，体育事业全面发展，村落体育表演也重新回归人民的日常生活，然而，好景不长，1966 年开始的"文化大革命"给社会发展带来了巨大冲击，体育事业也受到了重大影响。1978 年 12 月 18 日至 22 日，中共中央第十一届三中全会在北京召开，会议重新确立了马克思主义的思想路线、政治路线和组织路线。这次全会成为中国改革开放、社会主义现代化建设的新起点，中国发展进入了新的历史发展阶段。④ 在改革开放的大环境中，各行各业开启了新的发展模式，体育事业也获得了蓬勃发展的社会机遇。《中华人民共和国运动员技术等级制度（草案）》《关于加强体育科学技术工作的意见》《中华人民共和国教练员技术等级制度（草案）》《关于发掘、整理武术遗产的通知》等系列文件的出台为体育事业发展提供了政策支持。进入 21 世纪后，我国体育事业发展迈入新征程，特别是 21 世纪初期国内外对非物质文化遗产保护的重视，出台了相关政策性文件，也为村落体育表演的当代传承发展提供了制度保障。另外，习近平总书记在讲话中多次提到新时代发展必须树立新理念、新格局，强化对中华优秀传统文化的保护与弘扬，这些都成为推动村落体育表演发展的重要因素。至今，在近 20

---

① 参见熊晓正《中国体育》，北京出版社 1994 年版，第 87 页。
② 国家体委武术研究院编：《中国武术史》，人民体育出版社 1997 年版，第 366 页。
③ 参见刘晖《从"民族救亡"到"民族复兴"》，博士学位论文，北京体育大学，2011 年。
④ 中国近现代史纲要编写组：《中国近现代史纲要》，高等教育出版社 2009 年版，第 261—262 页。

年的非物质文化遗产保护过程中,民间体育活动传承保护具有良好的社会发展空间,形成内外协同发展的机遇期。

(二)村落体育表演的转型

中华人民共和国成立后村落体育表演的弱势发展阶段。新中国成立初期,我国以计划经济发展模式为主,政府行政主导是国内各项事业开展的主要动力,以维护既定秩序为价值取向。体育事业发展也呈现出"百花齐放百家争鸣"的格局,村落体育表演在这种大环境中重新活跃在人们的视野中。逢年过节,各类民间组织纷纷登场,村民们踊跃参加表演,村落生活重新获得生机和活力。庆祝性的社火,仪式性的舞龙、舞狮、武术表演,以及叠罗汉、砸沙包、跳绳、踢毽子、抵杠、打陀螺等娱乐性活动尽显风采。村落体育表演得到挖掘、整理、恢复,节日祭祀工具和村民自娱自乐的本体功能得以发挥。"文化大革命"给中国的各项事业发展带来了极大的灾难,由于受到"左"倾思想的严重干扰,全国以"跳忠字舞、唱语录歌、演革命样板戏"为主,老百姓热衷的村落体育表演被冠以"封、资、修"的帽子,被勒令禁止,服装、道具、器械、史料及书籍被抄被毁。[①] 表演活动难觅踪迹,村落体育表演处于停滞时期。

改革开放后村落体育表演的快速发展阶段。党的十一届三中全会后,改革开放和发展经济成为国家关注的重点内容,思想文化领域的政策,变得更加灵活和包容。村落体育表演获得新的生存空间,由迷信转变为俗信,开始从半公开到公开,从小范围到大规模,逐渐发展成强大的传统文化复兴过程中的一部分。厦门赵岗村宋江阵体育表演一度在"文化大革命"期间中断,所用道具被收缴或损毁,1980年该村几位传承人成立表演队伍,并在各种村落活动中进行表演,焕发了新的生命力。[②] 1983年国家文化部、国家民委牵头开展的《中国民族民间十部文艺集成志书》的"文化长城"工程,掀起了传统文化当代复兴的序曲。村落体育表演产生于民间,因其兼具民间体育、

[①] 参见陈海鸥《全民健身战略背景下我国村落体育的历史变迁及发展路径》,《安徽体育科技》2016年第2期。

[②] 参见郭学松《宋江阵:仪式、象征与认同》,社会科学文献出版社2019年版,第146—148页。

民间音乐、民间舞蹈、民间故事、民间曲艺等多种复合要素，群众基础深厚扎实，受到国内学者的普遍关注。经济社会转型过程中，村落体育表演"文化搭台，经济唱戏"的重要作用日益凸显。以节会为主的各种集会，形式多样，影响广泛，苗族的拉鼓节、广东的舞狮大会、山东的风筝节、内蒙古的"那达慕"大会等轮番登场，成了地方宣传的品牌，促进了当地旅游事业的发展；以赛会为主的各类竞赛，如屈原杯龙舟锦标赛、泰山登山节、潍坊风筝节等，既传承了传统文化，也打造了品牌，带来了巨大的经济收益和区域影响力。村落体育表演不仅为地方经济的发展、村落文化的重振，注入了新的活力和动力，也为其自身的可持续发展创造了良好的契机，博得了社会的关注，获得了强有力的物质基础和经济基础。

21世纪后村落体育表演的提升化发展阶段。2000年，中共十五届五中全会提出发展文化产业问题。2002年党的十六大又再次强调提出了"一手抓文化事业、一手抓文化产业"的战略思想，认为文化"在综合国力竞争中的地位越来越突出"，明确提出"扶持对重要文化遗产和优秀民间艺术的保护工作"的要求。系列制度保障不仅使得一些正在开展的村落体育表演项目得以更好发展，而且使得一些长期搁置的村落体育表演项目重新活跃起来，推动了村落体育表演不断发展。村落生活中形成了游戏项目（荡秋千、跳绳、捡石子、玩风车、摔跤、抵杠、爬树、打陀螺等）和民俗传统项目（武术、舞龙、舞狮、秧歌等）及现代化项目（篮球、羽毛球、健身操、骑行等）并存的局面。[①] 村落体育表演获得了突飞猛进的发展，长期隐藏在草根社会的村落体育表演，被人们挖掘和盘活，成为重要的可开发文化资源。一方面，村落体育表演逐渐成为老百姓自我安慰、返璞归真，寻找心理平衡的精神外化行为；另一方面以村落体育表演为抓手的村落旅游、村落文化产业逐渐发挥化解城乡二元结构、促进中国整体性文化产业结构优化的作用。

---

① 参见陈海鸥《全民健身战略背景下我国村落体育的历史变迁及发展路径》，《安徽体育科技》2016年第2期。

第三节　村落体育表演的分类

英国文化人类学家爱德华·泰勒（Edward Taylor）指出："研究文化的第一步，是把文化的若干组成部分进行合理分类。"① 分类也称归类，是科学研究中的必经步骤，指根据事物的同和异，把纷繁复杂的材料加以条理化、系统化，把事物集合成类的过程，分类可促进人类认识的不断深化。② 我国幅员辽阔，村落众多，对村落体育表演进行分类是一个较为复杂的问题。本研究以表演项目为关注主体，以表演目的、表演人员数量和表演项目来源等为依据，划分出不同的村落体育表演类型。

一　按照表演目的分类

（一）竞技对抗类表演

竞技对抗类村落体育表演以展现力量、柔韧、耐力和灵敏等身体素质，发挥身体体能为主，是人类非生产性身体活动的重要表现形式。这类项目一般具有较强的对抗性，规则完整，具有普及和推广价值，观赏性强。

在全国各地的火把节与庙会等活动中，基本上都会有赛马、赛龙舟、斗牛、斗鸡、斗羊、摔跤、射箭、射弩、达体舞、武术对抗比赛等村落体育表演。侗族的抢花炮，布依族的抵杠，拉祜族和哈尼族的打陀螺等以胜负为较量手段的村落体育表演也是当地村民日常生活的重要组成部分，它们实现了竞技、娱乐与表演的完美结合。这类表演活动有效调动了村民传承民俗、开展体育活动的积极性，为族群荣誉、地方荣誉、村落荣誉甚至是家族荣誉而开展。

哈萨克族以畜牧业为主要生产生活方式，他们的日常生活以马为中介，因而创造出许多与马有关的娱乐活动，"叼羊"是其中独具特色的表演活动之一。表演前将羊宰杀，割去羊头和后小腿，勒紧食道，掏去内脏备用。

---

① ［美］爱德华·泰勒：《原始文化》，连树声译，上海文艺出版社1992年版，第8页。
② 参见刘茂才、张伟民主编《科学学辞典》，四川社会科学院出版社1985年版，第21页。

两队选手各为5人，骑手们环绕场地一圈进行示意。随着一声令下，两队选手都快速冲向羊只，激烈拼抢，同伴之间相互配合、相互传递，摆脱对方防卫，最后将羊送到胜利区，并投入铁杆支撑的锅状铁篮，几轮比赛之后，以投篮多者为胜。在2003年举行的第七届全国少数民族传统体育运动会上，新疆哈萨克族将"叼羊"活动搬到了比赛场地，获得了表演项目一等奖。①

（二）休闲娱乐类表演

休闲娱乐类村落体育表演是广大村民娱乐休闲、放松精神、建立村落情感的重要载体，源于深厚的历史人文积淀、文化内涵和美德教义，为广大村民提供了丰富多彩的业余生活，实现了文化建设、历史传承与高雅志趣培养的统一，达到娱人娱己的目的，得到精神上的享受和自我心理的满足。这类表演项目一般动作稳定、连贯、准确、熟练、协调、灵巧，具有较强观赏性，部分项目有一定难度，动作编排较为新颖，服装设计独特整洁，伴奏乐器流畅响亮，整体效果好。

这类项目较多在节庆活动中出现，用于烘托节日气氛，增加节日的喜庆色彩，各个民族都有典型的表演项目，如：藏族的大象拔河、锅庄舞，羌族的羊皮鼓舞，泸沽湖畔的摩梭歌舞，巴渝舞，仡佬族的高台舞狮，土家族的跳火绳，彝族的斗牛舞，苗族的跳鼓、高跷，白族的三月街，黎族佤族的竹竿舞，彝族的密枝节，布依族的甩糠包，纳西族的东巴跳，哈萨克族的姑娘追，朝鲜族的顶水罐赛跑，傣族的孔雀拳，蒙古族的布鲁，彝族的打陀螺，畲族的打尺寸，壮族的投绣球等，也包括秋千、陀螺、风筝、竹马、毽球、跳绳、拔河等休闲娱乐活动，可谓是丰富多彩，各有千秋。

"中幡"原来是唐代皇室、贵族出行时的仪仗队伍，后期演变为北京地区群众喜闻乐见的传统庙会的特色表演活动。中幡由竿、伞、幡面子、拍子、旗等组成。幡由碗口粗、十余米高的大竹竿制成，上面束彩绸，配有小彩旗和铃铛，重量一般可以达到几十斤。中幡表演者协调用力，用手掌、手背、肩膀、下颚、额头等身体部位，分别完成举、顶、牙剑、单山等动作。其间，

---

① 参见李俊怡《少数民族传统体育表演项目的特点和类型》，《黑龙江民族丛刊》2006年第3期。

表演者或顶幡上额,或伸臂托塔,惊险动作接二连三,但始终保证幡不离身、竿不落地,竹竿在表演者的手中、肩上、脑门、下巴、背部等处上下飞舞,貌似轻如鸿毛,令人眼花缭乱,叹为观止。中幡表演以扔得高、立得稳、速度快为评判标准,强调手眼配合,而且表演的每一个动作都有非常形象的名字,如"霸王举鼎""苏秦背剑""封侯挂帅""太公钓鱼"等。

休闲娱乐类项目的表演者之间,没有胜负的争夺,也没有激烈的对抗与冲突,以表现协调配合、身心愉快为主要目的,在和谐融洽的气氛中进行幸福的情感表达,是一种弱功利性的表演活动。

(三) 民俗仪式类表演

仪式类村落体育表演发挥了仪式引领、凝聚村落的作用,为促进村落团结与稳定提供了载体。数千年乡土中国村落文化以宗法、宗族、宗祠文化为核心,逐渐生成中华民族文化内核,其中某些民俗仪式是表达对神灵、祖先与某种事物形象的敬畏,除了献供、磕头,还将带有娱乐性质的身体活动作为献给神灵的祭礼,希冀来年风调雨顺、五谷丰登、村民安康。

全国各地村落拥有多种多样的此类表演活动,如祭祖和丧葬时驱鬼的"武术"表演,替人祛病消灾的"上刀山、下火海"表演,祈雨、避瘟的女子摔跤仪式,感谢天神的"磨秋"以及"荡秋千"活动,纪念李冰父子的都江堰放水节,达州二王庙庙会,纪念民间英雄惹底毫星的彝族火把节,祝贺真人修道成仙的阿坝黄龙寺庙会,广元提阳戏,西高山乡"抽保状",乐山与新津的龙舟会,以及各地不同特色的婚丧嫁娶仪式等。河北赤城正月十五的时候,"沿街设立松棚,杂缀诸灯,翠缕银葩,绚然溢目。又唱秧歌,谓之社火"[①]。每当临近春耕时节,赣南地区崇义上堡乡开展传统灯彩表演项目"舞春牛"。"春牛"灯彩表演走街串巷,舞牛祭天,表达了自古至今村民对牛的崇拜和感谢,共同期盼五谷丰登、六畜兴旺的美好愿望。[②]

---

① 丁世良、赵放主编:《中国地方志民俗资料汇编》华北卷,北京图书馆出版社1995年版,第137页。

② 参见吴玉华、陈海琼、汪淑玲《赣南客家灯彩民俗体育表演的源流、形式及特征》,《赣南师范学院学报》2015年第3期。

二 按照表演人员数量分类

(一) 单人类表演

单人类村落体育表演侧重于个体身体素质、动作技能和心理素质的展现,如抖空竹、二贵摔跤（二仙斗）、赤脚斜走大刀、武术套路表演、杂耍、个人竞技等,体现了表演者对于自身体能、技能的超越。二贵摔跤表演者背负一个木架,穿着不同颜色的服装扮作两人,怒目而视,做摔跤架势,以双腿和双臂支撑,做手脚互摔的动作。在道具围子的隐藏下,表演者以抡、转、滚、翻、摔、扫、踢、挡、下绊、托举、互相扭摔等动作做出滑稽、幽默、逼真的摔跤,大有你输我赢、互不相让的争斗之感,表演一气呵成,栩栩如生,让人忍俊不禁。

(二) 双人类表演

双人类表演项目指通过双方身体力量、灵敏性和技巧等素质的对抗而开展的竞技表演。"抵杠"是贵州省安顺市西秀区黄腊乡团结村等布依族聚居地的典型村落体育表演项目。表演时,两名演员面对面站立在两个同心圆内,双手一前一后握杠（杠的长度约为1.6米,直径约为6厘米）,将杠的一端夹于腋下,规定时间内,通过挑、压、抵、摆、腾挪等动作,或顺势借助对方的力量,使用巧劲将对方抵出圈,或使对方头、肩、背、手、臀、体侧着地就算获胜,具有较强的对抗性和观赏性。[①]

(三) 群体类表演

村落体育表演以集体项目居多:如划龙舟、跳花盆、八人秋、舞龙、舞狮、打篾球、拔河、跳竹竿、抛公鸡等,这些项目需要通过集体的默契配合,协调一致进行表演。群体类表演既包含娱乐性的表演项目,如龙灯、舞狮、高跷、扇子舞、旱船、抬杆、金钱杆等;也有通过两组人员的对抗性表演来进行,如抢花炮、珍珠球、拔河、赛龙舟等。

黔东北地区江口县土家族自发组织起来的传统体育表演项目"金钱杆"

---

① 参见李俊怡《少数民族传统体育表演项目的特点和类型》,《黑龙江民族丛刊》2006年第3期。

（又名霸王鞭、赶山鞭、莲花闹等）活动，多人参加，多人互动，表演者按同一节奏完成各种身体动作，如用紫竹击打两肩、两腿、双脚等，是一种非常典型的"有氧健身运动"。参与者既可自始至终参与活动，也可以中途加入或视自己体力情况而退出，具有自主性。

山西回族花鼓历史悠久，闻名遐迩。表演者身上挎着 7 个鼓，从转身鼓到抱鼓，从馒头锤到高低鼓，从跨步跳跃到多鼓对打，从边鼓到单双腿掏打，从拖地旋转到叠罗汉，打法多元，形式变化多样，应用"顿四垂""一点油""两锤加五锤"等空插方法，整个表演过程充分体现出表演者上身灵巧，下身轻盈、造型优美的绝妙配合，令人眼花缭乱、赞不绝口。鲜明的节奏感，身体与鼓的协调感，展现了表演者灵活的身体旋转能力，呈现出生命的完美与和谐。

三 按照表演项目来源分类

（一）生产生活类表演

生活是一切艺术的来源，也是村落体育表演的来源。村落体育表演与日常的村落生产生活实践有着密切的联系，一方面来源于生产实践，锻炼了生产劳动技能，另一方面也为生产实践服务，丰富了村民的业余生活，凝聚了村落感情，有助于形成村落共同体。民间艺术既是民间文化的创造，也是民众生活的重要组成，因此村落体育表演不是纯粹审美的艺术创造，它既具有一点艺术的形态，同时也是生活本身。①

满族村民把采珠的工具抄网当作游戏器材，模仿采珍珠的生产活动过程，改编成人们喜闻乐见的体育活动。这种活动最初在河中玩耍，后来转移到岸上，再后来，村民把猪的膀胱吹满气当气球，以传、投等动作竞相投入抄网内，流传至今。起源于日常珍珠养殖生活的投河蚌游戏，每年都会在浙江省诸暨市山下湖村上演，现在已经发展成该村的特色村落体育表演活动，一般在每年珍珠收获后的秋季举行，主要包括投准类表演和投远类表演。投准类表演是将河蚌投掷到规定区域，中标最多者获胜；投远类竞赛游戏是将河蚌

---

① 参见唐家路《民间艺术的文化生态论》，清华大学出版社 2006 年版，第 139 页。

投掷最远者获胜。① 每年的表演过程中，参与人数众多，人人跃跃欲试，喝彩声、加油声此起彼伏，不绝于耳。

（二）宗教祭祀类表演

宗教祭祀类表演是村民表达对自然的认识和寄托民族精神的一种方式，祈求"天"的佑护，"神"的垂青。云南省元阳县全福庄大寨哈尼族居住区，在每年的"苦扎扎"（五月节）期间举行磨秋表演，以表达对阿郎和阿昌兄妹的感谢和怀念，并祈愿五谷丰登、风调雨顺。河南省周口市淮阳县的民众在农历初一至十五和二月初二、三月初三进行祭拜伏羲的"担经挑"表演，表演者穿着喜庆的大红色，挑着花篮，进行"剪子股""铁锁链""蛇蜕皮"等队形变换，忘我表演的村民们，尽情传递娱人娱己的娱乐精神。信仰东巴教的纳西族民众在祭祀表演时，会展现具有浓厚宗教色彩的东巴跳，表达对神灵的崇拜之情，同时也能够体验身心娱乐的快感。

山东德州武城县"抬花杠"是村民抬着花篮祭祀大姑神的活动。相传，明朝弘治年间，武城县一带连年干旱，地不生禾，树不长叶。直到农历四月十八的早晨，城东娘娘庙上有仙姑驾云降临，手持花篮，边走边撒，所到之处普降甘霖，万物复苏。人们奔走相告，王母娘娘显灵，让她的大女儿拯救生灵来了，便在此地修建了"大姑庙"，祭祀崇拜香火从此不断。抬杠人为表现自己的虔诚，手舞之，足蹈之，集舞、武于一体，形成了独具特色的民间表演艺术形式。整个表演过程不能用手扶杠，只能利用头、肩、背等身体部位，靠身体的颤力变换动作，主要包括头顶、转肩、换肩、转背、颤背、蹲步、挖步、轻步等动作，"脚步沉，膝微弯，小甩走，大甩转，骑马蹲裆全身颤"，表演者必须具备坚实的武术功底和一定的柔韧灵活度，形成了规范的表演套路。②

（三）军事训练类表演

国之大事，唯祀与戎。在我国漫长的历史进程中，军事训练作为提高军

---

① 参见傅振磊《中国农村体育现代化研究》，博士学位论文，苏州大学，2011年。
② 参见张艳《山东民俗体育形成的农耕文化因素及特性》，《军事体育进修学院学报》2013年第2期。

队战斗力的必需手段，深受重视。部分军事训练活动在后期的社会动荡发展中逐渐流入民间，演化为村落体育表演项目。

甘肃省临潭县的各个村落，每年元宵节期间举行的万人扯绳活动，是从古代沿袭下来的一种军中"教战"游戏，距今已有600多年的历史。据说，明洪武十二年（公元1379年），将军沐英为了平定叛军，率兵至洮州旧城，沐英将军驻旧城期间，以"牵钩"（拔河）为军中游戏，用来增强将士体力，活跃军队生活，保持军队的战斗力。到了明朝中后期，朝廷实行屯田戍边，许多江淮一带的人落户洮州，扯绳表演活动由军队传入民间。中华人民共和国成立后，"万人扯绳"被列为临潭县群众性体育活动的重要内容，每次比赛参加人员少时七八千人，多时上万人，观众三五万人不等，成为当地独具特色的村落体育表演活动。

第四节　村落体育表演的特征

表演理论旨在揭示事件相互间包含的文化系统模式，它侧重于将民间文化视为一种动态传承过程，积极关注由时间、空间、传承人、受众、社会结构、文化传统等不同要素构成的传承语境问题。鲍曼认为，表演特别是民俗文化表演，产生于特定区域、特定环境，来自社会、经济、文化、交际、道德的相互碰撞与交流，具有即时性和创造性的鲜明特点。村落体育表演作为村民日常生活实践的重要文化形式，具备民俗表演的特质，具有地域性、族群性、文化性和动态性特点。基于表演理论，结合对前人研究结果的系统梳理，以及依托笔者的实践调查，本研究对村落体育表演的特征进行梳理，并从表演动作的模仿性、表演特色的差异性、表演形式的朴素性等方面展开讨论。

一　表演动作的模仿性

象形摹写是人类固有的品性和本能的反应。尤其是身体动作的模仿，更是人与自然、人与人及人与社会身体文化交互影响的结果。人类表演动作很多源于模仿，包括动植物模仿，山川大河、日月星辰等自然模仿，以及人类社会及其人自身活动的模仿等。在模仿中,人类形成宗教仪式、社会分工、关系建构,并获得舞蹈、艺术、体育启蒙的最初元素。村落体育表演中的身体动作也通过模仿不断回复、溯源到人类的原始记忆,反映生命意蕴和自然现象,并构成现代表演艺术所必需的身体动作符号,承载着民族记忆和文化记忆。

(一)动物模仿

狩猎者在成功地猎取动物后,他会模仿动物的动作,重新体验,来表达喜悦的心情,逐渐创造出了独特的狩猎舞。先秦两汉时期虎鱼舞、五禽戏等直接动物仿生活动已经成型,舞龙舞狮等间接动物仿生活动在村落文化摇篮里孕育、发展。

贵州苗族彝族地区的村落村民热衷于芦笙舞"滚山珠"表演,表演者身穿花白褂子和草鞋,头戴野鸡翎帽,模仿箐鸡穿插山林嬉戏、觅食等身体动作,较好地体现了模仿动物的村落体育表演样态。[①] 河北徐水北里村的舞狮表演,模仿狮子的看、站、走、跑、跳、滚、睡,以及抖毛、跌扑、滚翻、跳跃、抓耳等体态、样态和身形,时而妙趣横生,时而身形矫健,极为传神和形象,加之道具如滚绣球、过跳板、上楼台、跳桌等技巧动作配合,更是惟妙惟肖,场面热闹。[②] 此外,云南纳西族"东巴跳"更是以图画象形文字图谱东巴文为基础而创制的宗教祭祀表演形式,其中有丰富的动物模仿场景,如鹏鸟、飞鹤类鸟舞,牛、马、虎、象等动物类兽舞。[③] 中国武术动作中的"蛇拳吞吐""猴拳蹲跳""鹰爪拳的擒拿"等也都是模仿动物动作的精妙之作,令人叹为观止。

(二)自然模仿

道法自然,自然孕育了人类,人类在自然学习中获得启示,不断成长,村落体育表演拉近了人与自然的距离。每一个民族生活在大自然赋予的山水

---

① 参见刘远林、董英豪《贵州苗族芦笙舞的表演形态及其文化价值》,《北京舞蹈学院学报》2011年第4期。
② 参见赵源伟《龙狮和龙舟》,中国社会出版社2006年版,第3—12页。
③ 参见李开文、谭广鑫、李晓通等《基于表演理论的纳西族"东巴跳"传承语境探究》,《首都体育学院学报》2016年第2期。

林木、花草鸟兽的大环境中，人民的情感以"歌咏其声，舞动其荣"的方式流露出对自然界的敬畏。"动之如雷电，发之如风雨"表现了武术动作之迅猛；"动如涛，静如岳，起如猿，落如雀，站如松，立如鸡，转如轮，折如弓，快如风，缓如鹰，轻如叶，重如铁"是对长拳动作的典型总结。商河鼓子秧歌是国家级非物质文化遗产，其场阵中的石榴花、双葫芦、月葫芦、美人蕉、菊花顶、菠萝花、双蝴蝶、单蝴蝶、蝴蝶金线、双凤朝牡丹、黄瓜架等，都体现出表演动作和自然界的和谐统一。

村落民间武术模拟众多生物的生态形状，并引入保健导引术中，如"顺风扫莲""金花落地""风摆荷叶""古树盘根""腋底藏花"等，经过历史的沉淀磨合，深受广大村民的喜爱。①"古树盘根"展现了一幅静态的美景，像一棵参天大树把根深深地扎在地下，盘根错节地紧紧抓着地面，表现了该动作的稳扎稳打，牢固稳定。"风卷荷叶"表现疾风吹过荷花池，片片荷叶被风卷起那一瞬间的样子，形容了该动作的迅速有力、不及掩耳。自然模仿以自然现象为比喻，通过对自然的模仿将动作呈现在表演者的脑海中，既为初次学习者提供了想象的空间，也体现了表演动作静态的景致和动态十足的动作形象，体现了表演者对于"意境"的追求。

二 表演特色的差异性

地域差异，造成了村落体育表演项目的区别。北方地势平缓开阔，季节差别明显，活动空间广阔，形成崇尚勇武、豪爽奔放的精神气质，因此，北方人更擅长力量型项目，如摔跤、奔跑、赛马等；南方多丘陵山地，山水环绕，气候温和，群众性格表现为平和细腻，富于思考，对心智活动类项目更为关注，因此，南方人更热衷技巧性项目，如游泳、弈棋等。

（一）同一项目的地域差异性

十里不同风，百里不同俗。特定的地域生活空间也给生活于之中的民族刻画了明显的地域痕迹。地域性差异导致各地民俗风情的不尽相同，因此，

---

① 参见方曙光、郭敏刚、胡庆山等《新农村建设中村落体育的文化诠释》，《南京体育学院学报》（社会科学版）2010年第5期。

村落体育表演项目也表现出不同的风格特点。由于各个村落所处的自然环境、气候条件和生产生活方式的不同，项目产生的历史和文化背景各有特点，因此，同一名称的村落体育表演在不同的地区具有差异性。

村落舞龙表演具有深厚的群众基础。龙是中华民族的象征，无论南北，不论民族，舞龙习俗深入民心，在华夏各地普遍开展。汉族、彝族、白族、土家族、侗族等民族都有舞龙的习俗。龙的颜色有黄龙、黑龙、青龙、火龙等；龙的形式、舞龙器具、舞龙动作也不尽相同。民间多用竹、木、布、纸等材料扎成龙体，有7节龙、9节龙和11节龙，也有百节龙，但总数为单数居多。龙体的表现形式也不尽相同，有荷花、蝴蝶组成的"百叶龙"，用刨花扎成的"木花龙"，江浙一带用长板凳首尾钉上铁扣子连在一起称为"板凳龙"，躯体内能燃烛者称为"龙灯"，不燃烛者称为"布龙""纱龙"等。据不完全统计，全国有280多种形式绚丽多彩、层出不穷的舞龙种类，在表演方式上也是风格不一、各有千秋。①

摆手舞是土家族传统文化的汇集，同属酉水流域村寨的摆手舞动作却不尽相同。在湘西土家族苗族自治州龙山县四方村有120多种摆手舞表演动作，苏竹村有100多种摆手舞动作，在湖南省永顺县部分村寨有200多种摆手舞表演动作，② 都各具特色，不尽相同。

汉族群众所热衷的秧歌派系，在南北方也表现出较大的地区差异性。比较典型的如云南的花灯，北方地区有安徽花鼓灯、山东秧歌、陕北秧歌、东北秧歌、河北秧歌等。从地域特点来看，北方的秧歌及其他民族传统体育项目，淋漓尽致地表现出燕赵地区的古朴刚劲、白山黑水的粗犷和日落大漠的旷达；南方花灯显露绮靡纤丽的荆楚古风，蕴含湖泊清秀，景致纤丽；地处江淮地区的花鼓灯，兼具南北之长，男子矫健、女子俊俏，刚柔相济、恰到好处。因地域文化背景的迥异所形成的村落体育表演项目在表演风格、表现形式上不尽相同，反映出历史、经济、文化等多种因素的综合作用。③

---

① 参见吕韶钧《舞龙习俗与民族文化认同研究》，博士学位论文，北京体育大学，2011年。
② 参见彭继宽、彭勃编《土家族摆手互动史料辑》，岳麓书社2000年版，第307页。
③ 参见鲁滨《试论广场民间舞蹈的特征》，《舞蹈》2010年第5期。

（二）同一地区的项目多样性

人们创造自己的历史，但并不是随心所欲地创造，并不是在他们自己选定的条件下创造，而是在直接碰到的、既定的、从过去承继下来的条件下创造。① 独特的艺术风格是村落体育表演精华的体现，是地区之间、民族之间传统体育项目彰显差异的重要标志。地域虽只是一种地理概念，但它却鲜明地表现出民族、地区间的风格特征和文化差异。村落体育表演的参与者是通过长时间地区自然环境与民族文化的浸润，耳濡目染，逐渐掌握该体育表演项目的表演形式。表演动作是一种与生俱来的原生态身体动态文化的内在传承，是弘扬优秀传统文化、传承村落历史的外显。

布依族是生活在我国西南部的少数民族，以贵州省人数最多。秋千是布依族民间传统的体育表演项目，按照表演人数和表演形式，分为观音秋和夹板秋两种。观音秋也称十字秋，外形似水车，表演时，由四人同时在秋千上打转，夜间在秋千上挂上灯笼更是别有一番情趣；夹板秋也称磨秋，打磨秋时一人着地转动秋板，另一人向上翘起做各种动作。秋千在年轻群体中流行较广，可以男女同场表演，深受村民喜爱。

三　表演形式的朴素性

表演是由表演者和观众协作完成的活动。② 中国村落体育表演孕育于自给自足的经济土壤，因陋就简、因地制宜、就地取材于日常生活，因此，村落体育表演简单朴素、灵活多样，对于场地、器材的要求并不高，也易于开展和便于传播，表演形式既有个人表演，也有双人表演和集体表演。每逢年节和各种庆典，各地区的村落体育表演就热络起来，人们身着鲜艳的服装，或鼓乐伴奏翩翩起步，或呐喊助威、跃跃欲试，但无论是表演者还是现场观众都热情高涨，共同感受生活的美好，场面热闹非凡，感染力极强。

---

① 参见许慎《勇于自我革命：党的政治建设的重要维度》，《廉政文化研究》2018年第11期。
② 参见理查德·鲍曼、杨利慧《美国民俗学和人类学领域中的"表演"观》，《民族文学研究》2005年第3期。

(一) 表演场地灵活多样

村落体育表演是一种纵情自娱的群众性传统体育活动,受表演空间的限制较小,既可在村落文化广场表演,也可在村间地头、街头巷尾拉开架势。此类表演生长于天然、开放的舞台,一般也不需要借助灯光、布景来辅助表演,具有极强的应变性、灵活性。开放的表演空间,不同于传统剧场由三堵墙形成的狭小空间,有利于较多人员的集体参与。开放性的舞台,打破了观众和演员的界限,近距离、面对面的交流,亲切的互动,提高了表演的感染力和亲和力,很多项目的表演过程中允许观众的随机串场,角色互换,是一种可以全民表演、全民参与的百姓艺术。如舞龙表演过程中的龙头角色,因耗费体力较多,一般都是人员轮换上场。

云南省昆明市石林彝族自治县长湖镇下辖的维则、宜政、雨胜、祖莫、所各邑、豆黑、舍色、蓑衣山、海宜、乍龙等10个行政村,村村都有摔跤能手。参加摔跤、观看摔跤成为村民日常生活的重要内容,村落摔跤场一天到晚灰尘满天飞,即便是碰到雨天也摔个不停。摔跤不区分体重级别,没有时间限制。一场结束后,负者主动退场,胜者留下再战,已然成为村民茶余饭后的必修内容。

(二) 表演技巧朴素简单

村落体育表演一般不要求动作的精雕细琢,在程式方面也不追求严谨规范。部分项目甚至连动作也不要求统一一致,允许表演者的即兴发挥。如广东的南狮,表演者需要在鼓乐的配合下,狮头、狮尾两人配合,或地面或桩阵,在行进动态和静态造型变化中完成各种高难度动作,合理融入力度、幅度、速度、耐力等舞狮技巧,以凸显狮子的勇猛彪悍、顽皮活泼。可以是单只或多只狮子的表演,无程式要求,表演者掌握基本动作,适当发挥,整个舞狮过程形式多样,变化多端,引人入胜。

村落是表演的舞台,村落中的男女老少都是演员,都是表演活动中的主角。村民沉浸在自由和谐的表演氛围中,不追求高难度的表演方式,只要掌握基本的传承表演技巧,就可以参与乡土语境下的村落体育表演。在山东省海阳市盘石店镇薛家村,村中流传着"没有秧歌不过节"的习俗,全村90%

以上的村民都会扭秧歌，30%的村民可以在秧歌表演中担任角色，① 平等的参与机会，给予了表演者自我呈现、自我表演的场域。

(三) 表演道具来源生活

因地制宜，就地取材是村落体育表演来源于生活的重要体现。因南方地区盛产竹子，"竹铃球"遍布大街小巷；北方鸟禽众多，用羽毛制作的"毽球"成为大众重要的健身项目。也有村落体育表演直接使用日常的生产生活工具，如"板凳龙"中的板凳，"打草球"中的扁担，"芭沙斗牛"的苗枪，"蒙待央"的蓑衣，"布依转场舞"中悬挂木鼓的杉木架子，"但戈沙"中的辣椒、苞谷、晾晒器械等都是村民日常生活的必需品。民族传统生活道具的出场，有效建立了表演活动和日常生活的连接，有力地渲染了表演项目的欢快气氛，提升了表演的"生活性""亲和性""接地气感"。

一方面，村落体育表演的伴奏来源于日常生活。"布依转场舞"中男女演员口吹木叶作为表演伴奏，"斗鸡"中原生态的呐喊，"棍术"表演中的大鼓伴奏，"但戈沙"中的锣鼓伴奏提高了表演的真实性，提升了表演的气势，充分体现村落体育表演来源于生活的朴素性和高于生活的艺术性。

另一方面，村落体育表演的服饰、动作等都来源于日常生活。不同民族、不同村落的服饰，体现了不同的文化生活背景。"岜沙苗寨舞蹈"表演者身穿苗族世传青色衣衫；"搓敢嬉对"中的苗族特色围兜来源于日常生活。"采茶舞"起源于插秧时的踩踏动作；安徽淮河地区的花鼓灯表演中，"登山步""端针匾""簸簸萁""双扯线""单挎篮""单背巾"等身体动作都来自日常的生活场景，易学易会，易于掌握；山东冠县的花鼓、降狮舞等表演活动在日常的生活、喜迎丧送的人生节礼中经常出现，成为村落民众互动、交往的重要方式，成为村民日常生活的重要组成部分。

此外，作为民间习俗生活的一部分，村落体育表演是村民实现自我超越，获得他者共鸣与认同，从而体验人与自然和谐相处的基础。美国著名汉学家明恩博（原名阿瑟·史密斯，Arthur H. Smith）教授根据在中国多年的生活观

---

① 参见邢楠楠《人类学视域下的秧歌民俗文化生态考察——以海阳秧歌为个案》，《民俗研究》2015年第4期。

察，认为在中国村民的生活中，演戏无论如何都是一件大事。① 村落体育表演一般都集中在一年的农闲时期，或丰收的季节，或具有纪念意义的节日。我国各民族有多种多样的传统节日，如除夕、元宵节、寒食、端午、七夕、重阳等主要节日在汉代时已基本定型。在节日的演变历程中，其功能逐渐从仪式烦琐的尊神事鬼转向佳节良辰、追求生活的欢庆愉悦。在各种类型的节日庆祝活动中，村落体育表演发挥着烘托气氛、带动情绪的作用。

第五节　村落体育表演的价值

中华民族传统体育项目繁多，形式多样，内容丰富，象征寓意特殊，价值斐然。现代村落体育表演是中华民族传统体育的历史发展延续，对人类体育文明完整性具有重要的支撑作用，这种支撑效应，不仅是外显的，而且是内铄的，倘若将外显的支撑质料予以剥离，内铄的支撑质料的价值本体意蕴就会显露出来。② 换句话说，民间传统体育文化所具有的价值具有内隐性和外显性两种特性，这取决于民间体育缘起、发展变迁过程中不同历史时期社会所赋予其的文化基因，同时更有赖于民间体育表演的社会表达与社会需求。因我国村落体育表演项目众多，项目缘起各有千秋，发展轨迹千差万别，不同项目表演所呈现的价值有趋同也有差异，很难全部挖掘整理提炼出来。为此，本研究依据大量关于民间体育、民族传统体育、民俗体育等项目表演价值所呈现的成果梳理，依据"表演理论"结合笔者在多个村落体育表演调查中的所闻、所见、所感，将村落体育表演所呈现的价值归纳为健身健体、教育教化、娱乐健心、社会治理、经济发展、文化传承等六个方面。

一　健身健体价值

人类在进化过程中自然形成了走、跑、跳、投、攀登、爬跃、悬垂和负重等各种运动方式，这些可以看作体育最原始的表现形式。这些运动方式对

---

① 参见［美］明恩博《中国乡村生活》，午晴、唐军译，时事出版社1998年版，第61页。
② 参见刘旻航、李储涛、赵壮壮《民俗体育文化价值演进规律研究》，《体育科学》2012年第6期。

人类所产生的功效,就是体育的健身功能,体现了体育运动对人的发展的健身价值。新时代的"体教融合"思想对体育促进青少年身心健康提出了新要求,体育运动所担负的健身价值使命将愈加重大。当然,体育的健身价值不仅表征于青少年身心健康,各个年龄阶段如中老年群体、孕妇群体、幼儿群体等全体民众都是体育运动展示健身特性的对象。针对不同群体身体健康的使命要求,需要根据群体性特征,选择相应的运动项目,而大部分的村落体育表演是能够满足各个年龄阶段和群体需求的体育活动。村落体育表演在特殊环境中孕育而成,其动作表演包含走、跑、跳等多项单个或连环肢体活动,对参与者身体健康具有促进作用。如村落武术表演需要演练者历经长期学习和演练,在肢体动作反复练习中才能更好掌握,以便达到后期的自主化参与演练目标。另外,像村落舞龙、舞狮等民俗体育表演都将经历这种学习—演练—提升的过程。在这种过程中,参与者身心承受了相应的负荷量,并在走、跑、跳、投等身体动作引领下对参与者的身心健康形成积极影响。随着健康中国、全民健身等理念的推行,村落体育表演将在许多层面弥补现代体育项目对特定群体影响不足的局限性,开辟隶属于村落特定领域的体育运动健身场域,为全民健康战略的落地实施贡献力量。当村民们拥有健康的身体,他们才可能更好地从事生产生活,推动村落经济建设,服务乡村振兴战略,实现美好生活。

二 教育教化价值

早在原始社会,由于劳动技能与人的基本运动能力密切相关,体育作为个体生存的基本素质已经融入原始教育之中,这为后来将体育纳入教育系统奠定了基础。[①] 追溯体育的发展历程,以及卢梭时期"体育"一词在教育领域的使用,包括后来一些教育家对"体育"的解读,可以看出体育对人的全面发展的教育作用。相对于西方竞技体育运动而言,村落体育表演的主要教育价值体现在身体行为教育和思想意识教育两个层面。首先,村落传统体育表演在身体行为层面对参与者实施教育。村落武术表演过程中,演练不仅需

---

① 参见杨文轩、陈琦主编《体育概论》,高等教育出版社2013年版,第34—35页。

要依照相应的程序进行，同时演练者在演练开始和结束时，会自觉地行"抱拳礼"，还要求遵循相应的礼仪，如武术对练中强调"礼让""点到为止"等。如此等等都是在行为上对参与者进行谦虚礼让、和平相处、虚心学习等方面的教育教化，还可以规范参与者的行为，以便对其日常生活行为形成正确引导。其次，村落体育表演能够对参与者进行思想教化。因村落体育表演缘起及象征寓意不同，活动开展也就具备了不同精神层面的教育价值。例如，福建沙江村曳石活动起源于明朝时期的抗倭斗争，这项村落体育表演蕴含了丰富的爱国主义精神。村民们通过身体表演和话语故事的形式代代传承开展这项活动，让历史场景一次次再现，形塑或强化了村民们对村落抗倭斗争的集体记忆，增强了参与者的爱国主义意识和情怀，爱国主义教育在这种场域中实践升华。当然，青少年参与这种具有重要模仿性的村落体育表演，在触景生情的场域中，更有利于培养其牢记历史、吃苦耐劳、勇于拼搏、坚韧不拔的意志品质。当村民们的身心素养得以提升时，一批高素质的生产劳动者、社会主义建设者将能够较好地推动乡村振兴战略的实施。

三 娱乐健心价值

娱乐性和观赏性是村落体育表演的主要特征之一，也是村落体育表演传承至今的重要原因。村落体育表演的娱乐价值包括自娱和娱人两个方面。早期村落社会，村民们的娱乐手段和娱乐方式有限，参与体育表演成为村民们实现娱乐的主要途径之一，特别是节庆的闲暇时间，村落体育表演更受欢迎。在我国村落体育表演项目中，一些项目的缘起就与节日庆典有密切关联，或者是寄生于节日庆典场域得以传承。如我国的传统体育龙舟表演就是与端午节文化相互关联，一些地方的游灯民俗体育表演源自元宵节庆的灯展；而类似于舞龙、舞狮、秧歌舞、台阁、竹马舞等村落体育表演项目多以节日庆典为寄生表演平台。无论是源生于节日的体育表演项目，还是寄生于这一平台的表演项目，其生存和发展的主要目的就是为节日助兴，满足参演者的自娱需求。当我们参与观察一些村落体育表演过程时，从参与者的参与激情、脸上洋溢的自豪等情态表达可体悟到活动为他们所增添的快乐。当然，在村落体育表演场域中，参与表演者的数量远远低于观众的数量。如，甘肃临潭一年一度的拔河比赛，参赛人数不到万人，而观众却多达三五万人，场面壮观，热闹非凡，该表演项目所具备的"娱人"价值可见一斑。广大民众在娱乐和谐的环境中生产生活，心情愉悦，这对于提升村民的创造力具有积极影响，同时也能激发他们参与村落社会经济发展等诸多方面的工作热情，促进村落社会发展振兴。

四 社会治理价值

体育与政治的关系是客观存在的，这是因为体育一旦置身于社会大系统之中，它就自然而然地具有政治功能。[1] 一般谈体育的政治价值，我们更趋向于竞技体育领域，就像我们时常谈论"乒乓外交"[2] "在新中国打棒球"[3] 等都是重点围绕体育的政治价值开展的相关讨论。村落体育表演相对于竞技体育而言，政治价值显然要相对弱化，但这并不表示村落体育表演无法承担对政治的影响，其主要政治价值是呈现安定祥和的社会环境，即能够较好地参与村落社会治理。如李志清指出桂北侗乡的抢花炮表演成了村落社会生活的一种资源，作为村落的公益性社会活动，人人都有义务参加，通过抢花炮时的仪式活动形成集体记忆、凝聚族群和强化权威。[4] 村落体育表演参与地方社会治理，主要通过礼治的形式对参与者身心进行教化，提高村民思想认识和行为修养，以实现村落自治。一旦这种自治思想和行为在村落体育表演实践中达成，便能够和村落法治一起对村落社会治理起到作用，这必然会形成或展示村落体育表演的地域化政治价值。山东省荣成市人和镇院夼村的祭海表演，将地方风俗与国家礼治相结合，通过"借礼行俗"到"以俗入礼"，实现了村落社区的和谐调节功能。[5] 这种村落治理格局的形成，不仅

---

[1] 参见杨文轩、陈琦主编《体育概论》，高等教育出版社2013年版，第47页。
[2] 参见徐寅生、金大陆、吴维《我所亲历的中美"乒乓外交"》，《世纪》2017年第1期。
[3] 参见沙青青《在新中国打棒球：一项体育运动的境遇变迁及其多重角色》，《中共党史研究》2014年第2期。
[4] 参见李志清《仪式性少数民族体育在乡土社会的存在与意义（二）——仪式中的抢花炮》，《体育科研》2006年第5期。
[5] 参见张士闪《"借礼行俗"与"以俗入礼"：胶东院夼村谷雨祭海节考察》，《开放时代》2019年第6期。

成为区域社会稳定的基本保障,同时对于乡村振兴战略实施起到积极影响。

五 经济发展价值

村落体育表演能否为村落社会发展带来经济价值,影响着村落社会发展及村落人口流动,最终对村落体育表演的顺利开展形成效应。村落体育表演所具有的经济价值表现为显性价值和隐性价值两个方面。就村落体育表演的显性价值而言,主要表现为村落体育表演所创造的直接经济价值。像福建霍童线狮非遗项目所在地已经建立村落表演馆,以售卖门票的形式开展有偿表演,创造相应的经济价值。同时,霍童线狮表演还走出村落社会表演场域,在国内大型赛事平台(2018年福建省省运会开幕式)及国外大型庆祝活动(2014年新加坡新春妆艺大游行)中亮相。福建建瓯挑幡运动在2015年首届全国青运会中亮相,当年还走出国门亮相泰国国王88岁寿诞庆典,如此等等都为村落体育表演带来经济价值。村落体育表演创造经济价值还存在"村落体育表演搭台,村落经济唱戏"的现象。如,在1992—1998年,河南温县共举办5届国际太极拳年会,经贸活动业务洽谈签订销售合同11亿元,引进资金9000万元,贸易成交额600万元,长年在温县学习太极拳的人有2000多人,收入100多万元。①另外,现在一些少数民族村寨中,本村落体育活动逐渐被搬上村落表演舞台,形成了一种常态化表演的趋向,其目的无外乎通过这种村落体育表演带动村落旅游,发展村落社会经济。村落体育表演的隐性价值主要体现在强身健体、休闲娱乐、教育教化等间接带来的潜在经济价值。经常参与村落体育表演,不仅可以增强身心健康,促进人们更好地开展生产生活,创造经济价值;另外,广大村民的身体素质和身体机能的提高,提高了生命质量,降低了医疗费用,相当于间接创造了经济价值。村落体育表演所形成的经济价值,无论是直接价值还是间接价值都将对村落经济振兴起到积极的推动作用。

---

① 参见郭玉成《中国民间武术的传承特征、当代价值与发展方略》,《上海体育学院学报》2007年第2期。

六 文化传承价值

村落体育表演蕴含着"中华文化独特的理念、智慧、气度和神韵",开展此类活动就是文化传承、保护、发展及弘扬的方式。具体而言,村落体育表演在发展过程中融入了诸多文化因素,传承村落体育表演项目具有不同层面的文化价值。从村落体育文化的发源来看,一些村落体育项目源自民族战争,使其具有了民族文化特质,可视为对民族精神的表达与弘扬。如福建地域的宋江阵演武文化源自戚继光抗倭斗争,其中就蕴含了浓郁的爱国主义精神,在不同场域中表演这种文化对参与者来说是一种文化教育,对观看者而言是一种文化洗礼和文化熏陶。黄石镇沟边村的九鲤灯舞从最初的祈福求安升华为当下加强村落凝聚力的重要抓手,成为村落文化的重要传承样态。端午节期间各地举办的龙舟竞渡文化,不仅是龙文化的象征,同时也具有节庆文化特色,开展龙舟竞技表演对于中华优秀传统文化传承与弘扬具有积极作用。我国村落体育表演项目众多,在传承过程融入多种文化因子,使其具有多重象征寓意,倡导村落体育表演开展,能够有效推动村落文化建设,使乡村振兴战略得以更好落实。

第三章 乡村振兴与村落体育表演的内在逻辑

第一节 乡村振兴中的村落体育表演

一 乡村振兴为村落体育表演提供发展环境

流水不腐，户枢不蠹。变迁是人类学、历史学和文化学领域恒久不变的研究话题。美国加利福尼亚大学人类学家克莱德·伍兹（Clyde Woods）曾指出："在所有社会和文化系统中，变迁是一个常数。"① 变迁是民俗文化机能的自身调适，也是民俗文化生命力的所在，② 只有变迁，民俗文化之树才能常青。人类通过文化保存下来的历史记忆会在社区和民族意识中复活，成为完善当下生活状态的有益补充。村落体育表演在漫长的历史发展进程中，既有对传统的继承和摒弃，又有对外来文化的批判与吸收，它随社会变迁呈现出不同特征，在社会变迁中不断调整、改变、传承、适应。在历时性和共时性发展中，村落体育表演的发展受国家政策、城市化进程以及文化再生产等因素影响，其发展轨迹和文化属性也随之变迁。本研究认为，目前乡村振兴战略背景下国家政策、社会与经济需求和非遗文化保护是村落体育表演发展的有利环境。

（一）提供政策引导

重农固本是安民之基、治国之要。村落体育表演作为社会生活的重要组成

---

① ［美］克莱德·伍兹：《文化变迁》，施惟达、胡华生译，云南教育出版社1989年版，第88页。
② 参见钟敬文主编《民俗学概论》，上海文艺出版社1998年版，第18页。

部分，离不开国家的政策调控指导。国家通过"三农"政策、"文化产业"政策等对村落民俗的发展进行调控，实现了对民间文化的国家在场和"治理"。

2003年，联合国教科文组织颁布《保护非物质文化遗产公约》，我国紧接着颁布了《国务院办公厅关于加强我国非物质文化遗产保护工作的意见》《关于深化文化体制改革的若干意见》《中华人民共和国非物质文化遗产法》等系列保护性文件及法规，为村落民间体育表演的开展提供了制度保障。

发展文化产业已经上升为我国的国家战略。2007年党的十七大提出发展文化事业，增强文化软实力和文化竞争力，将文化产业作为国民经济的重要产业之一。2009年国务院发布《文化产业振兴规划》，2011年中共十七届六中全会提出了建设社会主义文化强国的战略目标，2012年党的十八大报告作出"推动文化产业成为国民经济支柱产业"的重大决策。2017年《国家"十三五"时期文化发展改革规划纲要》中提出"加强中华优秀传统文化研究挖掘和创新发展；开展中华优秀传统文化普及；加强文化遗产保护；传承振兴民族民间文化"等重要内容。

2020年党的第十九届中央委员会第五次全体会议正式提出建设"文化强国、教育强国、人才强国、体育强国、健康中国"的发展远景目标，为村落体育表演发挥更大作用，助力目标实现提供了方向和指引。2021年《中共中央国务院关于全面推进乡村振兴加快农业农村现代化的意见》中也提到"深入挖掘、继承创新优秀传统乡土文化，把保护传承和开发利用结合起来，赋予中华农耕文明新的时代内涵"①。村落体育表演作为优秀传统乡土文化的代表，也要乘势而上，助力乡村产业振兴、文化振兴、人才振兴、生态振兴和组织振兴的实现，激发乡村发展活力，提升乡村文明程度。

（二）拓展社会需求

传统不是一尊不动的石像，而是有如一道洪流，离开它的源头愈远，它就膨胀得愈大。② 文化的传承实质上是一种文化再生产，是民族意识的深层积

---

① 《中共中央国务院关于全面推进乡村振兴加快农业农村现代化的意见》，《人民日报》2021年2月22日第1版。
② 参见［德］黑格尔《哲学史讲演录》第1卷，王太庆、贺麟译，商务印书馆1983年版，第8页。

累,是纵向的"文化基因"复制。随着市场经济的发展,市民社会、草根阶层及各种各样都市群落的涌涨,使得中国社会权益格局空前多元。在此背景下,民俗传统重返当代中国现代化进程,从社会文化的边缘向相对中心的位移成为大势所趋,并呈现多层次的社会需求特征。

首先,传统文化当代复兴的需求。仪式性村落体育表演在村落村民生活中延续与传承,日常娱乐性村落体育表演或者逐步失去了赖以生存的根基而被遗忘,或者派生出其他文化功能而得到新的替代性发展,或者成为一种文化商品供人消费和想象。这意味着村落体育表演在文化转型的方式和途径上面临着多样化选择。从乡村文化传承转向乡村文化延展,将传统乡村精神伦理与理性、个体、法制、权利、自由等当代价值观相互融合,建立具有自主性和伸展性的现代乡村文化新认同,促进乡村文化的成长。面对外来文化的强势冲击,年青一代不经意间陷入了"我们是谁""我们从哪里来"的文化迷茫和精神困惑。同时,在经济化、工业化进程中,对于经济利益的追求虽然满足了村民的物质欲望和物质需求,但村民精神和文化层面上的价值判断和意义本位却日渐萎缩。文化在本质上是不完整的,只有借助国家的权力方能发挥作用。一旦失去赖以支撑的政治力量,文化便会萎缩,[①] 传统文化的当代复兴势在必行。

其次,村落借助传统文化实现振兴的经济需求。改革开放后农村家庭联产承包制的推行,为村民的生活带来翻天覆地的变化。生活环境、生活条件的变化,导致了村民价值观念的变化,交通、通信的便利,生活质量的提高,城乡差距的逐步缩小,带来农村节日习俗的变化。美国《时代》周刊认为中国 20 世纪 80 年代后期开始的"民工潮"是有史以来规模最大的一次人口流动。[②] 伴随着农民外出打工的常态化,乡土社区"碎片化""原子化"的特征日益明显。农村人口大量外迁,也使得农业经营和农村生活面临强烈冲击。因此,村落体育表演的人才流失,节俗活动的乡土性特征日益淡化,以及现代都市性特征增强,成为村落节俗性质、节俗形态、节俗文化特质变迁的重

---

① 参见[英]特瑞·伊格尔顿《文化的观念》,方杰译,南京大学出版社 2006 年版,第 69 页。
② 参见熊文颖、余万予、马磊等《农耕体育文化传承的变迁与当代危机》,《上海体育学院学报》2011 年第 2 期。

要特征。村落系列文化活动,尤其是村落体育表演所承担的地方社会认同功能和凝聚功能逐渐保留下来,使得村落文化的当代转化和调节成为可能。同时文化的再生产带来的经济效益,也促使村落借助传统文化振兴乡村经济成为现实。

最后,广大民众体育旅游的文化消费需求。旅游热的兴起,带动了广大民众对于民俗文化和村落体育表演的极大热情。2017年中国社会科学院发布的《社会蓝皮书》认为中国中等收入群体家庭人口占比达到37.4%,[①]这部分群体集中生活于城市,在单调乏味的快节奏生活中承受着巨大的精神压力,内心深处追求更高的生活品质,具有多样化的生活消费需求。乡村以其独特的生态文化多样性、绿水青山和乡风民俗提供与城市不同的生活场景,亲近自然的生活场域、投资空间,打造了具有稀缺性的乡村旅游,充分满足了城市群体求新求异的心理欲望。仅2016年一年,全国休闲农业和乡村旅游共接待游客近21亿人次,营业总收入超5700亿元。[②]村落体育表演在民俗旅游中,发挥了渲染旅游氛围,提升旅游体验的重要功能,逐渐发展成为民俗旅游的核心要素。

(三) 加快文化产业发展

"文化产业"一词由法兰克福学派代表人物西奥多·阿多诺(Theodor Wiesengrund Adorno)在1947年提出。实质上,文化的产业化发展是社会发展进程中的历时性选择,产业化的生产方式给村落体育表演注入了强劲的动力,文化产业推动下的村落体育表演将更具活力和影响力。

首先,村落体育表演文化已成为世界文化遗产保护与文化产业开发的重要内容之一。21世纪随着"文化遗产""非物质文化遗产"等新理念的深入人心,经由国际跨文化交流、联合国教科文组织的系列推广活动,世界各国、各地区产生了自觉保护和弘扬传统文化的积极性。在各地发展文化产业的进程中,各种具有地方特色的民俗传统不断被挖掘出来,成为当地可利用的资

---

① 参见《社科院:当前我国中等收入群体家庭人口占37.4%》,http://www.xinhuanet.com/politics/2016-12/21/c_1120162170.htm,2016年12月21日。

② 参见李慧《去年全国休闲农业和乡村旅游接待游客近21亿人次》,《光明日报》2017年4月11日第7版。

源。民间文化从原生语境中被抽离出来，各地挖掘、开发和保护优秀的农村民间文化，注重优秀民间文化与先进文化的对接、融合，实现新的生成、建构、延展和创新，村落体育表演文化演变为重要资源，成为可生产和复制的旅游景观。村落体育表演具有的独特文化内涵和传承价值，被赋予了新的时代意义，获得了更为广阔的社会发展空间。

其次，村落体育表演文化的社会价值早已引起国家各个层面的重视。村落体育表演不单为"经济唱戏"来搭台，其本身就是乡村振兴的组成部分。《中共中央国务院关于实施乡村振兴战略的意见》提出："要传承发展提升乡村优秀传统文化，发展特色产业。"从建设优秀传统文化传承体系，弘扬中华优秀传统文化的战略任务首次提出，到实现民族文化复兴的伟大目标成为共识，再到国家的强盛和复兴要以文化兴盛为支撑的英明理念，优秀传统文化的价值不断被认可深化。村落体育表演从人们的日常生活表达逐渐升级为国家意志下对人类终极关怀的探究。

最后，以村落体育表演为组成部分的村落民俗文化已被锚定为地方社会传统自我认同的重要途径。国家公共资源投入，并引导社会资源参与，整合社会各界力量完成村落体育表演的当代复兴，以人为本，以文化方式服务于人的全面发展。地方经济发展和文化软实力提升意识的觉醒，进一步带动了地区文化产业发展的速度。文化产业的推进不仅仅是文化的历史沿袭，更是文化顺应社会发展进行的建构过程。文化产业成为满足人民精神文化需要、实现文化繁荣发展的重要途径，发展文化产业已经上升为国家战略。部分自在自为的生产生活实践转变为一种被表演消费的艺术文本，实质是文化艺术被产业化的表现。借助于现代传媒无所不能的社会影响力，文化艺术、文化产业的市场影响不断扩大，各地区游客被吸引进入这个空间进行消费，村落文化产业化得以实现。

（四）强化"非遗"传承保护

现代社会环境和自然环境发生了巨大变化，众多"非遗"项目逐渐失去了群众基础，因此，产生于农耕社会的各种非物质文化遗产形态，面临被遗忘和逐渐消失的威胁，以非物质文化遗产为核心的村落体育表演亟须保护和传承。

首先，村落体育表演凝结、传递了民族村落的记忆、情感、智慧和历史，是一种活态的非物质文化遗产。非物质文化遗产被誉为民族历史的"活化石"和"民族记忆的背影"。在全球经济一体化和文化同质化的今天，如何有效传承"非遗"成为全人类都需要解决的课题。2003年联合国《保护非物质文化遗产公约》的出台，吹响了世界范围内"非遗"传承的号角，"非遗"保护工作全面展开。紧随其后，全国人大教科文卫委员会通过了《中华人民共和国民族民间传统文化保护法案》，提出"在全国范围内实施中国民族民间文化保护工程"①。2004年，我国成为第六个加入《保护非物质文化遗产公约》的成员国。2005年，国务院出台《关于加强我国非物质文化遗产保护工作的意见》，构建了由文化部、发展改革委、教育部等中央部委统筹协作的部际联席会议制度。② 2011年，《中华人民共和国非物质文化遗产法》颁布，标志着"我国对非物质文化遗产的保存和保护进入了有法可依的历史时期"③，"非遗"的传承和保护一度成为人们关注的热点。一系列公约、法律和意见的颁布，对于"非遗"的当代传承发展起到关键作用，"非遗"传承工作应抓住这一历史契机，尽快推动相关工作走向深入，保证"非遗"的当代复兴。

其次，村落体育表演承载了中华优秀民族文化内涵。自鸦片战争以来，我国经历列强入侵、军阀混战、民族独立和改革开放等一系列巨变，一百多年的发展史以非线性形式呈现，孕育于农耕时代的大量"非遗"被工业化大潮席卷而去。因此，在市场经济的大潮下，必须将俨如时代弃儿的"非遗"重新拉回人们的视线。目前，我国非物质文化遗产保护工作沿着两条路径展开：一方面对全国范围内的非物质文化遗产进行普查、建档；另一方面是对非物质文化遗产代表作进行重点保护。深耕于华夏大地的传统体育文化是人类文化多样性的组成部分，在世界加快"非遗"普查、重点保护、文化阐释等工作的推动下，国内也掀起了村落体育表演普查、整理、申遗、保护等热潮，众多村落体育表演重新进入人们的视野，村落体育表演蕴含的深厚民族

---

① 《中国民族民间文化保护工程实施方案》，《中国文化报》2004年4月29日。
② 参见王庆《非物质文化遗产主体制度设计研究》，硕士学位论文，西南大学，2009年。
③ 参见于浩《中国"重装保护"民族优秀传统文化》，《中国人大》2011年第5期。

文化内涵得以重新诠释，重新发展。

最后，村落体育表演展现了国家形象和文化软实力。民俗文化作为地方社会竞争资源进入区域竞争格局，随着其从刚性到柔性的转变，村落体育表演对地方社会建设和族群认同的意义被进一步放大。体育类非物质文化遗产传承发展成为诠释区域文化、展示区域形象、扩大区域影响力等文化软实力的重要手段。村落体育表演的再生产使其成为一种文化资本，在学校场域中，成为学生获得奖励鼓励的身体形态文化资本；在经济场域中，成为当地群众谋生的经济资本；在社会场域中，成为地方政府获得声誉、改变村落形象的社会资本，村落体育表演面对不同传承环境时，表现了不同的传承方式。"非物质文化遗产代表作名录"逐级申报制度的展开，促进了民间文化在区域和国家层面同时受到重视，逐渐衍生为国家甚至世界所共享的文化资源和文化成果。

二 乡村振兴为村落体育表演提供发展契机

实施乡村振兴战略，一方面是促进乡村经济发展，让村民的生活获得更多便利和更大幸福，另一方面是补偿村民的感情，通过符合村民生活需求的文体活动来发展和充实村民的文化精神生活，也就是缓解人民日益增长的美好生活需要和不平衡不充分发展之间的矛盾。我国多元一体的民族特征和文化特征，造就了丰富的民族文化，使得我国村落体育表演项目的形式和内涵多彩多姿，成为内涵极为深厚的文化宝藏。存在于人们日常朴素生活的村落体育表演，历经几千年的变化调适，传至当今社会仍然具有超越现实的审美意义。乡村振兴战略作为一项实现农民安居乐业的伟大工程，它与传承保护村落体育表演相辅相成，村落体育表演具有的多元功能为乡村振兴注入了强大的精神动力、奠定了坚实的资源基础，是应代代传承的精神宝藏。

（一）凸显社会功能

人类总是不断开发利用各种文化资源来推动经济社会向前发展，作为乡村社会广大农民的重要精神文化样式，村落体育表演一方面直接书写了村落的文化存在和特征，保证了村民在社会变迁中的踏实感、满足感和存在感；

另一方面村落体育表演在现代化的建设进程中,不断做出自我调适,以适应国家、市场、地方及村落的对话和博弈。只有充分认识村落体育表演对接乡村振兴战略的功能,才能让村落体育表演这一传统文化在新时代发挥凝心聚力的作用,丰富群众生活,增强村落活力,在城乡融合发展中大放异彩。

1. 彰显文化传承功能

首先,村落体育表演传承了村落记忆,加强了族群认同。村落,是村民生活的安居之所;村落的文化,是村民心灵的家;村落的民俗,是族群和村庄地标。村落呼唤人们携带希望回归,它等待传统优秀文化的梳理;它呼唤承载文化符号的古老建筑保护;同时,在乡村振兴战略中,村落已经充分诠释出本土文化的传承、外来文化的吸收和未来文化的开创。人们通过村落记忆,能够赋予当下生活以明确而生动的意义,确保当下生活的延续性和正当性。村落记忆强化了村落作为一个整体性存在的形象,村落里的公共生活是满足村民精神需要的重要手段。

其次,村落体育表演承载着民间社会道德观念、精神需求、价值体系,具有潜移默化的约束力,构成了村落群体行为规范。村落体育表演具有的自我更新、常在常新的修正能力,能够体现与时俱进,适应社会发展的调适性。村落体育表演作为一种文化行为,是村落民众的主体呈现和自我确认的一种重要方式和重要规约力量。2016年我国城镇化率已经达到53.7%,[①] 乡村社会为适应时代而形成的"新传统",必须凸显坚韧的文化适应能力。在当今"后乡土中国"的建设背景中,建构一种积极参与、充满活力、温情脉脉的乡土公共生活领域,将在乡村振兴战略中具有重要的推动价值。以村落体育表演为重要组成部分的民俗文化只有真正交还到村民手中,还鱼于水,才能使其在当代和谐农村建设、乡村振兴战略中发挥独特作用。

最后,村落体育表演凝聚村落情感,促进社会和谐。村落体育表演在营造村落文化氛围、赓续村落文化血脉、推进社会文明进程、培养民众文化认同感等方面发挥了积极的作用,体现出在地文化的丰富性,观照了地方社群的情感构建。村落是以地缘纽带形成的特殊的社会区域共同体,是村民代代

---

① 参见姜长云《全面把握实施乡村振兴战略的丰富内涵》,《经济研究参考》2017年第11期。

传承发展的生活生存空间，也是乡土中国最基本的组织形式。村落空间不仅提供了村民沟通生活、发展经济的地理条件，也孕育了由相同语言文化、风俗习惯、价值观念、社会心理等共同意识构成的人文环境。

总之，村落体育表演提供了村落居民之间互相沟通的机会，也实现了表演者和观众、观众和观众之间的沟通，凝聚了村落情感。村落因具有代代传承的风俗习惯、价值观念和行为规范而发展成人情凝聚的公共空间，共有的历史渊源，相似的生活经验、行动规范，使村民之间形成内在的文化关联。在村落公共空间内，村落体育表演促使村落集体认同感形成，实现了村落社会的文化传承与保护。

2. 彰显经济提升功能

小康不小康，关键看老乡。产业兴旺发达是实现乡村振兴战略的核心组成部分，应该充分利用地域资源禀赋来促进经济发展，不断提高村落居民的生产能力和生活质量，提高村民的幸福感。振兴不振兴，关键看老乡。大力开展以村落体育表演为核心的村落相关产业发展，将为实现村落经济发展奠定坚实的物质基础。

第一，村落体育表演可以推动村落文化产业生态化发展。民俗文化是民族文化发展壮大的基石。推进民俗文化生态化发展，是民族复兴、文化传承、产业发展的必然需求，应将村落体育表演文化的生态式发展与民族文化发展、区域发展整体协调布局。既不过分追求发展速度，又要保证村落体育表演取之于民，用之为民，演之为民。加快盘活村落体育表演文化、村落文化、民俗文化与现代旅游业、现代制造业、现代服务业，加大民俗元素在现代产品设计与营销中的融入，发展村落体育表演文化产业链条中的信息服务业，实现民俗文化与现代经济之间的张力性共存。

第二，村落体育表演可以促进村落村民经济增收。一般而言，地域偏远、生活贫困的村落常常是村落体育表演保存较为完好的区域，丰富的村落文化资源和贫困匮乏的经济物质生活，成为交织在一起、互相制约的矛盾。面对日新月异的外部世界，生活在偏远贫困村落的人们充满了对新生活的渴望。对他们来讲，摆脱贫困、提高生活质量才是当务之急。因此，在不破坏文化遗产的发展方向、文化内涵的基础上，通过市场开发来改善村落贫困和促文化传承，就成为一种积极有效的方法。随着当代社会人们对于传统文化的关注程度日益提高，以创意为核心，借助村落体育表演项目，开发相关产品，能够激发体育市场的活力和潜力，拉动体育市场的整体繁荣发展，同时能够带来社会效益和经济效益的共同发展。盘活村落产业，村落居民在参与村落体育表演等相关产业的过程中，获得经济上的收益，发展和繁荣了地方经济，实现文化与经济的双赢局面。

第三，村落体育表演可以丰富农村文化产业业态。经济发展速度不断提升，城乡发展失衡导致了农民工和新生代农民工的出现，广大农村的青壮年劳动力不断在城市中艰难寻找生存和发展的机会，同时导致了农村的空心化、原子化局面。广大农村留守老人、妇女、儿童等各种问题不断出现，怎么实现乡村振兴战略？如何应对这一难题？在乡村振兴的过程中，要充分立足本土资源，尤其是要发挥非物质文化遗产的时代经济价值，通过政策引导广大村民回乡就业、创业。落实乡村旅游、文化旅游结合等多种当代发展方式，调动农民参与积极性，构建本土文化产业品牌，增加文化元素，繁荣农村文化市场，不断丰富农村文化业态，让农村能够吸引人才、留住人才，才能发展产业。

此外，人才资源是村落体育表演的第一资源，也是核心要素。要合理协调村落体育表演过程中核心角色和辅助角色的工作定位，创造接地气、有生气的表演活动，服务于社会和百姓。合理融入传统文化、民族文化、地域文化，创造以村落体育表演为有效载体的综合资源，提高总体价值。借助产业融合功能，打破村落产业与其他产业的壁垒，通过重组产业要素，加大与住宿、餐饮、旅游等相关产业的融合，形成新的发展合力，达到村落体育表演产业市场利益最大化。

综上，合理运用村落体育表演中的文化资源，适时转化为当地经济文化发展的生产力，不仅能创造一定的经济效益，获取的资金收入也可以用于村落体育表演的保护传承。通过大量调研，制订切实有效、发展有据的规划和计划，充分实现对村落体育表演的保护及其潜在效益的开发，才能保证文化保护和经济开发具有平衡互动的关系。

3. 彰显文化保护功能

乡村拥有自在的生活文化空间，乡村生活是一种张弛有度、较为自由的生存状态。村落是中华文化的根基，大城市也是在几千年的发展历史中从小的村落、小的城镇逐渐发展起来的。村落不仅具有科学价值，还有美学价值和历史文化价值。工业文明时代，村落已然成为传承农耕文明和乡村乡愁的承载点。

村落体育表演文化作为中华优秀传统文化的典型代表，具有重要文化保护价值。李泽厚认为传统是"已经积淀在人们的行为模式、思想方法、情感态度中的心理文化结构"和集好坏、优劣于一身的"活的现实存在"[1]，不是想扔就能够扔掉的身外之物。文化是村落体育表演发生、发展的必要资源，离开了文化，村落体育表演无异于无本之木、无源之水。

首先，村落体育表演具有丰富的独特文化精神。如自娱性、审美性和共同参与性，践行"胜固可喜，败亦无忧"人本精神的文化传统，把胜负看成对人生的一种体验，一种磨砺，对人格完善的一种促进。村落体育表演的文化保护发展价值主要体现在文化传播与交流、文化保护与文化安全、文化创新与发展等方面。

其次，村落体育表演具有文化传播与交流特性。文化传播与交流是体育固有的基本功能，村落体育表演借助耳熟能详的表演形式、表演手段，将村民聚拢、练习、表演，丰富了村民日常生活，展现村落特有的向心力和凝聚力。文化的力量长久地、持续稳定地用一种"润物细无声"的方式，影响着村民的日常行为和节庆表现。

再次，村落体育表演具有文化保护与安全意义。部分村落的体育表演活动内容和形式，由于受到现代文化的冲击而濒临消失，需要给予一定的关注和保护，延缓其消亡时间。文化安全主要是从国家的文化战略出发，保证国家、本民族、本村落的体育表演文化的本真性和延续性，不被外来势力所破坏、侵蚀和衍化。以农业耕种立国的传统中国，孕育了散落在中华大地上的各式村落，体现了中国传统文化中的农耕、家族等特质，也孕育了特色各异

---

[1] 李泽厚：《中国现代思想史论》，天津社会科学院出版社2003年版，第37页。

的村落体育表演。伴随现代都市文化的渗透，只有创新发展才能促进村落体育表演的代代传承。借助当代科技力量、无限创意和积极探索，村落体育表演文化传播的渠道将进一步拓宽，传播的覆盖面将进一步扩大，传播的速度将进一步加快，村落体育表演在当代社会将焕发出无限生机。

最后，村落体育表演起源于村落文化，繁荣于新农村建设，服务于乡村振兴战略。面对新的生存环境，村落体育表演必须在保证文化基因传承的基础上，吐故纳新、顺应变化、自我调节、创新变革，产生传统价值观与现代理念交合转化的新形态，实现在新的文化环境中继续生存和发展的目标。如北京市文化部门的工作者以文献记录与相关调查为基础，整理了业已遗失的北京民间体育的集合体——北京花会中的部分表演内容，恢复了北京"幡鼓齐动13档"，实现了传统文化在当代的新发展和延续，[①] 丰富了当地群众的业余生活。

4. 彰显健身娱乐功能

2008年河南大学"三农"发展研究会在河南新乡大里薛村调查时发现了这样的现象：一些农家院，要么关门落锁，要么喊门敲门无人应答；而另外一些庭院里的群众则是围了一圈又一圈，时不时会传来"九饼""八条""红桃五""花子八"等喧嚣声。众多的村民沉浸于麻将、扑克等智力性活动方式，娱乐方式的单一化，是农村开展健身类娱乐活动的现实背景。另根据2010年华中师范大学中国农村研究院的抽样调查，农村人口的闲暇时间增多，约六成农民一天的平均闲暇时间在3小时以上，但文化消费层次却较低。有81.56%的农村人口选择看电视，45.57%的选择打牌，打牌中则会带入赌博等问题。[②]

村落体育表演以人体为中介，以人体运动为形式，具有一定的审美性、艺术性和健身性。伴随着或激昂，或优美的伴奏，村民进行形态、步法、手势、身姿和神韵等身体技能活动，在自娱自乐的同时，进入艺术表现的境界，这些活动能够协调人体心理和生理状态，使村民身心两方面都得到健康发展。

[①] 参见赵晶晶《民间体育的"文化表演"价值及其研究语境：以"北京花会"的仪式性传承为例》，《首都体育学院学报》2014年第6期。

[②] 参见徐勇主编《中国农村咨政报告（2010年卷）》，中国社会科学出版社2011年版，第505页。

村落体育表演的自由、休闲与娱乐特性，让广大村民获得回归自然、拥抱自然、感受自我、放松身心、享受生活的体验。

村落体育表演给予了村民走出家庭，走出田地，走向表演场地，展示自我的机会，通过接地气、富生气、有乐趣的表演活动，逐步改善农村体育健身快乐体验不足、体育健身氛围不高、体育意识不强的痼疾，在一定程度上提高村民的健身意识和体育能力，帮助其养成健身习惯，积极投身新时代的社会主义新农村建设。村落体育表演给村民创造了日常劳作之余相互交往、接触的平台，彼此之间的平等对话使村民产生对彼此的信任感，获得友谊，减少孤独感，形成爱护人、关心人、尊重人和发展人的人文关怀精神，广大村民相互沟通，排遣寂寞，满足心理上的归属感和依恋感，从而锤炼健康健全的人格，达到健身娱乐康体的多功能合一。村落体育表演顺应了亿万农民对美好生活的向往，有助于形成"讲诚信、守规则、乐奉献、愿分享"的良好社会风气。

（二）呈现指征蜕变

社会的进步是人类不断寻求变化的过程，在不可逆转的历史潮流中，变化是必然的，也是不可避免的。无论在历史的纵向发展过程中，还是在社会的横向交互过程中，每一个村落都蕴含着独特的、专属的文化现象。村落体育表演"是有待修缮和补充的未完成体，它的结构、内容、风格、显现等方面都将随着市场的变化而不断做出调整"[①]。村落体育表演随着时代的推移在不断做出调适，在与时代的磨合过程中，逐渐呈现出新的指征变化。

休闲社会的到来、村落旅游的兴盛，加上现代科技手段的运用、多种文化间的交流融合等因素，促进村落体育表演开始由日常生活走向前台表演，由村民的自娱自乐转为舞台表演，由庄严仪式步入大众审美消费阶段。在现代化的进程中，村落体育表演在表演目的、表演场域、表演性质、表演结构等方面产生变化，更加凸显了村落体育表演的丰富性和吸引力，适应了乡土中国向现代中国的转变趋势。

---

① 参见吴晓《民间艺术旅游展演文本的文化意义——基于湘西德夯苗案的个案研究》，《民族艺术》2009 年第 2 期。

1. 表演目的由悦神祈禳转向娱人娱心

人类在前进的历史中经常需要面对天灾、人祸、疾病和伤亡等困难和挫折，各种民间信仰往往能够给予人类一种生存下去的动力和助力。以神为中心的初民社会，以祭祀悦神为目的的村落体育表演是民间信仰的重要载体，体现了对国家、神灵、先辈甚至是他人的敬畏之心。人类通过各种信仰活动来实现与神灵的沟通，获得一种精神力量，或是载歌载舞，或是表演某种生活场景，表现对神灵的敬仰与信仰，实现通神的目的。

人类文明的车轮不断向前推移，人类主体意识逐渐形成，娱神的神圣和娱人的世俗领域并存和相互交织在当代社会。村落体育表演与神灵交流的出发点逐渐被忽略，神圣性、宗教性被忽视，表现出更多的是娱乐、功利的诉求，村落体育表演开始走下圣坛，向艺术场域不断转化。表演过程中将村落日常艺术、传统技艺、现代文化等合理融入，尽情地自我展示，失去了质朴的原发性动机，古老的巫术性、宗教性功能和内涵弱化，逐渐增添了游戏性、娱乐性、审美性文化元素，演化成人们在精神上寻找快乐，激起人类情感共鸣的理想途径。

在消费社会语境下，村落体育表演凭借舞台化、景观化、符号化转型，已经逐渐置换成一种表演艺术和表演文本，其目的在于将娱乐原则和市场效益衔接，满足村民的消费需求，并得到广泛传播。在这里，一切公众话语都日渐以娱乐的方式出现，并成为一种文化精神[①]，逗乐找乐成为流行时尚。村落体育表演成为迎合市场和游客，在特定的社会文化空间和社会话语中被生产出来的，以表演者为载体的文化生产消费活动。

村落体育表演的娱人化表演为中国当下文化生态增添了一道美丽的风景，在延续传统表演样式的基础上，选择性地结合现代生产技术、表演艺术，使传统村落民间艺术得以重生，在当代语境下获得自我创生的能力，完成自我调整和自我适应，以更加积极的姿态迎接城市化、全球化、现代化的各种机遇与挑战。当代村落体育表演的表现形式和集体娱乐联系密切，以至于人们

[①] 参见［美］尼尔·波兹曼《娱乐至死》，章艳译，广西师范大学出版社2004年版，第5页。

在从仪式过渡到娱乐的过程中,没有产生丝毫隔膜感。① 从传统的祈神悦神,衍生出健身功能、经济功能、教育功能、表演功能、竞赛功能、观赏功能、娱乐功能以及政治功能,功能的多元化促使村落体育表演渗透于社会各个角落和各个层面,被社会各个层面所接受。

产生于一方水土,服务于一方百姓的村落体育表演丰富了人们的日常生活。各地流传的俗语反映出人们对于村落体育表演的热衷,如"三弦响,脚板痒""跳歌跳到太阳落,跳起的黄灰做得药"。刘铁梁用"农事之忙正是精神之闲,农事之闲正是精神之忙"精辟地描绘了农村的闲忙关系,农民的农业种植耕作闲下来以后,主动自觉地进行一种为了生活的有序与精神的完满而开展的文化创造,如村落体育表演。②

村落体育表演由民俗转化为了民间艺术,原本负载于身的神圣性和神秘性日渐消弭,信仰功能和仪式功能逐渐弱化,娱乐和观赏功能逐渐加强。村落体育表演逐渐冲破传统祭祀性活动的禁锢,对表演节奏、表演程式和表演场合进行合理改造,不断提高自娱功能和审美价值,成为民俗性的健身娱乐活动的重要形式。

2. 表演场域由朴素空间转向专业舞台

村落体育表演作为村民日常生活本身的一种形式,通常是哪里有观众哪里就有舞台。村落体育表演在农耕社会舞台技术落后的环境中形成和发展起来,村民们自娱自乐,自编自演,享受着草根文化带来的生命价值。传统的乡土社会生活中,村落的祠堂、广场、胡同,夏时的河堤柳岸、树下荫凉,秋后村民收获庄稼的打谷场,冬日的街角墙脚等也是村落的社交中心和公共广场。在这些公共空间,平日里村民们休闲娱乐、进行情感交流、互相沟通信息,村落体育表演是其沟通交流的重要形式。

伴随着经济的发展,村落建筑结构、村落空间的演变,村落体育表演空间脱离了原有的生存环境,突破了一地一村的时空限制,逐渐从乡间村落迈向多元化的舞台,拓展了村落体育表演的存在空间。在社会文化变迁大背景

---

① 参见[法]爱弥尔·涂尔干《宗教生活的基本形式》,渠东、汲喆译,上海人民出版社1999年版,第5—13页。
② 参见刘铁梁《村落生活与文化体系中的乡民艺术》,《民间艺术》2006年第1期。

中，人们为了能够获得新的思维方法、生活方式、价值理念、道德思想、观念品质等，对仪式的变迁也提出了新的要求。

由蛰伏民间到走向舞台，由自然生活的场景置换为舞台表演情境，由质朴无华的传统村落空间转换为融合现代元素的空间，村落体育表演利用灯光、音响和电子技术，以LED显示屏等电子化设备为媒介，增强了表演的现场效果，使自身成为大众的消费品，提高了表演的吸引力和感染力。媒体技术将单调乏味的日常生活"纯化"，创造出更加引人入胜的世界，经过技术处理的体验要比日常生活更刺激，更令人兴奋，成为耐人寻味、可供观赏的消费产品。[①] 现代社会将村落体育表演的传统空间导向全新的文化空间，将之从日常生活实践隐性的"自我"存在状态转入"自我"与"他者"共同参与、共同对话的新状态。

村落体育表演借助现代化的视觉呈现技术，让更多的群众感受到表演的深刻魅力，获得更多当代人的认可，这总比部分"非遗"在现代化的冲击下只能进入博物馆，成为静态展品的教育效果更加凸显。浸透民族文化营养，携带村落丰富文化信息的体育表演项目，走向专业舞台后，可以更加集中地展示其闪光点，表演技艺更加精湛，表演服饰更加美观，表演道具更加具有可观赏性。项目的影响力不断扩大，既有效传承了"自强不息"与"寓教于乐"的民族文化精神，又培养了本土文化风格和各民族村落的审美情趣。

经过舞台化加工，原本朴素粗糙的村落体育表演趋于华丽、精美、雅化，使民间民俗文化获得艺术价值的提升。走向专业舞台的村落体育表演，在尊重"原文化"的基础上，借助表演者自身的文化知识融入，调动自身的想象、感知、领悟等心理机制，增强了村落体育表演的效果，赢得了大众消费者的青睐，也不得不缩减原本生活场景，弱化了传统文本的意涵，成了消费时代的一种景观，达到一种文化民主的狂欢氛围。

由原生草根文化上升到文雅的舞台上表演，给予了村落体育表演更多的传播机会。舞台化后的村落体育表演淡化宗教、道德和身份等内容，以时尚、流行、大众等现代文化取而代之，在表演形式上也进行了较大改动。如贵州

[①] 参见[美]道格拉斯·凯尔纳《媒体奇观：当代美国社会文化透视》，史安斌译，清华大学出版社2003年版，第119页。

省侗族村寨的"摔跤"经过适当改编,以《侗家汉》为题名获2007年多彩贵州金奖,以《摔》为题名获2007年全国民族运动会表演奖,获得"民族体育文化的活化石"的美誉。村落体育表演被赋予了新的表演意义,由庄重文化仪式转化为能随时随地开展各种商业活动的舞蹈,转化为文化商品,[①] 通过对传统表演内容、表演形式的自我创新,成为应对全球化、现代化和消费主义来临的一种调整和适应。

3. 表演性质由全民表演转向专业表演

传统并非自古而来千古不变的陈迹,而是融入了当代人动态的创造。五千多年以来,农耕文明的社会文化背景孕育的村落体育表演大多与民间民俗活动有机融合在一起。每个村民都是所在社区的一分子,是当地文化的承载者和传播者。村民们参与表演也是出于喜欢、热爱等朴素原因,出于对自我生命价值的表达,积极主动地参与表演过程,"无意识传承""自然延续传承"是其基本的传承与发展方式,体现出表演者、观赏者和传承者的统一。在日常生活的村落体育表演中,每位表演者既是主体又是客体,既是演员也是观众,是看与被看的统一,是全民表演的重要参与者。

中国社会背景发生了巨大变化,村落体育表演孕育生长的土壤发生了变化,"无意识生活式传承"的发展方式已经逐渐失灵。时代的发展潮流要求我们与时俱进,从"无意识传承"走向"有意识传承",在实践中不断积累经验,进行有效引导,通过对不同项目进行改造、整合,在不同方面发挥不同作用。在新时代中国特色社会主义背景下,只有保持村落体育表演与现代生活相契合,提高村落体育表演的社会关注度,与现代社会的生活风貌和精神价值相融合,才能避免村落体育表演成为书本和博物馆中的"化石",才能使其成为现代人日常生活的有机组成部分,成为全人类所共享的文明成果。

4. 表演结构由完整呈现转向多元展示

众多村落体育表演项目是和村落仪式、节日仪式等活动紧密联系在一起的,伴随着村落自然环境的变化,表演结构开始发生变化。

改革开放后,经济关系开始编织当代农村社会网络,利益动机、经济标

---

① 参见龙明莲《黔东南民俗传统村落体育文化研究》,《凯里学院学报》2017年第6期。

准转化为农村社会生活的准绳。旅游等文化产业为村落发展带来了即刻可见的经济收益。在乡村旅游的开发中，为了提高和激发观众的兴趣，组织者将原本完整的村落体育表演打碎，择取其若干"碎片"，将作用于感官、有情趣、能使人休闲放松的部分内容，进行修改和剪辑，融入"创造性"要素，进行重新策划和包装。经过重新包装的表演，较之原生态的表演活动，具有了更强的可观赏性和可参与性，引起更多的情感共鸣。借助于现代媒介强大的声、色、光、电能力，最大范围地唤起观众的听、视、触、嗅觉等本能，使游客在最短暂的时间内获得独特的审美体验。

组织者按照市场规则和商业化原则来进行新的文化生产，为迎合游客对奇异、古朴、神秘、谐趣的需求，突出和夸大了某些表演内容，追求美、新、奇、乐，删除某些表演环节，美化某些表演动作，以此，重新整合和概括本村落文化和地方文化特征。专业舞台设计按照外来旅游者的需求，将具体、语境和生活化的村落民间艺术进行抽象性、片段式和符号化的截取，使游客感觉轻松、愉快、新奇有趣，又满足了游客某种知识上的收获。这种新的文化生产，逐渐成为当代社会，人类运用多元化的文化资源谋取经济及社会利益的一种特殊表现。

5. 表演功能由自娱自乐转向群体他者娱乐

日常生活中的村落体育表演，参与者既是表演者，又是欣赏者。表演目的不是给他者观赏，而是出于自娱自乐的需求。由于众多仪式敬畏感的要求，传统村落体育表演强调观赏者在一定距离外的静观。

迎合乡村旅游的需求后，日常的村落体育表演逐渐出现在预先设计的专业舞台，生活中的原有意义和功能与时俱消。专业的表演者淡化了日常自享的功能，不再为自己进行表演，而出于对经济效益的追求，转化为他者的观赏性娱乐。

村民原来举行消灾祈福的祭祀仪式，转化为取悦他者的表演；村落有特殊意义的重要事件成为村落旅游资源开发的基点，变成了一种为游客而进行的表演，表演依托的神圣性下降，世俗性提高，典型意义弱化或者消失。村落体育表演不能呈现原生态的生活状态，独特的表演文化意蕴与表演价值符号体系难以寄存。

在各种文化表演追求互动的当下，村落体育表演提供了参与机会，鼓励游客参与表演，激发游客的狂欢情绪，吸引游客加入表演队伍，共同完成表演过程。游客通过亲身参与和体验村落体育表演，深刻体会表演项目的文化色彩和传统习性，实现了自娱自乐向他者娱乐的转变。

第二节　村落体育表演中的乡村振兴

因村落体育表演文化发展过程中凝聚的人类劳动和创造的差异性，形成了不同项目的村落体育表演所具有价值的差异性。结合第二章对村落体育表演具有价值的提炼，可以发现在村落体育表演过程中，能够展示出村落体育表演文化的健身健体价值、教育教化价值、娱乐健心价值、社会治理价值、经济发展价值和文化传承价值等。这些价值的呈现，在某种程度上与乡村振兴战略的要求形成了合谋，助力了乡村振兴战略的落实。村落体育表演具有这些价值是推动乡村振兴的前提条件，要想确保乡村振兴能够在实践中达成，需要借助村落体育表演的实操，在过程中推行这一战略落实。具体而论，通过村落体育表演推动乡村振兴，首先需要考虑村落体育表演促进乡村振兴的理论依据是什么？其次，村落体育表演如何在实践过程中推动乡村振兴？最后，在村落体育表演过程中，乡村振兴以什么样的现象进行呈现？

一　村落体育表演促进乡村振兴的理论依据

讨论村落体育表演促进乡村振兴的内生动力议题，需要思考村落体育表演和乡村振兴的内在逻辑关系及体系问题。这必然关涉村落体育表演能否在乡村振兴方面提供思想和行为上的帮助，推动乡村振兴的实践达成。为此，本研究将村落作为一种特殊的社区来思考，运用"社区理论"来解读作为村落集体意识和文化个性养成的日常交流实践方式，村落体育表演何以成为村落社区居民间的联结纽带，如何形塑村民产生社区认同、凝固社区意识、奠定社会认同。

（一）村落体育表演为乡村振兴提供思想来源

乡村振兴关涉村落政治、经济、文化、社会、生态等多个方面的建设问题，而这些建设目标的实现最终要落实到作为村落主体的村民身上，村民是乡村振兴的核心力量和决定因素。乡村振兴取得成果的关键因素取决于村民们的思想准备和积极参与的主观能动性。如果提到这种主观能动性思想意识，同时又关涉我们要研讨的主题，村落体育表演与此有何关联？

首先，村落体育表演将个人和村落发展进行了有效链接。村落文化建设是乡村振兴的重要构成部分，村落体育表演是乡村文化建设的重要内容。村落体育文化与村落发展相互融合，已经成为村落的最靓"名片"。如山东省济宁市颜店镇袁二村具有深厚的花棍舞表演传统，村里的妇女会在农闲时节、茶余饭后齐聚文化舞台，热闹的表演场景既活跃了农村生活，也提高了村落的凝聚力，该村先后获得"花棍舞之乡""省级文明村"等荣誉称号。可见，花棍舞表演对乡村振兴起到了积极有效的带动作用。这种效应一旦形成，它将成为鼓励村落体育表演者参与的重要指标，使他们能够更好地将这种表演持续下去，形成一种"文化自觉"意识。这种"文化自觉"意识的形成，将为新时代村落文化振兴提供思想准备，奠定思想基础。

其次，村落体育表演将个人发展与村落经济振兴进行了联结。从目前全国村落体育表演境况而言，部分村落体育表演已经与村落旅游相互关联，并成为吸引游客前往进行旅游消费的动力之一。村民们逐级养成将村落体育表演搬上村落舞台并为村落经济发展赋能的意识。立足村落体育表演与村落经济发展关系来看，村落体育表演推动了村落旅游发展，带动了村落经济发展，为乡村经济振兴提供了前期准备。另外，村落体育表演的开展能够帮助村落呈现一种欢快愉悦的社会镜像，让村落振兴能够在一种和谐的社会环境中进行。这种社会场景的建构是基于村民们自觉、自愿从事村落体育表演的前提和基础，村落体育表演的自觉演绎为村落社会发展提供了思想保障。

(二) 村落体育表演为乡村振兴提供实践支持

在日常生活中，我们时常强调"知行合一"对于做人做事的重要性，在乡村振兴中，思想上的准备是前提条件，乡村振兴目标是否能够实现，最终还要落实到村民们的实践中，村落体育表演便是一种有效的践行场域。村落体育表演多是以传统文化为根基开展起来的，对于村落文化振兴具有积极效应。一些村落体育表演在乡村开展有数百年甚至上千年的历程，为传统文化在村落社会的发展提供了重要保障。然而，由于种种原因，一些村落传统体育文化在乡村城镇化、村落空巢化背景下，逐渐遭遇一系列传承发展挑战，致使村落传统文化建设受阻。随着非物质文化遗产保护措施不断推行，村落体育表演逐渐受到重视，相关活动陆续开展，在行动层面为村落传统文化振兴提供了帮助。当体育旅游在特色村寨不断兴起，一些濒临消亡或开展不佳的村落体育表演也正在参与到盘活村落经济发展之中。相关村落传统体育文化传承人也在发展传统体育文化表演方面作出不懈努力，尝试挖掘村落体育表演的经济价值。村落体育表演舞台化、常态化、产业化的现象正在不断扩大，使其逐渐成为村落经济振兴的有益补充。在村落体育表演场域，广大村民载歌载舞，展现出新时代村落振兴的和谐社会景象，对于推动村落治理具有显著意义，有利于村落和谐发展与建设。

（三）村落体育表演与乡村振兴互融互通

村落体育表演作为一种村落文化现象，是伴随村落社会发展而发展的，并在村落社会场域开展。村落体育表演项目众多，内容丰富，形式多样，发展历程不一。但从总体上看，无论是几百年发展历程的村落体育表演文化，还是千余年的发展历史，村落体育表演已经与村落发展构建成了"你中有我，我中有你"的共生体系。早期的村落社会偏重于"宗族式"的建构，而村落传统体育文化多是村落群体代代相承下来的文化遗产，且一些项目多与村落开基祖有着密切关联，在数代村落后裔反复练习表演过程中，成为村落宗族文化的组成部分。在福建和广东地区，宗族与村落两者有着明显的重叠现象，以致诸多村落只有单个宗族①。像福建郭山村宋江阵表演被视为该村开基祖郭镕开创，郭山村郭氏后裔讲述开基先祖郭镕（郭子仪之孙）如何跟随"开闽圣王"王审知行军打仗，又是如何将郭氏武功传承下来，并逐渐形成了如今的郭山村宋江阵。② 于此，我们可以发现，一些村落体育表演已经和村落社会

---

① 参见［英］莫里斯·弗里德曼《中国东南的宗族组织》，刘晓春译，上海人民出版社2003年版，第1页。

② 参见郭学松《记忆、认同与共同体：两岸宋江阵演武文化中民族传统体育身体展演与话语叙事》，《体育科学》2020年第7期。

融为一体,甚至成为村落社会文化的重要象征。这些村落体育文化围绕"先祖"所建构的文化象征影响着村落民众的思想形塑和行为展示,以至于对村落社会发展形成影响。然而,村落社会发展同样作用于村落体育表演的开展,如对村落先辈的尊崇,这种现象又通过村落体育表演的形式进行展示,再如村落经济发展潜移默化地支撑着村落体育表演的演进。在当前乡村振兴战略环境中,村落体育表演依托本体特性,已经自觉或不自觉地融入其中,而乡村振兴所形塑的大环境推动了村落体育表演的可持续发展,二者已经在某种层面形成了合谋,构建了互融互通的关系体系,成为村落社会发展的内生动力。

二 村落体育表演推动乡村振兴的实践形式

村落体育表演是以身体运动形式进行的,身体运动建构了隶属于"自我"的场域,以此来影响场域中的人。通过人的媒介作用,进而对村落社会发展形成作用。这种作用并非仅仅局限于特定的场域,场域对参与者的影响,使其能够在场域化情境中产生效能,同时也能够对场域之外的村落社会形成影响,这一影响通过人的思想形塑及日常行为表达来实现。村落体育表演形式有集体表演,也有个体表演,乡村振兴往往又融入不同表演形式之中。

(一)村落体育表演的集体行动

村落体育表演推动乡村振兴的目标实现,主要是借助实践形式来完成,人作为乡村振兴和村落体育表演的媒介,将二者关联到一起,并形成共生互惠效应。村落是一种以村民为建构核心的共同体,这种共同体的稳定与运行往往通过村民建构相关场域,并借助相关活动来实践达成。村落体育表演多为集体性行为,借助某一身体运动项目,打造了一个场域和人的共同体,这种共同体的建设和发展推动了村落社会发展,对于村落社会治理起到积极作用。在这种共同体场域中,参与者自觉遵循和维护相关秩序,构建了一种村落和谐景象。这种治理效能不仅呈现在村落体育表演的场域之中,同时也出现于表演场域之外。当村落体育表演能够对参与者的思想形成影响时,与之相关的行为便自觉或不自觉地出现,形成"知行合一"。一旦这种惯习得以养成，便会影响村民的日常行为，使其生活化的行为更接近场域中的惯习，于是便可以对日常村落社会发展形成影响。那么，当村民的集体行动成为一种良好惯习，他们将会把这种惯习潜移默化地带到村落政治建设、文化传承、经济发展、生态保护、社会发展等诸多领域之中，最终自觉或不自觉地对乡村振兴目标实现予以帮助。

(二) 村落体育表演的个体行动

村落共同体是由诸多家庭组建而成，家庭由不同个体组合，个体成为村落共同体最基本的建构单元。乡村振兴战略的落实需要群策群力，更需要落实到单一个体层面的身体力行。村落体育表演和乡村振兴由这些群体的全部或部分来承担，共享人力资源。村落体育表演有集体性表演，也有单个个体表演。在集体性表演中，以集体行动为其主要特性，并对村落振兴起到推动作用。但村落集体表演却是由不同的个体构成的体育组织，个体主观能动性的发挥影响着村落集体表演能否顺利推行，也间接决定了乡村振兴能否在实践中达成。就村落体育表演所呈现的和谐社会场域构建而言，参与个体需要在自我行动的前提下，更好地融入集体行动之中，从而建构一个共生体系，形塑村落共同体，推动政治、经济、文化、生态等共同体建设。村落中的传统武术表演，既有集体表演项目，更多的是个体表演。村落武术传承人的思想认知和行动表现，影响了该区域武术文化的传承发展。这种传承人的行动不仅体现在习武和传武层面，还需要走出村落参与相关场域的表演与交流，在交流过程中才能更好实现对自我武术的"自知之明"，为个体文化自觉形成奠定基础。当个体行动在文化自觉基础上产生时，这种村落武术文化振兴才能在自觉行为之中实现，村落武术表演的政治、经济、文化、社会等价值才能更好得以实现。一言以蔽之，村落体育表演的集体性行动和个体性行动，从根本上来说都是为村民服务的，在此过程中推动了村落体育文化发展与振兴，同时也为村落和谐社会建设、经济社会发展等提供了间接或直接的帮助。

三 村落体育表演中的乡村振兴现象表达

(一) 村落体育表演中的村落政治现象

村落体育表演中的村落政治振兴现象主要是通过村落体育表演的效能对

村落政治产生影响。这种政治影响可以从两个方面思考，即村落相关负责人参与村落体育表演仪式场域和村落表演对村落社会稳定等方面的作用。

首先，村落体育表演的官方在场。杨海晨等在广西南丹黑泥屯演武活动调查中发现，在强调改善"治理"状况的时期，国家与社会在互惠、双赢的理念下形成了"相互在场"局面。① 汪雄等分析了云南省红河州石屏县慕善村花腰彝"女子舞龙"品牌的打造过程，认为基于政府牵头的资金收集、对外宣传、成立培训班等途径，保证了这项村落体育表演的可持续发展。② 如此，皆在说明，村落政治向村落体育表演场域的渗透，说明村落体育表演对村落政治的建设功能，同时也呈现了村落体育表演场域的政治现象。其次，村落体育表演对村落社会的治理功效。年复一年周期性的村落表演，为村民提供了表达自我、加强文化认同和地域认同的途径，提高了村民的合作精神，为村落其他活动开展提供了稳定的群众基础，从而推动了村落社会和谐发展，提高了治理功效。如新泰市宫里镇石泉村舞龙舞狮表演队在日常生活中经常协助村落管理机构解决村民生活生产中的矛盾，发挥了协调稳定村落发展的社会职责。这种现象说明，村落体育表演参与到村落社会治理之中，并对村落和谐发展起到了积极促进作用，成为村落治理的有益补充。

（二）村落体育表演中的村落经济现象

村落体育表演中的经济现象可以分为显性经济现象和隐性经济现象两种，显性经济现象主要指村落体育表演能够直接产生经济价值，隐性经济现象指能够间接推动经济发展。

村落体育表演的显性经济价值早已被实践所证明，其形式多以"表演搭台，经贸唱戏"的途径实施。像河南省焦作市温县陈家沟以太极拳表演传承为基础，构建了以"拳"为驱动的新型乡村共同体，③ 实现旅游、培训、村

---

① 参见杨海晨、吴林隐、王斌《走向相互在场："国家—社会"关系变迁之仪式性体育管窥——广西南丹黑泥屯"演武活动"的口述历史》，《体育与科学》2017年第3期。
② 参见汪雄、陈玉林、白丽佳等《振兴乡村经济视域下花腰彝"女子舞龙"文化品牌引发的思考》，《中国集体经济》2019年第2期。
③ 参见杨青、刘静《乡村振兴视域下"以拳塑乡"的新型乡村共同体建构及治理——基于"武术之乡"陈家沟的田野调查》，《西安体育学院学报》2021年第1期。

落经济发展的多方共赢。村落体育表演显性经济现象主要依托这种表演所带来的出场费、赞助费、获奖费等，这种收入并不可观，对村落社会经济影响不大。同时，村落体育表演对村落经济发展也会通过隐性经济价值呈现。像一些特色村落建设过程中，旅游业成为村落经济发展的重要导向，村落体育表演被重新搬上"舞台"，成为村落吸引游客的重要方式之一，推动村落经济发展。另外，吴莲花在福建陈塘村闹春田民间体育表演研究中指出，通过身体运动的象征寓意，假借宗族信仰和乡土宗教信仰之虔诚，使人们相信冥冥中不可操控的力量能够帮助他们战胜自然灾害，为农耕生存提供帮助，并形成与村落经济共同体的间接关系。[1] 福建游大龙、走古事、盘古王戏水、稻草龙等诸多村落民间体育表演都与村落经济生产有着直接的关联，或是期盼来年风调雨顺、五谷丰登，或是为了庆祝当年的大丰收。诸如此类现象在全国各地村落社会皆有出现，说明村落体育表演对于推动村落社会经济发展具有巨大的隐性价值。

（三）村落体育表演中的村落文化现象

村落的文化共同体建设应先于经济共同体建设，但要保证文化共同体的持续发展，同时需要经济共同体的支撑。民间力量推动、村庄文化共同体和经济共同体的建立与互洽、激励机制创新，共同构成村庄发展的内生动力，[2] 对乡村振兴起到积极促进作用。

村落体育表演文化历经数百年乃至千余年的发展历程，融合村落社会许多文化元素，与村落社会形成互融互通的关系，诸多已经成为村落社会"名片"，是村落社会发展的历史缩影。在村落体育表演过程中，我们可以体悟到其中所蕴含的村规民约、宗族观念、乡土宗教信仰、血缘理性等，这些文化相互融合，建构了一个村落的文化共同体，而村落体育表演成为这种文化共同体稳定发展的黏合剂。在村落体育表演过程中，通过相关仪式性行为的呈现，村落诸多文化元素被展示出来，形成了"百花齐放百家争鸣"态势。在

---

[1] 参见吴莲花《共生与互惠：民间体育共同体与村落经济共同体融合发展的逻辑思路》，《武汉体育学院学报》2020年第9期。

[2] 参见傅才武、岳楠《村庄文化和经济共同体的协同共建：振兴乡村的内生动力》，《中国文化产业评论》2017年第2期。

这种文化共同体建设中,村落体育表演作为一种象征性载体,不仅要在表象上呈现文化景象,同时也将通过村民们的集体记忆勾勒方式来实现对村落的文化认同。村落体育表演中的文化现象是以身体运动为媒介,以村民们的历史记忆勾勒为动力,最终表征出显性文化现象和隐性文化现象两种格局。

第四章　村落体育表演赋能乡村振兴战略的个案

村落体育表演具有深厚的张力和韧性，在生活中传承，在传承中发展，在发展中调适。探索不同参与主体在当前村落体育表演发展中的行动能力、利益诉求、发展愿景，梳理村落体育表演的发展经验和协调机制，使各参与主体能够更规范、有效地协作参与到村落体育表演发展中，对于有效传承村落体育表演、助力乡村振兴战略实现具有重要意义。本章在村落体育表演与乡村振兴内在逻辑分析基础上，遵循个案选取原则与方法，依据助力村落体育表演发展的主体差异，选取精英引领型村落体育表演、政府推动型村落体育表演和自组织型村落体育表演三个个案，用以探讨村落体育表演与乡村振兴之间的实践经验。

第一节　个案选取原则与方法

个案研究是乡村研究的重要方式，这必然会关涉选取什么样的个案及怎样选取个案的相关议题。村落体育表演项目繁多，形式多样，内容丰富多彩，分布区域广泛，蕴含的社会价值各有差异，这对本研究选取合适的个案用以探讨乡村振兴问题提出了挑战。正因如此，本研究在面对成千上万个村落体育表演项目个案的选取过程中，考虑到每一个特定个案都有自我发展轨迹，并受到特定区域社会环境、宗族观念、乡土宗教信仰、文化背景等影响，或多或少都存在差异性，因此所选个案很难做到"放之中国而皆准"，也不足以作为判断和应对中国乡村社会复杂性的充分论据，更无法直接运用于某一特定的村庄[①]。

[①] 参见王露璐《伦理视角下中国乡村社会变迁中的"礼"与"法"》，《中国社会科学》2015年第7期。

第四章 村落体育表演赋能乡村振兴战略的个案

一 个案选取原则

(一) 代表性原则

个案选取的代表性凸显了个体与总体之间的关联性问题,即所选取的研究个案能否代表研究总体,亦即个案研究结果能否应用于研究总体之中,换句话说就是个案研究的"外推性"。个案研究的外推性越高,个案研究的价值就越大。那么,对于村落体育表演来说,这是一个非常庞大而又复杂的研究总体,具体包含了多少村落体育表演个案,在中国如此繁多的村落之中,很难把控,其边界比较模糊,这为选取具有"代表性"个案增添了困难。王宁认为,关于个案研究的代表性问题是"虚假问题",因为在个案研究中,研究总体的边界是模糊的,正因个案不是统计样本,不是由样本推论到总体,所以它并不一定需要具有代表性。个案研究往往是对某一类现象的认识,而不是达到对一个总体的认识。① 有鉴于此,选取个案时,如果能够在总体边界较为清晰的情况下,选取具有代表性的个案进行研究,将大大提升个案研究的"外推性",以此来增强个案研究的价值。显然,对于村落体育表演来说,要想在中国纷繁复杂的村落体育表演总体中选取具有代表性的个案是非常困难的。既然很难确保村落体育表演个案选取的代表性,又要提升个案研究的外推性,那么,最好的方式就是选取典型性个案。

(二) 典型性原则

典型性并不等同于代表性,但二者存在关联性,即典型性是代表性的一种特例。典型性是个案所必须具有的属性,是个案能否体现某一类别的现象或共性的性质。② 在村落体育表演个案选取过程中,个案是否具有共性对于研究成果的外推性具有重要意义。前文已经分析,中国村落体育表演个案皆是在不同区域社会环境中孕育和发展的,它们都具有自我独特性,而它们对乡村振兴所展示的政治、经济、文化、社会等方面的价值或大或小,又赋予了不同个案之间所具有的共性。基于此,本研究在个案选取过程中,需要充分

---

① 参见王宁《代表性还是典型性?》,《社会学研究》2002年第5期。
② 参见王宁《代表性还是典型性?》,《社会学研究》2002年第5期。

考虑村落体育表演个案与乡村振兴的关联性,亦即村落体育表演能够对村落政治、经济、文化等方面的振兴形成积极影响。个案选取需要考虑研究成果的外推性,亦即促使研究成果应用的最大化。面对村落体育表演项目个案选取,因样本总体的差异性较大,很难做到凸显所选取个案的"代表性",那么,选取具有典型性的个案成为本研究着眼的重要依据。

二 个案选取方法

村落体育表演遍布全国各地,典型性个案也是数不胜数,各有千秋,这也为研究中的个案选取带来困难。正如人类学家费孝通先生在调查我国社会村落经济时,选取了江苏省吴江县开弦弓村作为研究个案,这个研究对象并不能说明中国全部村落社会经济状况,从中也只能看到中国乡土社会的一些缩影。① 还有人类学家王铭铭的《村落视野中的文化与权利——闽台三村五论》②、林耀华的《金翼——中国家族制度的社会学研究》③ 等个案研究都有这种现象存在。为此,本研究在个案选取过程中,将个案典型性,个案分布,笔者的时间、精力、研究经费等作为一种综合考量指标,采用多元方式选取了袁村鼓子秧歌、尚村竹马、梭村舞龙作为研究的案例,探讨其在发展过程中对村落政治、经济、文化、治理等方面建设发挥的积极作用。

(一) 分层抽样法

分层抽样法是指依据样本的层次性,从总体样本中抽取代表不同层次的样本,尽可能使研究样本涉及不同层次。对于村落体育表演项目而言,所谓的层次性主要体现为级别问题。本研究样本的层次性问题,主要以非物质文化遗产名录收录为参考依据,力争在所选样本中涉及国家级、省级、地市级、县级及无级别等非物质文化遗产项目。在本研究个案选取中,依据层次性选样方法,将研究样本确定为袁村鼓子秧歌(国家级"非遗"项目)、尚村竹

---

① 参见费孝通《江村经济:中国农民的生活》,商务印书馆2001年版。
② 参见王铭铭《村落视野中的文化与权利——闽台三村五论》,生活·读书·新知三联书店1997年版。
③ 参见[美]林耀华《金翼——中国家族制度的社会学研究》,庄孔韶、林宗成译,生活·读书·新知三联书店2008年版。

马（省级"非遗"项目）、梭村舞龙（无级别项目）三种。需要说明的是，这三类样本并没有涉及地市级和县级"非遗"项目，然而，无论是国家级"非遗"项目，还是省级"非遗"项目，一般都是层层上升的，遵循无级别—县级—地市级—省级—国家级的逐级申报逻辑。这种特殊关系对村落体育表演个案的共时性和历时性研究具有重要的价值，同时符合样本选择原则中的可比较性原则。

（二）区域抽样法

区域抽样法主要考虑样本的区域性特征，尽可能使所选取样本的外推性更强。在中国当代社会中，村落体育表演项目多达数千个，每个项目所存续的社会环境或多或少都存在差异，这也导致不同项目之间的差异性特质。这样一来就给本研究抽样带来极大困难，因为笔者受时间、精力、经费等因素所限，很难做到在每个省份都抽取一定的样本量，即便我们能够做到在不同省份抽取相关样本，也很难说明这些样本就具有代表性，这也是由村落体育表演的自我特质所决定的。理解需要特定化情境。为此，综合考虑研究经费、研究时间、研究精力等现实境况，依据村落体育表演自我特性，在确保选取样本具有典型性的前提下，本研究选取袁村鼓子秧歌、尚村竹马、梭村舞龙作为研究个案，以探讨村落体育表演与乡村振兴之间的关系。另外，在三个个案调查中发现，这些个案发展路径各有差异，各具特色，综合分析得知，鼓子秧歌、竹马、舞龙分别以精英引领、政府推动、自组织等路径来推动其发展，并对村落发展均产生了一定的影响。综合文献调研和实践调查，笔者认为村落体育表演存续类型主要以这三种为主，说明本研究所选取的三个个案，具备了个案研究的典型性和外推性特征。

第二节　个案一：袁村鼓子秧歌表演

一　田野概况

（一）田野工作

为深度了解与掌握袁村鼓子秧歌表演的情况，收集研究需要的第一手材料，笔者主要采用实地调查、无结构访谈等形式，于2017年至2020年共7次深入袁村和袁村所属的县文化局进行实地调研。调研过程中，笔者收集了大量的村落文化资料，录制表演视频近20个小时，拍摄照片600多张，录制访谈录音近25个小时，并对访谈录音进行了文字整理，为本研究的顺利开展收集了大量第一手材料。在本书撰写期间，与袁村的村两委负责人、秧歌古村负责人多次进行电话沟通和微信联系，以求全面客观反映袁村鼓子秧歌的真实情况，并补漏补遗，形成互证。

（二）袁村概述

袁村位于山东省济南市商河县，是商河县962个村落之一。作为商河鼓子秧歌的发源地之一，袁村具有深厚的鼓乡底蕴，上到九十九，下到刚会走，人人乐跑秧歌，人人爱跑秧歌，是远近闻名的长寿村。目前，袁村已经完成新农村改造，村落布局合理、房屋整齐、街道干净。

二　袁村鼓子秧歌表演

（一）袁村鼓子秧歌表演概况

祭祀表演场：伴着鼓乐，1名身着远古蓑衣，左手拿牛骨、右手举草伞，脚穿草鞋的表演者欢腾跳跃地映入眼帘，紧接着，4名类似装扮的表演者也在庄严肃穆的大鼓声中登场了，5名表演者在圆形的根雕祭祀场上跳跃飞扬，围绕中间篝火，祭祀天地，缅怀祖先，祈求风调雨顺，期待五谷丰登，每个动作都在诉说着求年于滴的历史，时不时发出的怒吼体现了北方男子的阳刚之气。这个表演场景是通过模仿古代添仓日对于神仙神灵的祭祀过程演变而来。

军阵演武场：锣鼓喧天，马嘶长空，在秧歌古村的演武场，上演着校场点兵的振奋场景。伴随着战马报信、将军点兵，32名表演者身着戎装，左手拿鼓，右手持棒，逐一演习一字长蛇阵、二龙出水阵、天地三才阵、四门斗、金龙盘玉柱、鲤鱼跃龙门等军阵，一会儿像千军冲杀，一会儿又如万马奔腾，势不可挡。演员在跑动中互相穿插并轮番击鼓、敲棒，时而像两军对垒，攻守激烈，时而如短兵相接、战马追逐，颇有战斗的紧张气氛。表演过程集合武术动作及战争阵法的千变万化，令人眼花缭乱，恢宏的阵仗，表现出无往不胜的英雄气概，展现了山东大汉的英勇气势。

庆丰收表演场：头扎白巾、身着白衣、手持花伞的演员在圆形图案的中心进行领跳，身着黄色衣服的鼓手和身着红色衣服的拉花轮番上演。大鼓一落，"高架势"的"伞功"上场，格外威风凛凛；紧接着八路纵队方阵出场，每队每伞带着四个鼓，四个棒，四个花，偶数对应。在头伞的带领下，和着大鼓"咚咚"的节拍往来穿插、交叉、开合、驳花。表演过程中，鼓声齐鸣，群伞飞舞，声若滚滚春雷，势如疾风骤雨，充分表现了村民们丰收后的喜悦心情。终场时，上演"八趟街""上天梯"，八路纵队排成方阵，同进同退，表现出天圆分四面，四面分八方的古老哲学思想。

（二）袁村鼓子秧歌表演结构

1. 表演角色

（1）祭祀表演场主要展现的是原始社会时期部落的祭祀场景，结合鼓子秧歌的步伐、动作进行的表演，庄严肃穆，主要角色是酋长和族人。

（2）军阵演武场主要展现的是唐宋时期将军点兵出战的场景，演员头戴盔甲，身披战袍，脚蹬战靴，手持小鼓，威风凛凛，主要角色是将军和士兵。

（3）庆丰收表演场是秧歌古村表演的重头戏，主要包括鼓子、伞头、棒槌、拉花四种角色。角色依据表演人物使用的道具进行划分，其中鼓子、伞头、棒槌是男性角色，拉花是女性角色。

①鼓子：秧歌队的灵魂和核心，一般由体力较好的男性来承担，通常是24、32、48、64人的人数组合。

表演用的鼓面直径25厘米，厚8厘米，鼓腔由红布封好，红布上缀上几条红绸，底端用皮条环挎在演员的手腕上，可以进行自由翻转。鼓作为演员的道具，不是伴奏乐器，起到辅助表演的作用。

鼓子的形象特征是黄衣、黄裤，外加黄头巾，黄头巾上悬"英雄胆"，身上十字披红"英雄带"，脚穿浅颜色的鞋子。鼓子是秧歌队的灵魂，能反映一个秧歌队乃至整个村落的精神面貌。鼓子的动作粗犷彪悍，勇武雄健，英俊潇洒，左手持双面鼓，表演时可自由翻转，右手持棍击打鼓面，抢上甩下，左踢右转，前击后敲，跳转劈蹲，大起大落，粗犷奔放，表演难度较大。

表4-1　　　　　　　　　　　　伞的种类

角色	作用	扮演者	人数	外形特点
伞头（丑伞）	群体指挥	中老年男性	4—8人	白袍、白发、黄头带、白裤、浅鞋，右手持驮棰，左手持伞
花伞	正副指挥	青年男性	4—8人	青衣、青头带、黑髯、黑靴、持伞和铜铃

资料来源：笔者根据访谈对象提供信息整理所得。

②伞头：有头伞（丑伞）和花伞之分，如表4-1所示。头伞是鼓子秧歌的领舞者，由他指挥表演过程中的各种队形变化。此角色的承担者要求精通秧歌表演的各种程式，表演知识结构合理丰富，威望较高，村落百姓形象地称作"博士"。在袁村村民的心目中，默认知书达理、道德高尚之人才能做"博士"这一角色，角色地位的划分标准和民间生活中的道德尺度具有一致性。

伞头一般戴白色帽子，身着白色绸缎长袍，脚穿白色鞋子，戴白色假须，腰部束红色腰带，左手持外红内黄的伞，外部画有太极图样，右手拿驮棰。伞的动作类型主要有"插伞、举伞、扛伞"三种，伞的表演讲究蹲伞如山、走伞舒展、挖伞刚健、摔伞飞旋、跳起干拔、踢伞盖檐等技法。表演时，一人一个架，一人一个味，一人一个性。丑伞向右侧走下弧线推出，柔中带刚，富有韧劲；花伞右手向右斜前方推出翻花后收于背后，动作潇洒自如，昂首挺胸，帅气十足。

③棒槌：一般由8—16人组成，表演时演员需手持双棒，棒端缀有彩缨，棒长约50厘米，演员身着绿色绸缎衣，束红色腰带，精神威武。表演时，棒槌相互击打，上挑下盖，左搓右擦，展现少年活泼好动的特点。

④拉花：鼓子秧歌表演队伍中唯一的女性角色，在女性不能出演秧歌的年代，此角色都由男性反串。花角以踩的道具区分，有地花与跷花两种：地花是直接踩在地上，进行表演；跷花要踩着50厘米的高跷跑秧歌，需要较好的身体平衡能力，难度较大。地花和跷花的装扮有"亮箱"的说法，演员一般手持花绸巾、花扇，身着颜色艳丽、红绿对比的服饰，以显示其家境富有、生活殷实，花褶裙、花袄、花斗篷等较为常见，所化妆容浓艳、奔放，令人印象深刻、过目不忘。

⑤丑角：也叫"外角"或"反角"，一般不在正式编制之内。这类角色在表演过程中，贯穿始终，用来渲染秧歌表演时的热闹气氛，增添表演过程的喜剧色彩，提高秧歌表演的吸引力。一般会打扮成傻妮、丑婆、憨小、赃官等搞笑形象。用当地百姓的话来说就是"添乐呵"，角色滑稽可删可减，灵活处理，并不是必不可少。丑角的角色定型与扮相通常带有随意性，通常把带有"乡土味的时髦"的穿着打扮发挥至滑稽、怪异的程度。丑角的动作程式不是特别固定，主要穿插、跑场于"伞、鼓、花"中间。

⑥探马：专门负责秧歌表演队外交联络的角色，一般由两名精明干练的中年人担任。在过去交通不发达的时期，鼓子秧歌串村演出前，探马要十字披红，身跨骏马，穿梭于秧歌队和演出场地之间进行信息传递。

⑦收赠礼人：也叫"背布袋"，在鼓子秧歌表演队伍中，专门负责接受和馈赠纸烟、糖果等。此角色多是由村落里大家都信任的朴实忠厚、无私公正的人来担任，是鼓子秧歌队里虽然"不上场"，但是影响力很大的"无名英雄"，承担秧歌表演队伍重要的维持礼节、协调、分配赠品等工作，起到稳定军心的作用。

⑧炮手：当年秧歌队串村表演出发之前进行点炮的演员，包括牛腿炮和坐地炮两种。

目前在秧歌古村表演中，由于受场地表演空间限制，丑角、探马、收赠礼人、炮手等角色出场的机会大大减少，鼓子、伞头、棒槌、拉花等角色仍为表演的核心。

2. 表演场阵

袁村鼓子秧歌表演的场阵也称为"跑场"，依据秧歌场阵的规模和跑场的气韵形成了不同的表演派别和风格特征。线条和"驳花"是秧歌场图的基本构成要素，线条是指表演者的跑动轨迹，"驳花"是表演者与其他左右舞者之间按波浪状相互环绕而形成的位置图案，呈缠绕状。①

表演者通常沿着各种直线或弧线跑场，在固定的方位"驳花"，紧接着跑到一定距离时，再次进行"驳花"，循序渐进中直到表演者布满全场，构图完

---

① 参见邢楠楠《山东民间三大秧歌的艺术表现形式研究》，博士学位论文，山东大学，2015年。

成。在队列线条的流动和"驳花"的转向下,既能合理调节表演者之间疏密的间隔距离,又能起到变换场图的作用,使其构图完整而丰满。

3. 表演动作

(1) 腰部动作:伞头、棒槌等表演角色对腰部动作有着不同的要求,同时也体现出了不同的身体姿态特征。

伞头、插伞在表演过程中,腰部在进行旋转时,要求肩部大幅度有力地进行摆动,表演动作要顿挫感强,肩部发力干脆利落,动作要干净有力。

花伞表演同样强调腰部的旋转,但不同的是花伞动作要突出双肩上下对比的幅度,是由含胸、挺胸所产生,腰身扭动时后腰与下腰保持一定的角度,动作控制要恰到好处,要求轻盈流畅,柔美绚丽。

棒槌这个角色,强调借助腰部的大幅度旋转,突出身体向右的力度和幅度,以身体前后交替的倾斜对比,挥洒表现出生命的动感,由演员身体的旋转产生的对抗力量,充分体现鼓子秧歌的韧性美和表演者的英勇气概。

(2) 腿部动作:腿部动作幅度较大,通过跳进体现,重心迁移快但必须平稳,不能晃。步伐主要包括趴地步、颠步、蹉步、上步、颤步、碎步、弓箭步、溜高跳步、虚步深蹲、骑马蹲裆步、金鸡独立、侧踢腿、撤步转身、单腿旋转等。[①]

(3) 臂部动作:主要动作包括推、拧、甩、摆、收、掏、翻。表演过程中,鼓子的双臂动作包括劈、提、背、缠、抢、撩、拉等;花伞的动作较为一致,表演过程中不管是平行摆动,或是按线进行表演,双臂动作为盖、打、摆、提,要求顺滑流畅、挥舞有力。

(三) 袁村鼓子秧歌表演特征

1. 表演规模宏大遒劲

"打起鼓子惊天动地,跑起场子热火朝天",这句话生动形象地揭示了袁村鼓子秧歌的声势和气魄。60余位演员同场展示,鼓声震耳,群伞齐舞,场面热烈火爆,气势如虹,充满昂扬豪迈的时代气息。

表演程序分为扬威、列阵、对阵、厮杀、胜利五个部分。各个角色演绎

[①] 参见邢楠楠《山东民间三大秧歌的艺术表现形式研究》,博士学位论文,山东大学,2015年。

形象，左手鼓如盾，右手棍如刀，上下左右舞，可攻又可守，出征前可以鼓舞将士情绪，激励士兵勇敢杀敌；收兵后可以展现欢迎将士凯旋，庆祝胜利的场景。

2. 表演动作敦实有力

鼓子秧歌动作遒劲强悍，功架大方有力，威风凛凛，感染力极强，充分表现了男性阳刚之美的理想境界。表演过程中重跑不重扭，演员在奔跑中完成跳、蹿、蹦、转、蹲、扑等动作，特点可以概括为"脚膝微颤，臂走弧线，手挽8字，吸蹁跨转，扑盖搓挑，跑蹬跳蹿"[①]。鼓子秧歌表演时，动作流畅且敦实，高亢富有激情，粗中有细，体现出"稳、沉、抻、韧"等特征。

稳，是指表演过程中动作稳当，稳健，底盘非常扎实有力。沉，是指表演过程中演员的气息下沉，突出负重感。抻，是指演员的动作要有分量，有韧性，有力度，体现对抗性。舞者在保持下身有节律的"颤"的基础上，通过手臂动作斜向的"推""划""掏""拉"带动上身的横向划圆，给人怡然自得、饱满圆润之感，充分体现了鲁文化的务实和宽容精神。鼓子秧歌表演中无论是慢拍的稳、沉、抻、韧，还是快板的捷、劲、健、展都体现着齐鲁地区儒学思想浸润下山东人沉稳朴实、中和重德的性情。沉稳豪迈的步履，开阔恢宏的气度，坚韧执着的神态，雄健孔武的力量，"外圆"以务实，"内方"而重德，"蹬脚"为自强，"颤膝"显宽容，这是鼓子秧歌在"北上南下"中能"开化蛮荒"的真正精神力量所在。

3. 表演文化底蕴深厚

鼓子秧歌生发于底蕴深厚的鲁文化聚集地，表演形式和内容也凸显了鲁文化的深深印记。秧歌表演遵循着这样的出场顺序，作为男性长者的头伞走在秧歌队的最前面，中年男性的鼓紧随其后，接着是握棒的少年，然后跟着女性花的角色，最后出场的是丑角。这个出场顺序，内涵"长幼有序"的伦理秩序。参与表演的人数一般为：伞8人，鼓16人，棒16人，花16人，其他8人，共计64人，恰与周礼"王八佾"中的64人舞队相吻合。

鼓子秧歌表演节奏顿挫，线条粗犷，棱角分明，风格刚健，基本上是只

---

① 刘柳：《浅析山东鼓子秧歌及儒学精神的影响》，《东方艺术》2004年第12期。

舞不歌，充满理性与凝重。从早期民间的祭祀庆祝仪式到现在的日常乡俗表演，鼓子秧歌以其特有的文化内涵、表现形式和表演风格，充分展示着齐鲁大地村落体育表演的精髓。

三 袁村鼓子秧歌缘起

作为我国南北方比较常见的祭祀方式，商河鼓子秧歌主要用来表达对祖先的悼念和尊敬，祈盼村落五谷丰登，佑护子孙生活幸福安康，其最早萌芽于东汉时期，唐宋时期发展完善成熟，明清时期已成为一种喜闻乐见的民间表演形式。

商河鼓子秧歌的起源有"抗水灾庆丰收说""祭祀说""武舞说"，其中"抗水灾庆丰收说"的影响最大①。商河县自古是黄河流域的必经之地，黄河的决口和改道在历史上曾极为频繁，给百姓生活带来诸多不稳定因素。在黄河腰穿县境的岁月里，当地百姓屡受黄水危害，时常家园被毁、饿殍遍地、颗粒无收。为了生存，黄河岸边的商河百姓，勇敢地抵御着黄河水的泛滥肆虐，齐心协力抗洪，导水排涝、散墒抢种。民间传说是由于一条修炼了800多年的牛精作怪导致滴河年年发大水，民不聊生。玉皇大帝派天兵天将下界捉妖，大战三天三夜后，天兵天将用法器打掉牛精的一块胯骨后才将其制服。为了感谢上苍，人们跳起秧歌，那块被天兵天将打掉的牛胯骨也成了秧歌队头伞手中的一件道具——拔锤，一直沿用至今。②此后，在每年的粮食丰收时节，村民们拿起锅碗瓢盆、棍棒镐锄、手帕雨伞等劳作工具和生活用具，随情而动，随意而发，因陋就简，聚集在一起欢歌乐舞，感恩天地的恩惠，祈福风调雨顺、五谷丰登，在这种自然条件下逐渐产生了鼓子秧歌这一独特的村落体育表演形态。

出于先祖祭祀信仰、生产活动中身体表现的需要，偶然出现的身体动作行为因为群体参与表演而常态化，人们感受到这种身体动作行为带来的愉悦情趣，逐渐达到相对稳定的审美价值认同，后期演变为一种艺术形态的雏形。

---

① 参见陈学孟编著《中国民间艺术瑰宝：商河鼓子秧歌》，中国文联出版社2002年版，第6页。
② 参见商河县志编纂委员会编《商河县志》，济南出版社1994年版，第592页。

随着对锅碗瓢盆、棍棒镐锄、手帕雨伞等生活器具的艺术化加工，表演需要的专门的"鼓"和"伞"等道具出现，并逐渐稳定化，鼓子秧歌从生产过程中的祭祀方式、娱乐行为逐渐演化成民间艺术形式。

四 社会变迁视域下的袁村鼓子秧歌发展历程

（一）村落传统仪式表演阶段

中华人民共和国成立后，鼓子秧歌作为一种源于民间、深得民心的朴素文艺形式，活跃于百姓生活中，扮演了重要的角色。每年的春节到元宵节期间，秧歌表演是袁村父老乡亲自娱自乐的重要方式，是当时乡土生活的重要组成部分。

袁村村民一般在正月初七晚上进行全村老百姓的祭神祭祖仪式，从正月初八到正月十七的10天时间里，白天跑秧歌，晚上闹元宵，其中正月十四、十五、十六三天是表演的高潮。① 正月初七晚上进行祭祀活动，秧歌队全体成员集合后，一同前往村内的土地庙，整个队伍步伐节奏缓慢，静谧庄重。祭祀过程按照"开道锣""点路灯""撒小米""烧纸钱""上桌""锣鼓队""秧歌队"的流程进行。油灯照耀下，村落街道灯火通明，在锣鼓震天的响声中，在围观群众的前拥后簇中，祭祀队伍一路行进一路撒小米，到达目的地之后，摆放供品，进行烧香磕头跪拜等仪式，最后秧歌队进行表演。② 村里的土路上、广场上、街道上，甚至树上都是爱热闹的围观群众。由于当时娱乐消遣活动匮乏，民众的生活热情在秧歌表演活动中得到充分的激发和展现。成为秧歌队的一员，参与到闹秧歌的演出队列中对村民来说是一件非常有面子和有意义的事情。

每逢春节前后，商河县的各村都会自发组织秧歌表演队进行"礼尚往来"的串村表演，是中华人民共和国成立初期娱乐方式单调背景下的集体欢娱，也是村落之间相互拜会、祝福祈福的仪式。大鼓一落，立即开场，来势威猛，身手敏捷，袁村秧歌队在商河县处于较高的表演水平，表演队的成员一般步

---

① 参见陈学孟编著《中国民间艺术瑰宝：商河鼓子秧歌》，中国文联出版社2002年版，第30页。
② 参见李群编《传统舞蹈》，山东友谊出版社2008年版，第62页。

行 10—20 里地到邻村，如董石庙村、杨庙村、大杜家村等村落进行串村表演以示友好、联络感情，被访问的村落有条件的话，也要进行回访，这也是新中国成立初期加强村落感情、缓和村落矛盾的重要手段，是农村乡俗礼仪的表现，是当地民间最为淳朴的艺术表达形式。袁村的串村表演一般按照三路行程进行，伞在中路，鼓、棒、花、丑在两侧，头伞与鼓、棒对花，花伞与花配合，有统一行进、两侧原地、侧路前后、反向舞蹈四种表演形式。

袁村秧歌组织者每年会挨家挨户收取费用，不做统一规定，根据各家情况或多或少都可以。收取的费用用以补贴秧歌表演过程中的各种消耗品，如表演道具、衣着服饰、伙食费用等。演出服装由演员们自己准备，颜色较为单一，质地简朴，以黄色、白色为主。缘于当时社会娱乐手段的单一和贫乏，袁村村民非常热衷于每年一次的秧歌表演活动，也乐于分担这些费用。

（二）参与县域文艺会演阶段

改革开放后，传统民间民俗文化逐渐引起社会各界的关注。商河县政府为加强文化建设，丰富民众日常文化生活，将根植于民间民俗文化的秧歌表演由自娱性村落文化转向更加广阔的社会文化转型中，积极打造县域品牌。基于本县秧歌文化基础深厚，率先组织鼓子秧歌进行县域范围内的文艺会演。鼓子秧歌超越了各村镇相互拜年、串村表演、"闹十五"单一的交流意义，会演期间不仅吸引了北京、陕西、山西、山东等地舞蹈界人士来此采风、学习，更吸引了外商、企业家来招商引资。因而，商河县的鼓子秧歌会演开始具有了多重经济指向和社会功能，它展示的不仅是民间艺术的风采，更代表着民间阶层的精气神，为更好地宣传商河、振兴商河起到了很好的推动作用。

1982 年"商河县首届鼓子秧歌会演"中共有 22 个公社，44 个秧歌队参加献艺，袁村也在其中。集中会演侧重于秧歌本体的展示，在指定场地中表演跑场子，省略了秧歌串村表演中进村、街筒子、出村等程序，"探马"和"背布袋"等角色淡出人们的视野。袁村一般在春节前集结队伍进行排练，加强练习。这个阶段袁村的表演费用有三个来源：一是在本村内部募捐，村民或给钱或给米面，不做统一要求，多少不等，视各家经济情况而定；二是到村里经济条件稍好的人家进行表演，收取一定酬金；三是村中做生意的家庭自愿捐款。三块费用合计作为秧歌队的公有财产，一般用于化装费用、购置行头服装等。

(三) 开展村落商业表演阶段

1995年，袁村中敢于尝试的秧歌表演爱好者，成立了袁村村属商业秧歌表演队，当时共有60多位村民参与其中。袁村村属秧歌表演队不仅活跃在本村，更是走出了村落，走出了乡镇，走向邻县和济南的各种商业礼仪表演活动中。袁村成为依靠传统文化的现代化展示和转型，获得经济收益的典型代表。

1. 财务公开透明，确保队伍稳定。袁村秧歌表演队一般全天演出收费约3000元，其中收益的50%交村委统一调配，用于帮助贫困家庭的生活和住房建设等，剩余50%按照每天25元的标准发给参加表演的村民。村民对这种商业性的演出形式非常热衷，尤其春节期间，外出打工的队员回家过春节，既能跟着闹玩，还能参加演出，获得一定的经济收入，何乐不为；对孩子们来说，过年跟着跑几天秧歌可以赚些零花钱，还可以到处转转，凑热闹，也是乐此不疲；对平时在村里忙农活，加上交通不便，难得有外出机会的妇女来说，跟着跑秧歌更是赚钱、游玩一举两得的好事。所以，村落秧歌表演队得到了村民的一致拥护。附近县市的企、事业单位的庆典、仪仗等活动经常邀请村秧歌队前去表演助兴，尤其是春节前后，各企事业单位以能邀请到袁村秧歌队为荣。

2. 立足鼓子秧歌文化，持续扩大宣传推广。鼓子秧歌作为地方标志性文化成为政府和文化宣传部门关注的事项。村属的鼓子秧歌商业性表演，不但有效传承了袁村的传统文化资源，为村民带来一定经济效益，也助力了村落建设，解决了村属民间秧歌表演团队的可持续发展经费不足的实际问题，加强了秧歌表演队的整体建设，形成了对民间优秀传统文化的良性保护。2006年山东各地的秧歌表演队、狮舞表演队齐聚泉城济南，共同参加了"山东省暨济南市非物质文化遗产会演"。由袁村秧歌表演队队员为主体组成的商河鼓子秧歌代表队，精彩亮相，得到了媒体和观众的广泛关注。在这次比赛活动中，鼓子秧歌获得了"非物质文化遗产保护成果奖"，提高了商河鼓子秧歌的影响力和美誉度，提升了袁村的村落形象。

3. 文化创新，合力打造秧歌古村。袁村鼓子秧歌携带着农耕社会的文化遗存，接受并适应文化创新，通过表演活动，让袁村的村民成为村落文化主体，共享村落文化，获得同样的村落文化体验，并以此为纽带使村民沟通乡情、彼此关联，构建了多方交流的社会空间。鼓子秧歌表演增强了袁村村民爱国爱家、爱乡爱村的亲和感，提高了乡土文化的凝聚力。2008年，袁村被山东省文化厅授予山东省非物质文化遗产保护示范基地。2016年，基于浓厚的村落秧歌文化积淀，袁村秧歌古村成立。

五　袁村鼓子秧歌的文化内涵

商河鼓子秧歌是北方鼓子秧歌的典型代表，位列山东三大秧歌之首，起源于商河县孙集镇袁村、杨庙一带，2005年入选山东省非物质文化遗产代表性名录，2006年入选第一批国家级非物质文化遗产代表性项目名录。传承千载的秧歌文化，自有一种特殊的进化力量，具有适应社会发展、不断自我更新的能力。

（一）器物文化内涵

作为大型的村落体育表演，鼓子秧歌以"跑场子"为主，场子外圆内方，跑场子时，队形讲究平衡对称，无论是场子阵势还是队形排列，都表现出中国传统文化的美学理念。秧歌表演过程中，场外大鼓起到了振奋士气、提高气势的作用，场内表演者手中的"小鼓"应和着大鼓的鼓点，上下翻转，带动气氛。表演场地上的同心圆、圆形的鼓和"始于圆场，终于方场"的场阵相契合，体现出天地同和、天圆地方的哲学理念。表演过程中需要人员双数参与，也体现了成双成对之意。表演队形一般呈现轴对称或者中心对称，符合我国传统的美学审美观。我国传统哲学认为天圆地方，用"天圆"来解释自然界周而复始的变化，上下左右，圆圆满满；用"地方"来识别事物的千差万别，东西南北，方方正正。

秧歌表演者的服饰大都采用鲜艳色彩，或大黄或大红或大绿，颜色对比鲜明，渲染热烈火爆的表演场面，以潇洒、稳健、英武、俊美为主调搭配，表现出终日劳作的农民对于生命的热情和对幸福生活的向往，令观众眼前一亮，深受感染。

(二) 制度文化内涵

鼓子秧歌表演文化在商河一带流传发展几千年，已经形成了一套自我传承与表演体系，而这些表演中的规范要求又与村规民约相互融合，展示着村落的制度文化内涵。鼓子秧歌与百姓的日常生活、节日仪式、村落和村际之间关系的整合联系在一起，也与村民的生活、生产方式、工具制作联系在一起，更和祈雨求福、庆祝丰收的仪式联系在一起。

袁村鼓子秧歌众多人物表演角色的年龄结构组成合理。就如农村家庭结构生活关系的集合，角色的表演特征、分类特征，以及组成形式，都充分表现出村民的伦理道德规范，充分展示了农村的社会结构和农村家族关系。鼓子秧歌的各种场阵表演，作为仪式规范，体现着传承者和表演者对习俗的沿袭恪守。在村落表演者的表演范式中，可以洞悉村规民约的礼仪文化被嵌入活动之中，如尊重传统、尊老爱幼、团结协作等。加上村落精英的引领，某种程度上提高了村落治理的整体效能，提高了袁村的凝聚力。

每逢村里娶媳妇嫁姑娘的时候，秧歌古村的演员们也会到主家助兴表演，活跃气氛，增加喜庆，这不仅体现了乡村的凝聚力、亲和力，也对维护现代空心化农村社会中的人际关系起到了黏合剂的作用。

(三) 精神文化内涵

袁村鼓子秧歌表现出山东民间艺术形态的质朴，又彰显民间文化的深邃，更体现山东民众豪气爽朗、忠厚刚毅的性格。以男子为主的表演团队，体现了齐鲁文化的阳刚之气，男女长幼各尽其职，彰显了较强的秩序性和组织性，展现了团结一致的向心力与凝聚力。

在演员的选拔和培训上，袁村注重以德为先，要求演员个人道德品质和社会公德相一致，道德自觉和人格完美匹配，强调表演者的日常行为要符合道德规范，崇尚气节，重视情操，才能成为鼓子秧歌表演队伍的成员。

鼓子秧歌"旱地拔葱"等系列动作的要求中，也凸显着文化的内涵。如，蹬脚颤膝体现了儒家"仁者爱人""厚德载物"的宽容精神，即提倡对人要有爱心,要以宽厚之德包容万物,为人要胸襟开阔、宽容大度。秧歌表演过程中下蹲、脚踹地的动作相对较多,表现出齐鲁大地质朴农民的"笨"和"拙",体现出一种沉稳的力量与坚韧的抻劲儿,给人以强大的震撼力与感染力。热情洋溢、雄健孔武的动作风格也体现了表演者的自强精神,即刚健有为,自强不息,百折不挠,努力进取,凸显了袁村村民以积极、乐观来主导人生的生活态度,以负责、有为来充实人生、发展村落的干劲。

六 精英引领：乡村振兴中袁村鼓子秧歌表演的路径选择

(一) 精英引领型村落体育表演的理论及现象分析

1. 精英引领型村落体育表演的内涵

村落精英是农村社会稳定发展的中坚力量。新时代村落体育表演的当代传承发展,也同样需要借助村落精英的文化自觉和引领。精英引领乡村建设的研究,早期有梁漱溟先生倡导山东邹平乡村建设,后有温铁军在河北省定州市翟城村开展乡村建设,通过实验方式探索乡村建设的可持续发展道路。

一般而言,村落精英具有广泛的社会基础,尤其是村落文化精英,对村落文化热爱、熟悉,能够激活传统文化基因,带动村落经济文化发展。精英引领型村落体育表演是指在村落社区中具有体育文化传承力、组织力或经济能力的村落精英,积极引领和开展村落体育表演文化活动,打造本村的村落体育表演文化和村落体育表演项目,带动村落振兴。

在精英引领型村落体育表演中,村落精英组织村落体育表演,有利于村民的正常交往活动,形成稳定的生活基础,获得安全感和归属感,维系村落共同体;也有利于形成村落认同,村落精英关心村落发展的公益事业,提高自身信任度,获得村民赞许和认可,具有较高权威。这实质上是由于村落精英对村落文化的热爱,具有奉献精神和公益意识,是当前和未来较长时期我国村落体育表演发展的重要力量。他们一般发挥了资源提供者、反馈协调者、传统文化传承者和经济发展带头人的综合角色。村民的信任给予了村落精英突出的社会资本,有利于各项工作的开展。

2. 精英引领型村落体育表演的特征

在精英引领型村落体育表演中,村落精英一般起到主导和引领作用。其特征主要表现为村落精英作为参与主体之一，担任多重角色，表演自身发展形态多样，过程和结果具有不确定性。精英引领型村落体育表演发展与村落精英的文化基础、经济基础和领导力存在重要关联。

一是村落精英多重角色融合统一。村落精英一般掌握重要的村落社会话语资源，在村落地域的政治经济、文化和社会生活的管理过程中起着重要的作用。村落精英集多重角色于一身，他既是村落体育表演的组织者、策划者，也是村落体育表演开展的主要参与者、传播者，甚至表演者。村落精英往往凭借不同于一般成员的文化背景、政策敏感度和人格魅力，维系村落体育表演团队运行。村落精英一般人缘好、交际广，既是村落体育表演组织者、领导者，也是村落体育表演机会的寻找者、联系者，还是突发事件的协调者和处理者。官方和民间的力量综合起来使其担当了地方民俗的整理者、翻译者和传递者。

二是发展过程和结果具有不确定性。精英引领型的村落体育表演能够为当地乡村社会带来积极的改变，在一定程度上改善村落人居环境以及增加农民收入。村落精英引领的村落体育表演和传承发展，囿于个人能力和文化、经济基础的差异，再加上缺乏成熟经验借鉴，对村落精英个人的综合素质能力要求较高。同时，发展过程中会因为资金、个人能力和资源的局限，导致村落体育表演具有较强的不确定性。因此，基于乡村振兴而进行的精英引领型村落体育表演传承具有试验性和积极的经济文化价值。

3. 精英引领型村落体育表演发展的动力机制

（1）村落精英引领村落体育表演开展

村落遵循"熟人场域"为主导的乡村社会生态的认同逻辑，"血缘""亲缘""习惯"等的自然意志。村落精英引领是一种非强制的、非标准化的，更具人文性、接地气的服务供给思路，其凭借自身经济文化实力，能够引领和激发村民参与村落体育表演的积极性和主动性，更好地推动村落体育表演的当代活态传承，加强乡村振兴战略的落地实施。主要表现在以下几个方面。

一方面，村落精英拥有良好的社会关系和社会资本，具有非正式的权威和重要的社会整合功能，对村落体育表演的发展具有信息员的作用。村落精英可以通过争取公共项目资金，或者争取企业捐资、村民筹资等融资方式，成为"农村外部网络资源的拓展者",加大政府和社会对于村落体育表演项目的资金投入。

另一方面,村落精英拥有自身的技能优势和人格魅力,便于组织并形成民间体育组织。这样可以吸引更多的村民投入村落体育表演的当代传承,不仅能够达到强身健体的目的,更能促进社团成员相互交流、相互欣赏、互通有无,达到精神愉悦的目的,更好地满足群众的休闲娱乐等需求,对接乡村振兴战略。因此,村落精英利用自身资源条件,扩展了基层群众体育参与的基础,形成了对我国农村体育事业的有效弥补,承担着"农村社会关系网络连接者"的角色,对提高我国农村体育发展水平具有重要意义。

综上,村落精英利用自身的资源可保障村落体育表演顺利开展和提供优质农村体育服务。从农村走出来的村落精英、经济能人(或富裕个体)秉承回报乡亲、造福村落的目的,投资修建体育设施、购买体育器材等,积极引导村民参与体育运动,在他们的动员、组织、引导和指导下,健身秧歌、舞龙舞狮、龙舟、武术等村落体育表演得以推广发展,篮球、乒乓球等现代项目有效融入,通过自发组织运动会、友谊赛、表演活动等,扩展了农村体育的辐射面,增强了村落的向心力和凝聚力,提高了村落百姓的幸福感和获得感。

(2)村落资源推动村落体育表演产业化发展

资源作为人类赖以生存发展的物质基础,在村落活动开展中起到重要作用。村落资源可以指向村落居民存在与发展所需的经济资源、文化资源、组织资源,也可以单指向经济资源。由此,村落资源推动村落体育表演产业化发展可以包含两个层面:一是文化资源挖掘整理层面,村落精英进行村落体育表演符号的搜集、提取、解说和记忆再现;二是组织传承与经济资源的产业化发展层面,村落精英立足村落,具备以文化养村、以传统促发展的意识,发展与村落体育表演相关的手工制作、村落旅游、外出展演等活动,实现传统文化的创造性转化和创新性发展,达到文化传承与经济发展的双赢目标。

目前,中国农村经济资源短缺是大部分村落体育表演开展过程中都曾遭遇过的难题。村落精英通常通过个人的社会资本、社会关系,为保障村落体育表演的顺利开展向社会、企业等广泛筹集经济资金、赞助资金等经济资源，合理地调配村落体育表演发展资源，是村落体育表演产业化发展的重要基础。

(3) 文化认同赋权村落体育表演传承发展

村落体育表演如何既保持本真性又保持活性，来源于民俗赋权村落现实，唤起村民的文化认同与传承意识。村落精英一般在村民中具有较高的威望和修养，是引领村落文化走向和文化认同的基石，也是政府和村民沟通的桥梁。村落精英善于将村民的感受向政府反馈，提高村民的文化凝聚力和参与意识。

村落精英威望和认同基础的获得是村落文化认同赋权的结果。因此，尽管乡村精英可以让那些关系网络羸弱的农村地区获得更多的外部资源和资金支持，从而解决村落体育供给短缺的尴尬局面，使这种潜藏在社会资本结构体系中的关系网络实现其价值，但是村落体育表演的传承发展，是以村落文化认同赋权村落精英和村民的结果。村落精英源于村民，是村落体育表演传承发展的重要动力之一，他们可以作为领头人、带头人、传承人，增强村民村落体育表演参与和传承意识，有效实现村落体育表演文化自觉。

4. 袁村鼓子秧歌表演发展中的精英引领型现象

从国内外的发展经验来看，当经济社会发展到一定程度，重视村庄特色的保护和发展将是解决城乡差距、开启农村现代化的必经之路。① 袁村村落精英内心充满对鼓子秧歌的热爱，主要从以下几个方面着手工作。

立足村落文化自信，挖掘秧歌古村特色文化内涵。首先，改善村落基础设施建设和文化景观建设，做好袁村的自然环境和村落环境改观，实现生态宜居、乡风文明；其次，从商河县千年的秧歌文化传统中寻找灵感、依托与自信，唤起村民对秧歌文化的认同，通过对秧歌文化的挖掘整理与开发利用，确立秧歌古村的整体布局和展现形式。

借助各种社会资源，对外传播秧歌古村文化。以全面、客观、整体认识秧歌文化传统内涵为基础，结合新时代精神为其注入新的发展内涵，加以现代诠释，支持秧歌文化"走出去"，实现村落文化振兴。以文化旅游为抓手，

---

① 参见张广辉、叶子祺《乡村振兴视角下不同类型村庄发展困境与实现路径研究》，《农村经济》2019年第8期。

借助秧歌博物馆、赛事、表演等活动形式,通过发展乡村文化旅游和开展秧歌系列赛事等途径,促进秧歌古村民俗体育文化的传播,实现村落产业振兴。

抓好核心产业,开发系列衍生产业。以秧歌古村打造为主体,开发住宿餐饮、研学拓展、生态种植等衍生产业,为村民提供表演岗位和餐饮、后勤保障等其他系列岗位,让村民在家门口能够就业,提高了村民的人均收入水平,提升村民的获得感和幸福感。

(二) 精英引领袁村鼓子秧歌表演助推乡村振兴之道

袁村的老百姓中流传着这样的"三句半":此地当初荒草滩,处处荒凉垃圾湾,北风一刮沙满天,荒无人烟;如今鼓乡声震天,袁村人民舞蹁跹,中华盛世新纪元,欢乐人间。这样的话语,体现了最近几年袁村发生的翻天覆地的变化和老百姓的喜悦心情。乡村振兴战略的提出,为袁村的发展提供了强有力的社会政策环境,而村落精英创业成功后,选择返乡回报乡亲,回村带领乡亲一起致富,共同成就了鼓子秧歌随时代脉搏而舞的姿态,并带动了袁村的经济和文化振兴,使袁村从省级贫困村发展成山东省十大乡村旅游特色村。

1. 科学规划,精准定位发展思路

兴旅强县,畅游富民,秧歌古村为鼓子秧歌提供了一个特殊的保护和宣传空间。村落精英积极向村委、县委汇报争取,依托政府的导向和村委的积极力量,推动了袁村的村落建设。

(1) 精准定位,科学规划。村落精英积极与商河县文化和旅游局联系,先后聘请中国农业大学、山东财经大学、山东大学等高校的10余位专家,结合袁村发展实际,经过充分调研论证,提出了富创意、有特色、接地气、高起点的策划方案。充分依托袁村秧歌基础,深挖鼓子秧歌文化资源,打造地方文化符号,编制了《秧歌古村乡村旅游规划》,明确袁村"旅游+表演"的发展思路,为袁村乡村旅游开发建设提供了切实可行的顶层设计,为袁村的可持续发展提供了科学依据。依托文化的旅游,才是有吸引力的旅游,才能用心讲好文化故事,传播鼓子秧歌的声音。

每年春节期间,以秧歌古村为基地,常规举办"谁是秧歌王"比赛,弘扬秧歌文化，各地的秧歌表演队伍，齐聚秧歌古村。袁村喜迎八方来客，全员动员、全民参与，热闹非凡，并带动了村落相关产业发展。"商河美"微信公众平台定时发布商河县的有关政策，上传鼓子秧歌表演的相关视频，介绍赛事相关信息，扩大了鼓子秧歌的影响力，提高了秧歌古村的知名度和美誉度，实现了新技术助力村落发展。

（2）因地制宜，创新旅游扶贫模式。村落精英认真研究上级扶贫资金政策，立足村落发展规划，积极争取山东省特色产业扶贫资金、乡村旅游发展专项资金以及其他扶贫资金的支持。前期资金到位后，积极引入企业市场运营机制，成立乡村旅游专业合作社，通过发展以鼓子秧歌表演为特色的乡村旅游产业，采取"公司+村集体+贫困户"的运营模式，村集体、贫困户以土地、扶贫资金等形式入股分红，吸纳有劳动能力的贫困户到园区就业，解决了袁村40余位村民的就业问题，14户贫困户实现脱贫致富，一跃成为全省的脱贫示范村。

（3）齐心协力，打造旅游强村。村落精英不计得失，不图回报，积极联络，秧歌古村获得各种政策和经济上的扶持。袁村村委鼎力支持将袁村打造成旅游强村，通过道路硬化、铺设排水管、安装路缘石、安装路灯、绿化村内大街等系列民生工程，切实给袁村的村民生活带来便利，得到了村民的认可和尊重。同时完善秧歌古村停车场、旅游厕所、观光桥、秧歌博物馆等基础设施，进一步提高了古村的接待能力和接待水平。

2. 对接需求，夯实古村产业基石

（1）多方请教，厚植秧歌古村表演之基

①创新发展，设计秧歌古村表演内容。根据表演场地和表演效果，秧歌古村开辟了祭祀秧歌表演、军阵秧歌表演、丰收秧歌表演三个表演场域。遵循简化但尊重传统的原则，既保留村落文化特色，也能与时俱进，保护鼓子秧歌的核心文化资源，让鼓子秧歌文化留住游客，让游客带走鼓子秧歌文化。

②精心规划，提高秧歌古村表演质量。秧歌古村邀请北京舞蹈学院的老师和市、县文化馆的老师进行指导，提高古村的秧歌表演质量；成立秧歌快板队，创新秧歌表现形式。秧歌古村将秧歌、历史、民俗、信仰等打包呈现，通过静态展览、动态表演两种形式进行展示。静态展览，如秧歌民俗文化博

物馆、静态图片欣赏等；动态表演，主要指秧歌古村表演队的舞台演出（庆丰收表演、祭祀表演和军阵表演）、举行迎客仪式等，邀请旅游者参与活动表演，给游客留下深刻印象。

现在秧歌古村已经成为村里老年人聚会的场所。老年人是村落历史的"活化石"，年过古稀的老人几乎天天都泡在古村。"我们都是从小就跑秧歌，从骨子里喜欢秧歌，以前没地方交流、传承，现在有地方了，终于可以把差点成绝版的传统民俗传承下去。"访谈中老人们都高兴地说。秧歌古村的出现给老年人的生活增添了乐趣，实现了老有所做、老有所为、老有所乐。村委会也将政策宣传、村务公开等村落事务集中于秧歌古村，为的是便于和老年人商量，提高村落的治理效率。

③热心公益，带领村民共同致富。2017年秧歌古村成立秧歌学校，从全国各地邀请伞、鼓、棒、花、丑的专业老师，培养秧歌学员，扩大秧歌古村影响力。截至2020年，600多名学员顺利结业后全部充实到全县各支鼓子秧歌队伍中。为进一步提高袁村留守妇女的生活质量，古村为村里妇女开展秧歌培训，提供52个表演岗位，让她们不出村就实现了创收致富，同时也扩大了鼓子秧歌的普及率。建立秧歌民俗博物馆，通过收集整理秧歌表演的服装、道具、图片等，为鼓子秧歌"非遗"的调研和创新提供实物支撑。作为鼓子秧歌"非遗"基因的库存"矿藏"，秧歌民俗博物馆成为人们继承、研究和开发表演艺术类"非遗"的重要参考。除了表演岗位，秧歌古村的环境清理、田地种植、动物圈养等工作也安排给不能外出打工的老年村民，让村民在自己家门口就业，解决了老年人就业难的问题，既充实了老年人的生活，又提高了老年人的归属感和成就感，有助于建成村落共同体。

④常规演出，扩大秧歌影响力。秧歌古村每个周末及节假日都开展鼓子秧歌表演活动，2019年至今接待游客超20万人次，进一步提高了鼓子秧歌的传承普及率，扩大了传承群体，提升了鼓子秧歌在群众中的影响力，让鼓子秧歌在民间生发新的活力。

（2）对接需求，走文体旅融合发展之道

文化与经济、文化与旅游融合发展是新时代的时代需求。游客们来到秧歌古村既可以领略到"沙场秋点兵"的恢宏气势，也可以感受到"五谷丰登"的丰收喜庆。秧歌古村较为完整地表现了鼓子秧歌仪式文化，守护了中华民族的精神家园，而且发挥了非物质文化遗产项目的聚合效应，借助现代化手段的呈现以及旅游开发，在一定程度上实现了非物质文化遗产的品牌化发展，在全省乃至全国产生了一定的影响力。

园区内还兴建了多项大型户外拓展项目，为学生提供了多样化的研学条件。研学和培训将成为秧歌古村另一项主攻发展方向。配套开发的秧歌宴、秧歌民宿、秧歌文创产品街，已经经过论证，正在紧锣密鼓地建设中。2020年9月商河县政府启动鼓子秧歌"1223"体系化立体保护传承模式并规划设计了高标准的鼓子秧歌博物馆和鼓子秧歌演艺广场。

（3）做好核心产业，打造文化产业链

乡村振兴既要抓物质文明，也要抓精神文明。延续文脉为乡村铸魂，打造真正意义上的幸福乡村，最直接、最有效的途径之一就是将乡村活态"非遗"发展为核心文化产业。

古村以秧歌表演为基础，以亲近自然、返璞归真为宗旨，拓展果实采摘区、垂钓区和动物观赏区，充实秧歌古村的观赏内容，提高游客的体验感。自2016年开始，春节期间，秧歌古村相继举办"中国鼓乡摄影大赛""商河县青少年鼓子秧歌大赛"，吸引大量游客和摄影爱好者齐聚秧歌古村，观看秧歌表演，欣赏民间瑰宝，带动了袁村的经济发展，扩大了袁村的宣传新平台。

2018年元宵节期间，秧歌古村承办山东（商河）秧歌文化旅游节，以"筑梦温泉花香，尽享秧歌文化"为主题，商河鼓子秧歌、胶州秧歌、海阳秧歌等山东三大秧歌齐聚秧歌古村，同时举办秧歌文化研讨会、青少年鼓子秧歌会演等活动，精彩纷呈的秧歌表演吸引2万多名游客现场观看，4万余人次通过微信平台，观看了现场活动的直播和转播。电视、纸媒、网络新媒体等进行了全面报道，全面展现了秧歌古村的村风村貌。2018年4月秧歌古村承接了中英小记者文化交流会，与会的中英小记者对秧歌表演产生了极高的兴趣。2018年6月，秧歌古村表演队走进了北京钓鱼台国宾馆，参加了"国家级非物质文化遗产项目秧歌会演暨山东商河秧歌走出去"新闻发布会，古村的演员们现场精彩献艺，为与会嘉宾和媒体记者呈现了一场视觉盛宴，展示了我国多姿多彩的民间文化。2019年1月秧歌古村表演队第一次走出国门，到英国、瑞典参加世界文化交流大会,展现中国传统文化的风采。

3. 实至名归,秧歌古村载誉归来

袁村秧歌古村集民俗体验、乡村休闲、绿色美食、会议住宿于一体,不断提升旅游规模档次,丰富旅游业态,扩大秧歌古村的旅游知名度和美誉度,提高游客体验质量,为袁村带来社会效益和经济效益的双丰收。

经过多年实践探索,2015年秧歌古村被评为济南都市园区,2016年被评为山东省研学教育基地,2017年被评为国家AA级景区,2018年被评为济南市非遗传承示范社区,2019年被评为国家AAA级景区。秧歌古村蜚声海内外,每年都有美国、加拿大、澳大利亚、韩国的专家学者、学生来古村考察、学习和交流。2020年秧歌古村获批山东省法学实践基地和全国农民教育培训基地。

秧歌古村成为袁村亮丽的名片,袁村以秧歌古村为引领,实现了农业增效、农村繁荣和农民增收的重大突破。2017年袁村被评为山东省十大乡村旅游特色村,2018年被评为"济南市出彩人家示范村"、山东省"省级卫生村",2019年又被评为"济南市非遗传承示范社区"和"商河县出彩人家示范村"。

(三)精英引领袁村鼓子秧歌表演助推乡村振兴的现实困境

1. 经费来源渠道较为单一,品牌化提升受限制

秧歌古村的发展设计中既有依托自然、历史因素形成的"内生特色",也有依托当前社会需求,创新规划而来的"外生特色"。经过近5年开发运营,秧歌古村已经具有了一定的社会影响力和知名度。在实地调查中得知,秧歌古村目前除了祭祀表演场、军阵表演场和庆丰收表演场外,还有近400亩的园子种植、动物圈养、设施建设等,加上演员、工人、服务人员和其他劳务支出,运营起来需要较大的投入。尽管本研究上述部分提到,相关部门为秧歌古村的发展提供了一定比例的费用,如省级和县级的各类扶贫基金等,但政府拨款已经远远不能满足秧歌古村更高层次的发展需求。"精英出钱办,百姓围着看",袁村的发展历史使得当地老百姓习惯于凡事都要依赖村落精英的带动,村民的主体性和积极性还需要提高。如要谋求秧歌古村的品牌化发展,

提升影响力，还需要社会各界给予更大的关注和支持，需要更多社会资本的投入，才能更大程度带动袁村的更好发展，切实实现乡村振兴。

2. 经营用地难以扩大，高层次发展受制约

鼓子秧歌作为首批国家级非物质文化遗产，已经成为商河县的特色表演文化。通过秧歌古村的运营，将非物质文化遗产秧歌文化与乡村社区中的发展有效对接，与国家基层社会治理有效对接、互益互补，对于当代社会整体发展具有标本兼治的深远意义。以鼓子秧歌文化传承发展为核心的秧歌古村现在已经成长为国家AAA级旅游风景区，对于迈向高层次的发展规划，秧歌古村现在面临"建设易、发展难"和"宣传易、创收难"的发展瓶颈。囿于园区现有面积，经营者的一些持续发展设想暂时不能落地，如素质拓展训练场地需要增加训练器械、合理摆放；秧歌博物馆的展陈物品基本达到饱和，需要借助扩大面积来提高展陈效果等。游览面积不能扩大，也在一定程度上限制了人流量，对于古村的经济收益产生影响。然而，受到审批手续等现实条件的限制，古村扩大经营用地的要求短时间内不能得到满足，制约了古村的发展速度，在一定程度上也影响了乡村振兴的持续性和稳定性。

3. 演员年龄老化，人才断档，高质量演出提升乏力

现参与秧歌古村表演的人员多是老年男性或者中年妇女，"造血"功能逐渐减弱，文化传承面临断代危险。被村民誉为鼓乐队"鼓神"的老人已是74岁高龄，追随其学习擂鼓技艺的徒弟中最年轻的也已经是66岁，表演队伍中10名伞头的平均年龄也达到56岁，年龄老化对演出质量有较大影响。

鼓子秧歌表演以其节奏紧凑、简练飘逸、动作稳健有力在国内秧歌界独树一帜，但是由于目前秧歌古村的演员年龄偏大，很多动作不敢做，不能做或者表现不到位，在一定程度上也影响了表演效果。另外，每个周末和节假日都要重复进行常规表演，演员们逐渐产生了一定的倦怠心理，村民们的内生动力不足，表演激情受到影响，也同样影响表演效果。村落精英以公益精神，发挥整合传统文化资源、组织表演活动、动员村民参与、协调各种关系、带动村落发展等作用。如何将个人的力量与集体的力量更好地结合，如何发动更多力量参与到秧歌文化的传承中，形成规模化的村落体育表演，更深层次地带动袁村的发展，也是乡村振兴可持续发展中急需解决的问题。

第三节　个案二：尚村竹马表演

一　田野概况

（一）田野工作

为深度了解与掌握尚村竹马表演的情况，收集研究需要的第一手材料，笔者主要采用实地调查、无结构访谈等形式，于2017年至2020年共6次深入尚村和所属县文化局进行实地调研。在调研过程中，收集了大量的村落文化材料，录制了15个小时的表演视频，拍摄照片500多张，录制访谈录音近20小时，并对访谈录音进行了文字整理，为本研究的顺利开展收集了大量第一手材料。在本书撰写期间，又曾多次与尚村两委领导、尚村竹马传承人、尚村村民等进行电话沟通和微信联系，以求全面客观反映尚村竹马的真实情况，并补漏补遗，形成互证。

（二）尚村概述

尚村东靠明代鲁荒王陵，南连邹城市新北外环，西与大元村、玉皇山、溪湖村毗邻，北与曲阜市武家村接壤。尚村境内地势东高西低，北高南低，是典型的丘陵地带，村落风景秀丽、环境优美、空气宜人、位置优越、交通便利、文化内涵深厚。尚村东西宽2公里，南北长2.5公里，总面积1.64平方公里。

尚村位于"孔孟桑梓之邦，文明发祥之地"的邹城市北部，地处九龙山南麓。据《明史》记载，洪武三年（1370年），明太祖朱元璋的第十个儿子朱檀出生，仅两个月大时就被册封为鲁王。朱檀（1370—1389年）自幼聪慧过人，善诗文，深得太祖和后妃的喜爱。洪武十八年（1385年），朱檀15岁时封地兖州，就任鲁王，兖州即升州为府，并扩赐其封地，下辖四州二十三县。朱檀19岁时因汞中毒而早亡，谥曰"荒王"，即"荒唐之王也"。

尚村北部的九龙山，有九峰逶迤起伏，颇像游龙。时任丞相刘伯温找遍鲁地，认为此地为宝地，故将鲁王埋葬于此。鲁荒王陵依九龙山而建，凿石开矿,墓内以青砖砌筑,工程浩大。陵园规模宏伟,庄严肃穆,建筑典雅富丽。据专家推算,造墓约挖掘土石方2.48万立方米,筑墓及封土用土量约15.08万立方米。明朝崇祯年间(1628—1644年),有尚姓来此定居看管陵园。清朝康熙年间(1662—1722年),山西刘姓、曲阜白杨树和老营村李姓等先人先后迁此定居,世代繁衍生息,于是形成村落,因尚姓最先到此地,故其村名为尚村。

中华人民共和国成立后,1958年人民公社时期称"尚村生产大队",1982年生产大队改行政村,复称"尚村"。近年来,尚村在党和政府的正确领导下,着力打造美丽乡村,按照"八卦九宫"的建筑风格建成既有传统风味又有现代气息,既有文化风格又有时代风采,既可农贸购物又可旅游观光的典型民俗风韵新农村。尚村独特的历史背景,促进了该村竹马表演文化的发展,使其赋有丰富的文化内涵及象征寓意。

二 尚村竹马表演

(一) 尚村竹马的表演概况

伴随着锵锵的锣鼓声和嘹亮高亢的长号声,24匹竹马精神抖擞地分列文化广场中央,两军对垒、呼喊驰骋、迂回穿插、浩浩荡荡,让人仿若亲临沙场。整个表演过程以将帅的令旗为指挥,以鼓点的快慢为节奏,以头马的驰骋为基准。大鼓擂响以后,伞扇旗和威武牌依次上场,写有"明"的战旗随后开道,占据场地四角。伴随着金角齐鸣,令将英姿飒爽箭步冲锋到场地中央,翻滚跳跃着挥舞战旗,预示鏖战即将拉开帷幕。紧接着两队人马各12人分别穿着红色、黄色的号衣,由将帅带领登场,攻敌掠阵。

群战开始,战旗舞动,两支队伍对阵交替出场,纵横驰骋,互不相让,梅花阵、迷魂阵等12种阵法轮番上演,变幻莫测;群战结束后,兵卒单挑,你进我退,你攻我守,或鏖战不下,或狭路相逢,或突袭奇兵。表演者左手抓马颈、右手拿马鞭,队形、阵势不断变化,快步跳跃、马步倒退、侧身搓步,身姿矫健。观看者仿佛亲临短兵相接、战马嘶鸣、激战沙场的雄壮场面,表演具有极强的感染力和震撼力。

(二) 尚村竹马的表演结构

尚村竹马表演区别于全国其他地方竹马戏的表现主要是，一方面尚村竹马的表演套路严格，出场顺序不能随意调换；另一方面表演者要对表演技巧、表演套路准确把握，表演者以各自擅长的身段和技巧即兴表演，展示个人魅力和特点，需要表演者的临场即兴发挥；此外，竹马表演大约持续 40 分钟的时间，需要消耗大量体力，是一项融艺术展示、体育锻炼、身心娱乐于一体的村落体育表演形式。

1. 表演角色与流程

尚村竹马将"帅""将""兵""卒"等角色，通过佩戴的帽子和穿着的号衣予以区分。表演团队约 50 人，其中乐队 8 人（大鼓 1 人，镲 4 人，大锣 2 人，二锣 1 人），仪仗队 13 人（伞扇 3 人，旗 4 人，威武牌 6 人），竹马演员 24 人（将 1 人，帅 1 人，兵 11 人，卒 11 人），备用人员 10 人左右，服装以明代古装为主。

尚村的男孩从十二三岁开始，利用寒暑假时间集中练习，由长辈传授竹马表演技能。据传承人讲述："尚村的男性村民，人人都能进行竹马练习，每当有集体表演活动时，可以随时组队，随时表演，都能撑起来这项活动。因为表演时间较长，也比较累，一般不让女孩子参加。"2017 年 11 月笔者调研时进行了年龄统计，由于不是假期，青少年参与得较少，这次表演的团队平均年龄为 52.6 岁。

表 4-2　　　　　　　　表演团队的年龄分布

区间	30 岁以下	31—40 岁	41—50 岁	51—60 岁	61 岁以上
人数（24 人）	2 人	3 人	3 人	10 人	6 人

资料来源：笔者根据访谈对象信息整理所得。

2. 表演道具与乐器

（1）竹马：竹马身宽约 60cm，长约 150cm，高约 30cm，马的身体部位是空的，便于人"骑"在"马"上，表演时将马的前身和后身用带子系挎在腰部，马身下垂的绸布遮挡演员双腿。最初的竹马为手工制作，竹子为架，扎成马形，外罩各种颜色的彩绘绸布。现在的竹马，中间仍然为竹子骨架，外面罩有棕色的毡布，比以前更加耐用，也更具有真实性。马头单独制成，可以活动。骑马者左手扶马头，右手执马鞭。马身下垂绸布，围住双脚，达到了"只见马儿跑，不见双脚行"的表演效果。

（2）号衣：为表演者所穿服饰，包括内衣和铠甲。两队人马服装颜色不一样，红色内衣搭配银色铠甲，灰色内衣搭配黄色铠甲。各种颜色进行搭配，对比鲜明，协调大气，既体现了中华民族喜庆富贵的色彩表达方式，也蕴含了村民祈福纳吉的美好愿望。

（3）乐器：表演时需要锣鼓镲等打击乐器和唢呐、尖子号等吹奏乐器。鼓锣的声响可以模仿战场的进攻与撤退，并能够控制表演节奏；尖子号可以通过模仿马的嘶鸣声、战场上的冲杀声，来烘托紧张热烈的气氛。

（4）长号：指挥者手持150cm的长号，吹奏时声音嘹亮高亢，用以指挥马队，命令其跑出各种阵形。

3. 表演阵势与阵法

在冷兵器时代，运用阵势阵法来训练士兵的作战能力和配合能力是非常重要的军事手段。抗金名将岳飞曾经说过，"阵而后战，兵家常法，运用之妙，存于一心"①。尚村党支部书记介绍，老辈讲尚村竹马的表演阵型原来有100多种，但受"技艺不外传、不外授"的影响，竹马表演技艺一直只是在尚村内部口传身授，传承学习，传播范围受到较大限制，相关文字记载尚未考证到。

据尚村老人介绍，目前尚村竹马除了基本的集结阵法（出马阵、围城阵、兵分三路阵、两队会师阵和胜利回营阵）外，有12种野战阵法可以表演，包括攻心阵、剪刀阵、梅花阵、探营阵、长蛇阵、掏心阵、穿心阵、三鱼阵、两队换防阵、迷魂阵、四角合围阵和合兵会师阵。每个阵法都强调先后顺序，讲究固定的变换套路。前一个阵法跑完后，都要集结成围城阵，再跑下一个阵法。"现在，全国跑野战阵法的唯独我们一家，一定要想方设法把现在的阵法发扬下去。"村党支部书记在言语表达中既体现了对于本村拥有尚村竹马的自豪感，也体现了对部分竹马阵法失传的惋惜和将现有阵法发扬光大的决心。

---

① 参见孙红昺《八阵图与古代的阵法》，《文史知识》1984年第6期。

(三)尚村竹马的表演特征

1. 表演过程以跑见长

尚村竹马表演流程大约需要 40 分钟时间,表演过程不仅需要强壮的体魄,还需要较好的身体协调性和柔韧性。表演的关键点在"跑",在跑中变换队形,在跑中表现飘逸的步伐,在跑中展现潇洒的身段,在跑中体现对抗性,且跑且舞,对表演者身体素质的要求较高。长期从事这项活动的练习,能够锻炼关节的柔韧性和灵活性,提高心肺功能,达到强身健体、愉悦身心的效果。

2. 表演强调团队协作

尚村竹马表演需要参与者不停地奔波、跑动、行进、对视,无论哪一个角色,都始终处于不断的行进中,不断地穿行于他人组成的行伍中,自己也不断地被他人所穿行,训练了"兵卒将帅"间的作战、指挥和协调能力。每个阵形讲究先后顺序,有固定的变换套路,对于步伐、路线要求较为严格。每个阵形跑完后,都要集结成围城阵,然后再跑下一个阵形,气氛活跃且紧张,气势有序且壮观。

3. 表演突出步法变换

尚村竹马表演阵法具有规定路线,且两队队员在出马、换防、会师时需要交叉穿梭进行。表演过程中表演者基本以"小碎步""小跑步""跑跳步""横移步"等步法为主,进退有序;在转换跑动方向时,上身要适当倾斜,要做出"挽花"的动作,以防止因为不协调而摔倒;表演者左手抓住马颈部的缰绳,将马头上下抖动,宛如战场上的真马嘶鸣。右手执马鞭,一边跑动一边甩马鞭。双方队员交锋对视时,要互相甩动马鞭,倾斜身体,增加真实性和对抗性。

三 尚村竹马缘起

尚村竹马表演传统悠久,最早产生于明朝,2015 年入选山东省非物质文化遗产代表性名录,是北方竹马表演的典型代表。由于尚村竹马属于地方小传统中成长发展起来的民俗体育事象,很难在书面史料中找到详细记载,所以追溯尚村竹马发展的历史一方面需要挖掘民间集体记忆，另一方面需要在竹马表演内容和表演形态中寻找历史的痕迹，在历史文化背景的庞杂系统中探寻它的文化密码。

在人类历史上，竹子曾被视为灵物，民间流传有"剖竹得子""竹蛇同体"的传说，也有"宁可食无肉，不可居无竹，无肉使人瘦，无竹使人俗"①的说法，还存在丧仪用竹、以竹招魂的现象，充分体现出古代的植物崇拜。先秦时期已经出现有关竹马游戏的记载，汉代《后汉书·郭汲》最早出现"竹马"一词，后来逐渐出现"竹马舞""竹马戏"等民俗活动。尚村竹马表演活动的产生与当地的自然环境、村落文化习俗和社会环境息息相关。

因为朱檀为明代第一位薨逝亲王，明太祖朱元璋曾派人寻遍鲁藩的山山水水，最后选定了九龙山。九龙山连峰九座，由南往北逶迤如龙，王陵居高临下，向阳背山近水，藏风聚气，历历如画，林木葱茏，是一处风水宝地，人间胜境。明太祖不惜人力物力财力，大兴土木，为朱檀修建了规模宏大的鲁荒王陵，并举办了声势浩大的丧事，常年派兵驻守陵墓。据传，守陵士兵常年操练习武，一来保卫陵墓，二来军事演习，日渐形成了声势浩大的仪仗队伍。尚村的先辈们驻足围观，每天目睹守陵士兵的操练，耳濡目染，天长日久，将军队的演习阵法熟记在心，借用流传几千年的民间游艺"跑竹马"形式，模仿皇家仪仗出行浩浩荡荡的场景，因繁就简，历经数百年的演变、传承、发展，创造了独具特色、流传至今的尚村竹马。

在举伞持扇人的引领下，在一匹高头大马的率领下，24匹竹马紧跟其后，浩浩荡荡，气势恢宏，尚村竹马表演再现了明代皇家出行威武壮观的场景。村民们逢年过节时以竹为马，排兵布阵，进行大众化、草根性、朴素性的体育表演，缅怀祖宗遗志，加强村民间的交流，娱乐健身兼备，竹马表演逐渐演变为尚村独特的文化符号。尚村竹马表演的由来、造型、风格特征与村落的历史记忆、文化背景密不可分，在一定程度上是对当地历史风俗、文化传统、审美意识的象征和隐喻。

---

① 参见徐赣丽《生活与舞台——关于民俗旅游歌舞表演的考察和思考》，《民俗研究》2004年第4期。

四　社会变迁视域下的尚村竹马发展历程

清朝光绪十九年（1893年），尚村部分村民染上了赌博的不良嗜好，整日以"牌九""麻将"等作为农闲冬闲时的消遣方式，输房输地，赌妻卖儿，打架斗殴等事件屡有发生，害人害己，引发的悲剧不断上演，礼制秩序和敦亲睦族之风日下，尚村的村落生活陷入无序、混乱状态。

村中长者对于屡禁不止的赌博恶习痛心疾首，颇感忧虑，为重塑村庄的良好风气，建构村民的集体认同感和村落意识，于是订立村规，命令村民农闲之时必须加入竹马表演，学习操演阵法，以强健身体，磨砺意志，凝聚民心。当时尚村的私塾先生，基于强烈的责任感，自己出资制造了"龙""竹马""高跷""狮子""虎""旱船"等道具，组织筹办了80多人参加的民间竹马表演队、龙灯队，号召广大村民参加练习表演，农闲春节期间的赌牌现象从此销声匿迹。

以前一到冬天没事做，生活枯燥乏味，村民们不是耍钱就是游门串户，惹是生非，开展跑竹马后，村民就有了活动的机会，赌博、打架斗殴、歪门邪道的事情减少很多。辛辛苦苦劳作一年后，春节期间村民们就图个红火、热闹、喜庆；平时节庆期间，竹马也成为村落庆祝的重头戏，尚村竹马表演重新回到村民中间，丰富了村民的日常生活。尚村竹马逐渐成为远近闻名的村落体育表演项目，在日后的表演过程中逐渐演变成由24匹竹马出行的浩大队伍，表演场面壮观，真如沙场。村落体育表演形式和村落社会的良性互动，通过尚村竹马得到了加强，并展现了村落生活的多元图景。

（一）尚村竹马表演的初步兴盛

中华人民共和国成立后，社会经济发展较为平稳，村民的物质生活需求得到基本满足后，精神文化需求初步显现。村民的农闲时间被某些文体活动填满，以充实生活的意义和乐趣。尚村竹马表演成为村民生活的精神取向和精神动力，逐渐发展为村落文化特色和文化符号。

据传承人介绍，自打他记事起的20世纪50年代，每逢农闲时节，上至六七十岁的老人，下至十几岁的孩童都自发操练竹马表演。逢年过节，全村老少轮番上场进行表演,场面热闹喜庆,村民乐此不疲。那时候还没有电灯,只能点着煤油灯进行表演,尤其是进入腊月农闲时节,家家户户都没有什么农活,几乎每天晚上都在生产队的场院里集合表演。尽管天气寒冷,但演员跑得热火朝天,围观的村民拉着家常,挤在一起互相取暖,气氛融洽和谐,成了温暖的乡村记忆。对于物质生活还比较落后,精神生活相对贫乏的乡村村落来说,每年能够热热闹闹地观看演出,不仅调节了村民枯燥的日常生活,也使村民获得了情感宣泄和思想交流的空间。

表演结束后,演员们回家进大门的时候过门槛(当时农村的门槛较高,有三四十厘米高)都很困难,睡觉的时候累得腿都抬不动,举不起来,需要搬着腿上床休息。但是早上起来,演员们只要一听见锣鼓夹子(乐器演奏)的声音,就忘记了酸痛,着迷似的飞奔到场地,继续进行竹马表演。

每年从腊月初一到年后的二月初二,尚村每天都要进行丰富的民俗表演,虽然每天表演程序、表演内容大致相同,但是村民的观看热情高涨,场场不落。当时表演的程序是先出龙,然后跑竹马,再表演踩高跷、舞狮、划旱船、二人斗等活动,对比其他村落,因为尚村做的龙个头大,竹马表演场面热烈,附近村子的村民也经常慕名前来观看。春节后的农历正月十六是尚村的外嫁姑娘回娘家的日子,村里会上演各种各样的表演节目,竹马表演会从傍晚一直持续到深夜,整个村子沉浸在节日的欢乐气氛中。

"区域文化是区域内的民众长期共同创造并传承的文化,也是当地人长期和外界相互接触和交往的结果。"[①] "因我们尚村的竹马跑得样式新颖、阵法多、变化多,周边村子甭管大小喜庆活动都会邀请我们前去助兴,我们也非常乐意进行这种表演,所以经常串乡串村串集,表演的场面非常大,围观的群众也是里三层外三层,跑起来以后,那心里别提有多高兴了。"传承人自豪地讲述。

作为民间活动,这一时期的竹马表演是依靠村落信义传统和民间惯习来

---

① 罗树杰、刘铁梁:《民俗学与人类学》,《广西民族学院学报》(哲学社会科学版)2005年第6期。

维系，以非营利的形式进行，不收取任何报酬。20世纪60年代初期政府经常组织各村的民间表演队伍进行会演，尚村的竹马演员们在村里穿戴好行头后，沿路一边走一边表演，周边的热情群众从头到尾追着观看。传承人说："那时候进行表演，连口水都不能喝人家的，更别提要报酬了，觉得人家邀请咱去表演，是看得起咱，咱们必须得卖力地演才行。表演需要的物件，表演的衣服什么的，都是自己家里准备，包括竹马的制作，公家也没钱，都是自己出，但没有一个人说不想演了，大家伙儿都争着抢着要参加。"

（二）尚村竹马表演的停滞发展

"文化大革命"时期对村落民俗体育文化的强行取缔是"激烈的占据和摧毁式的"，各种文化体育活动被认为是"封建主义的遗毒""资产阶级的享乐思想和行为""修正主义的表现"，竹马表演以及其他村里的表演活动都被迫中断，竹马表演需要的道具都被当作"四旧"烧毁了，村民的文化业余生活基本停滞，村落发展处于压抑状态。尚村竹马失去了跑的理由、跑的主体、跑的舞台，只能走向落寞。曾经参与竹马表演的村民都为此扼腕叹息，这项珍贵的民间艺术在村民的视线中被迫消失。当然，社会变迁虽然带来了对竹马表演形式、制度、器物层面的销毁，却丝毫不能减弱那种根深蒂固的宗族观念、乡土意识，竹马表演带来的自豪感、满足感和荣誉感等依旧顽强地在村民的头脑中延续、滋生，竹马表演的场景、竹马表演的气势一直鲜活地存在于村民的头脑中。

1969年冬天，党中央号召广大农村开展"深挖洞，广积粮，不称霸"活动，尚村村民响应号召，在九龙山挖防空洞时发现了一处墓道，后被专家鉴定为鲁王朱檀墓。墓穴依山凿石开通，深26米，占地面积7万多平方米。从1970年春至1971年初，国家文物部门对朱檀墓进行了抢救式发掘，有大量的随葬品出土，如精致的织锦、刺绣、木雕彩绘仪仗俑群、描金漆箱、古书、古琴、古画等，共有各类文物1300多件，现被收藏于山东博物馆鲁王之宝展厅。国家级文物有"青花云龙纹罐""戗金木箱""金镶玉透雕玉带""天风海涛琴""水晶玉兔""蛱蝶扇""双耳福寿瓶""金面葵花图""鲁王之宝"印等，其中397个神情形态各异的人工木雕彩绘仪仗俑真实地体现了当时鲁王外出巡视"甲兵卫士之盛"的壮观场景。

这一考古发现为当地民间留存的竹马表演活动找到了历史的根源，激起了村民恢复尚村竹马表演，传承优秀传统文化的热情，村民头脑中的竹马表演影像，也逐渐清晰、生动起来。

（三）尚村竹马表演的重构

身体是文化的一种延伸和媒介，文化是人与人、人与自然交互作用的产物，是极富创造性和主体性的产物。村落民俗文化是国家民族命运的根基性文化，民族民俗文化只有在人们的社会生活层面得到体现，才能彰显民族强大的生命力和持续的发展动力。扎根于村落的体育表演，是民众日常琐碎生活的体现和升华，是融入民间生活、扎根村民血脉、具有强韧生命力的真实文化。因此，要记得住乡音，留得住乡愁，讲好农村故事，必须从民众日常生活中获取结合点和突破口。

1987年至今，邹城市政府积极引导，开展了一系列颇有成效的以尚村竹马保护为核心的"非遗"保护工作。尚村竹马在成功入选济宁市非物质文化遗产代表性名录后，经细致考察、周密调研、科学论证后，2015年成功入选山东省省级非物质文化遗产名录。

重大的公共事件在直接参与者的心灵中能够留下深刻的印记，尤其是在参与者尚处于年轻阶段的时候。① 只有主动加强对村落文化传统的传承，构建共同的村庄记忆，村落才能形成具有文化身份感、文化话语权的共同体。用竹马表演来保留和传达尚村村落记忆，是贴近民心、深得民意的村落记忆实践。目前，竹马表演成为尚村村民互相联系、密切交往的重要手段，老中青三代同台献艺，在民俗节日、旅游景点及文化广场经常性地开展竹马表演，使这项传统文化表演形式大放异彩。尚村竹马被列为山东省非物质文化遗产项目后，政策和资金扶持更加到位，竹马表演迎来了发展的春天，成为乡村振兴战略中凝聚民心、汇聚民力，创新发展的一种重要手段。

---

① 参见［法］莫里斯·哈布瓦赫《论集体记忆》，毕然、郭金华译，上海人民出版社2002年版，第152页。

五 尚村竹马的文化内涵

尚村竹马历经几百年的岁月洗礼,已经形成了一套独特的表演体系和表演阵法,且拥有多样化的表演道具,充分体现了村民们的智慧,在年复一年的表演中,有形无形中形成了一种文化传统,展示了村落的礼仪规范,展现了村落的精神面貌。

(一)器物文化内涵

器物不仅是一种使用工具,更代表一个国家的历史和文化发展水平,人们可以通过器物在使用过程中所彰显的特性勾勒某个时期所谓的历史记忆。① 尚村竹马表演过程中,需要诸多道具器物操弄来完成,其中竹马就是仿造马的外形而构造的。中国古代存在一种对"祖先马"的崇拜,认为马是一种神,人们向它贡献祭品,但在后来的演变过程中,马成为"阳"的象征。② 这说明马在现实生活中曾上升到神的高度,被人们所崇拜,古语就有"龙马精神"之说,即便到了现在,人们也同样将马视为能力、圣贤、人才、有作为的象征,农村还流行着"牛马年好种田"的说法,于此,赋予了马文化多重象征寓意。尚村以马文化开展民俗体育表演,展示了竹马表演在村落社会的影响,以及村民们对这种活动所寄予的丰收、吉祥、和谐等愿景期待。

尚村竹马表演中的锣鼓钹号等器物同样具有丰富的文化内涵。锣鼓钹属于击打类乐器,古代有"击鼓进军"之实,在竹马表演过程中,是一种精神的象征,起到鼓舞队员的作用。③ 同时,锣鼓钹号在竹马表演中的使用,还有增添喜庆气氛、体现欢快祥和之兆,同时也具有调节表演节奏等功用。竹马表演中,身穿古代将士服装进行表演的群体,有的骑马、有的列阵,是对古代战场的一种历史记忆和当代重现,体现了竹马文化的丰富内涵。竹马表演中所呈现的器物文化,以多样化象征寓意得以展示,丰富了村落文化内涵,成为乡村振兴中一道独特而又亮丽的风景。

---

① 参见郭学松《宋江阵:仪式、象征与认同》,社会科学文献出版社2019年版,第77页。
② 参见[德]汉斯·比德曼《世界文化象征辞典》,刘玉红译,漓江出版社1999年版,第159页。
③ 参见郭学松《宋江阵:仪式、象征与认同》,社会科学文献出版社2019年版,第175页。

(二) 制度文化内涵

竹马表演文化在尚村发展几百年，已经形成了一套自我传承与表演体系，而这些表演中的礼仪规范又与村规民约相互融合，展示着村落的制度文化内涵。尚村竹马表演过程并非即兴操弄，而是遵循老一辈流传下来的传统。比如，在竹马表演整个仪式过程中，都需要村落中的长者和相关负责人统一安排，表演者也会约定俗成地遵循着相关指令，按部就班地参与其中，不可乱了章法。这种习俗代代相传，所有人基本都自觉遵守。在竹马表演的阵法操演部分，每个阵形讲究先后顺序，有固定的变换套路，对于步伐、路线要求较为严格。每个阵形跑完后，都要集结成围城阵，然后再跑下一个阵形。这是一种仪式规范，又是竹马操演中的"规矩"，体现传承者和表演者对习俗的沿袭恪守。在尚村竹马表演过程中，整个仪式表演过程可能仅仅是一种场域化的呈现，抑或是这种仪式规范可视化的表现，其实，在表演的不同细节处，我们依旧可以洞悉到村规民约这些礼仪文化被嵌入活动之中，如尊重传统、尊老爱幼、长幼有别、团结协作等村落文化礼仪，在活动中或隐或现地被展示出来。这些制度文化的传承与恪守，在某种程度上弥补了法治在村落社会治理中的短暂空白区域，并与法治方式一道承担起当下村落"善治"的推行目标。

(三) 精神文化内涵

尚村竹马表演的缘起、传承及弘扬是村民们集体智慧的结晶，其中既蕴含了丰富多彩的物质文化，也展现了乡土社会的礼仪教化制度文化，而该活动之所以能代代相承，并被村民们寄予多样化期待，源自该表演仪式凝聚了村民代代相袭的精神文化。从器物文化层面来看，其中的竹马是一种"阳"的象征，是一种欣欣向上的精神传递与表达，凸显村民们期待通过这样的活动来表达他们对于美好生活的向往，同时，竹马表演过程中的多马奔腾，传递了他们勇于奋斗、团结合作的激情。在阵法表演过程中，村民们凭借代代相承的习俗，假借军事战场的历史记忆，进行各式各样的阵法表演，营造了一种激烈竞争的场域。这种行为文化不仅是一种身体记忆的展示，更是对先辈们的丰功伟绩的缅怀与歌颂，鼓励他们不忘历史，继往开来，发扬为了美好生活而拼搏奋斗的进取精神。

在当下尚村竹马表演文化中，村民们保留了先辈们的身体表演文化、器物文化、制度文化等，但又不拘泥于此，他们为了使竹马表演更好地适应社会发展需求，将竹马、服饰等进行了美化，促使其能够更好地适应当代人的审美倾向；而在制度文化层面，他们不仅沿袭了先辈们的优良习俗传统，而且还将其与现代村落治理相互融合，形成村落礼法共治格局，如此等等，都体现了村民们积极进取、勇于创新的时代精神。

六　政府推动：乡村振兴中尚村竹马表演的路径选择

（一）政府推动型村落体育表演的理论及现象分析

1. 政府推动型村落体育表演的内涵

村落体育表演承载着鲜活生动的历史文化，是社会主义核心价值体系的重要资源，是民族精神的重要寄托。政府作为非物质文化遗产保护中的主导者，面对村落体育表演的传承发展，应该发挥在公共文化事务中的推动作用，体现政府的在场性和方向性。村落体育表演作为非物质文化遗产的重要组成部分，在其传承发展过程中政府的推动引导作用具有重要意义。

政府推动型村落体育表演，是指由中央政府或地方政府引领，发挥政府的有机整合和规范功能，通过制定政策法规、建立组织、提供资金支持等，为村落体育表演的发展提供支撑和保障，引导村落体育表演良性发展，有效对接乡村振兴战略的实践类型。中央政府发挥指引方向、组织管理其他保护主体的作用，负责村落体育表演法律政策的制定、规划和资金的提供，为村落体育表演的保护和传承提供良好的制度环境；地方政府负责村落体育表演文化的宣传，积极营造良好的村落体育表演文化保护环境，运用公共权力制定村落体育表演文化产业化、资本化和市场化的规则和标准，以克服市场的自发性和盲目性，确保村落体育表演文化的有效传承发展。

政府推动型村落体育表演发展主要依靠行政机构或事业部门运行，传承主体包括"非遗"中心、文化部门、学校、文化站、传习所、博物馆、群艺馆、体育局、民宗局等，通过表演、授课、运动会、比赛、文化制品等载体或形态来实现传承村落体育表演的目的，彰显我国在非物质文化遗产保护中的"中国特色"。尤其是政府作为村落体育表演发展的启动者和组织者，以其所拥有的权力、资源为基础，进行合理配置，优化村落体育表演的发展方向。政府通过制定政策或发起项目进行顶层设计，调动人力物力财力，构建保障体系，组织村民积极参与，与村民生产生活有效融合，引导村落自组织健康有序发展，积极推动村落体育表演的合理化开展。

2. 政府推动型村落体育表演的特征

政府推动型村落体育表演发展具有较强的针对性和可操作性，国家进行顶层设计，通过政策引领、规划先行和示范推进的形式进行推动，具有"中央机关引领、地方政府推动"的特点。它的优势在于可以充分发挥政府动员资源的能力，在较短时间内为村落体育表演的收集、整理、回归生活提供服务。其主要特征如下。

一是自上而下行政推动。政府推动型村落体育表演是村落体育表演当代传承发展最基础的一类实践，在最大程度上推动了村落体育表演的遍地开花、传承发展。因此，政府推动型村落体育表演发展目标较为明确，是实现国家或地区的发展规划，落实文化传承建设，推动国民经济社会发展，是国家或地方发展战略的重要组成部分。

二是发展过程可控。从发展过程来看，政府推动通常是依靠国家和地方制定的政策、制度、规划及发起的乡村建设项目等实现计划，推动力和约束力强。作为一种典型的行政干预，政府主导型村落体育表演的发展往往具有较强的计划性。通常，政府对发展方法、路线、内容以及工作机制等都作出统筹性的安排，并采取分步骤、分阶段以及示范创建等手段以达到推动村落体育表演开展的目标。从发展结果来看，作为乡村发展的重要政策与制度，政府主导型往往是全国性、地区性的，涉及面广、综合性强、影响深远，对村落体育表演发展的整体成效起着关键作用。从中央政府到地方政府发起的村落体育表演实践也在当地产生广泛的社会影响和经济影响，以保护村落体育表演的存续性为第一目标，扩大影响，以村落体育表演为中介，成为当地乡村发展的重要催生力量。

3. 政府推动型村落体育表演的动力机制

（1）出台保障政策

为了加快推进我国非物质文化遗产保护机制建设，国家先后出台了一系列有针对性的非物质文化遗产保护政策文件，形成了从国家到地方多元一体的非物质文化遗产保护政策保障体系。尤其是国家级、省级非物质文化遗产名录项目的评选，提升了社会的关注度，村落体育表演项目作为体育类"非遗"的重要组成部分，也成为重点关注的对象。

表4-3　我国出台的有关非物质文化遗产保护的政策文件（部分）

时间（年）	文件	颁布单位
1997	传统工艺美术保护条例	国务院
2004	中华人民共和国非物质文化遗产保护法	全国人民代表大会常务委员会
2005	国务院办公厅关于加强我国非物质文化遗产保护工作的意见	国务院办公厅
2011	中华人民共和国非物质文化遗产法	全国人民代表大会常务委员会
2012	文化部关于加强非物质文化遗产生产性保护的指导意见	文化部
2016	国务院关于印发"十三五"促进民族地区和人口较少民族发展规划的通知	国务院
2017	关于实施中华优秀传统文化传承发展工程的意见	中共中央办公厅、国务院办公厅
2021	关于进一步加强非物质文化遗产保护工作的意见	中共中央办公厅、国务院办公厅

资料来源：笔者根据相关网站信息整理所得。

（2）落实机制保障

①组织工作到位。由文化部牵头，建立了中国非物质文化遗产保护工作部际联席会议制度，并明确"非遗"保护工作原则，即政府主导、社会参与、明确职责、形成合力、长远规划、分步实施，点面结合、讲求实效。2006年，文化部成立由68位不同专业领域专家共同组成的国家非物质文化遗产保护工作专家委员会，充分发挥专家在"非遗"保护传承工作中的咨询和参谋作用。同年中国非物质文化遗产保护中心正式挂牌成立，各省级非物质文化遗产保护中心也相继成立。此外，相关省（自治区、直辖市）非物质文化遗产保护

社团组织也在"十二五"时期陆续成立,为村落体育表演传承发展提供组织保障。中央财政设立国家非物质文化遗产保护专项资金,党的十八大以来,累计投入专项资金46亿元,其中,每年向每位国家级项目代表性传承人提供传习经费补助1万元,2016年增至2万元。2015年各地省级财政共安排非物质文化遗产专项资金3.338亿元。从上至下的资金支持,切实保障非遗传承人的培训、授课经费,保证非遗项目的活态传承。

②加快文化品牌建设。自1987年开始,文化部通过"中国民间艺术之乡""中国特色艺术之乡""中国民间文化艺术之乡"、国家级历史文化名城、省级历史文化名城(镇)、民族文化生态保护村等荣誉的评选,扩大民族民间文化的影响力,也为村落体育表演的活态传承提供了较好的保护措施。"中国非物质文化遗产保护论坛""中国非物质文化遗产保护成果展""中国非物质文化遗产专场展演""中国非物质文化遗产传承人群研修研习培训计划""国际非物质文化遗产节·非物质文化遗产国际论坛""中国非物质文化遗产博览会"等具有国际影响力的系列活动的举办,"中国非物质文化遗产网·中国非物质文化遗产数字博物馆"网的开通,为我国非物质文化遗产保护与研究工作提供了有效的交流平台,也成为展现村落体育表演历史和文化价值的重要窗口。

③加强文化教育传承。以文化为根,以教育为本,推进中华优秀传统文化的当代传承,多年来已经建成体系化、引领性的传承模式。高雅艺术进校园活动,涵养了大学生传承中华优秀传统文化的意识和能力;"中华优秀文化艺术传承学校"的推选,带动越来越多的学生成为"艺术达人""非遗传人""传统技艺爱好者",引导学生做一个有根有魂、有底气有骨气的中国人。打铜鼓、打陀螺、跳竹竿舞、龙舟、舞龙舞狮等村落体育表演引入学校教育领域,成为各地的校本特色课程;普通高校"中华优秀文化艺术传承基地"的建设,培养了新时代青年学生的文化自觉和文化自信,提高了大学生的审美素养和人文素养。

4.尚村竹马表演发展中的政府推动现象

在尚村竹马表演重拾和重构过程中,政府推动现象主要表现为竹马表演或传承的各项工作皆依赖或者主要依靠政府力量推动来完成,具体如竹马文化的挖掘整理、经费规划与使用、组织村落人员参与、融入教育场域、体育旅游开发、赛事开展等。在政府推动发展过程中，表现出多层级政府协同合作的特征。在竹马文化的挖掘整理方面，邹城市文化局、邹城市非遗保护部门等地方相关机构对竹马文化遗产进行了挖掘整理，并组织相关部门人员将项目重新开展起来。在经费规范和使用方面，邹城市非遗保护部门为竹马活动开展及文化传承征集了大量经费，为竹马文化传承提供了基础保障。在传承发展方面，地方政府邀请多名各领域专家，赴村落进行指导规划，积极打造"尚村竹马＋休闲农业＋乡村旅游"模式，利用民俗文化节举办契机，接待省内中小学研学团队80余批次，推动村落旅游事业，带动村落全面发展。在宣传方面，地方政府利用村落相关平台进行文化展示，同时也借助相关媒体、活动场域进行宣传，为竹马文化走出去打通了通道。在地方政府规划和帮助下，竹马表演文化进入邹城市老营小学传承，丰富了该校的校园体育文化生活，推动了该项目文化在校园场域的传播。

（二）政府推动尚村竹马表演助推乡村振兴之道

党的十九大报告中提出的推动文化事业和文化产业发展，深刻表明文化产业和文化事业的发展都是建设社会主义文化强国的必由之路，文化事业为文化产业的发展提供人才和智力支持，文化产业为文化事业的发展提供现实需要和最终成果。

保护不是恪守陈规，一成不变，而是让其在变化中保持自己内在的生命力。出于延续尚村竹马的使命感，尚村以山东省非物质文化遗产"尚村竹马"为引擎，积极发展新动能，延伸村落产业链，结合当地自然资源和人文资源进行尚村民俗村建设，同步开发培训业、旅游业、餐饮业，以达到加强"非遗"保护、促进"非遗"项目发展的产业化目的。产业化发展并不是局限于将村落体育表演这一产业规模化、品牌化发展，而是将尚村竹马文化资本转化为文化生产力，打造出以"尚村竹马"文化产业为核心，以"文化景观旅游＋民俗文化表演"为抓手，以民俗文化村发展为中心的多元化产业链，以求多点开花，多点结果。

1.尚村竹马表演推动乡村振兴中的政府主导

立足现实发展需求，有效利用村落文化资源，讲好村落故事，传播村落声音，有利于文化强国、文化强农和文化强村建设。政府是群众工作开展的设计者和领导者，政府部门对竹马表演的可持续发展做出了一系列的引导性和开拓性工作。

（1）整理复原尚村竹马文化

1987年，邹县文化局组织专门人员走访曾经参与竹马表演的老艺人，根据老艺人的口述，记录整理有关竹马表演的第一手资料。1992年，邹城市文化局将尚村竹马作为邹城市地方性民间舞蹈的代表收录于《孟子故里邹县》一书。随后编订刊印的济宁市地方性文献中，包括邹城县（市）志、民间艺术通览等书籍中，均有对尚村竹马的记载。1993年，尚村竹马应邀参加"曲阜首届国际孔子文化节"系列活动。

2004年，邹城市非遗保护部门专门成立了抢救保护尚村竹马领导小组，对该民间艺术进行系统、全面、完整的整理记录，建立了完备的文字材料以及录音、录像、多媒体和网络档案；通过走访村民、老艺人、村干部等，对失传的阵法进行回忆重塑，并开展抢救性挖掘；重点对尚村竹马的表演形式进行复原，对现有阵法进行排练；同时，邹城市非遗保护部门积极争取上级支持，广泛吸收社会资金，制定多种保护措施，对竹马艺术进行保护传承；组织人力物力对尚村竹马的表演形式进行复原，对所有阵法进行排练，力求还原这一艺术形式的原生态；培养青年传承人，鼓励他们学习竹马阵法，领会精髓，实现竹马表演队伍中老、中、青三代同台参演，保证这项技艺后继有人。组织省内外的大规模巡演，扩大竹马表演的影响范围，使其作为地方文化符号得以推广。

（2）筹集经费补贴项目发展

乡村振兴战略实施后，邹城市非遗保护部门积极争取上级支持，先后筹集近30万元置买尚村竹马道具、更新服装，帮助尚村组建专门的竹马表演团队，并多次聘请专家进行技术指导，丰富竹马文化内涵。传承人作为非物质文化遗产保护的核心载体，更接近"非物质"属性的本真，是非物质文化遗产真正的灵魂。政府每年拨给尚村竹马第四代传承人活动经费，用于开展村民培训、项目宣传等工作。

2017年，邹城市政府投资200多万元进行尚村省级美丽乡村示范村建设，包括对长570米、宽10米的道路培土,撒播草籽护坡,栽培绿植;村文化广场铺装花岗岩石板、树池、坐凳、仿古亭廊及四柱三楼牌坊类景观、树池苗木栽植、景观灯照明工程等,为尚村的村落文化活动开展提供场地支持,打造生态宜居环境。

(3) 聘请专家指导村落规划

先后邀请国内知名大学教授专家10余位到尚村指导,进行村落整体设计,规划民俗旅游蓝图。2013—2015年历时两年完成尚村"民俗文化村"的建设工作,2016—2017年完成后期装修、入户安排等工作,村民喜笑颜开住进崭新的四合院。新村纵横街道44条,村民住房楼44栋,建筑典雅、风格独特、结构严谨、雕梁画栋,是居住、经商、旅游观光的好去处。

(4) 丰富尚村竹马宣传渠道

加强对尚村民俗文化村的整体策划、包装推广,通过新闻媒体、户外广告、专题片、宣传画册、节庆活动等,加大对尚村的宣传力度。引导尚村个体经营者积极参与宣传营销活动,利用网络营销平台,提高尚村的知名度和美誉度。

中央和地方媒体进行了相关报道,中央电视台科教频道《中国影像方志》和大型纪录片《鲁荒王陵探秘》中展示了尚村竹马的表演风采;山东齐鲁频道、邹城电视台到尚村进行采风,全方位录像,相继播出尚村竹马的有关节目。借助中新网、山东乡村广播电台的"第一朋友圈"栏目,介绍尚村民俗文化村的发展经验,隆重推出省级非物质文化遗产尚村竹马项目。

节庆期间组织系列惠民演出,在孟子大剧院、峄山、孟母庙、孟林等旅游景点以及邹城市文化广场、体育公园等公共场合开展竹马表演,使其得以广泛传播。借助系列"民间文化艺术节"精彩亮相,使这项非物质文化遗产项目大放异彩,用耳濡目染的方式引导广大民众特别是青少年对传统文化产生兴趣。

2. 尚村竹马表演推动乡村振兴中的支部响应

农村富不富,关键看支部;村子强不强,要看领头羊。要让党支部成为乡村振兴的"活力因子",使其既当好乡村振兴的"领头人",也做好乡村振兴的"服务生",充分发挥党支部的支撑引领作用,助推乡村振兴。尚村党支部立足省级非物质文化遗产"尚村竹马",发掘村落文化的资源特色和独特优势,积极响应,多方引领,开展民俗尚村展新韵、竹马表演展新颜工作。

(1) 全村动员,培养表演传承人

尚村党支部积极进行全村总动员,动之以情,晓之以理,宣传发展竹马表演的短期效益和长远效益。引导省级非物质文化传承人,发挥个人影响力,积极动员村里的中老年人,充分利用农闲时间和晚饭后的空余时间,进行竹马练习,做到人人会跑、人人能跑、人人爱跑,唤起村民的文化自觉和文化自信,以老带新,培养年青一代,构建合理的尚村竹马传承人员梯队,使竹马表演成为尚村的典型项目。

(2) 引入课堂,引导青少年参与

通过以人为载体的"代代相传",让尚村竹马成为村落青少年文化生活的一部分。尚村党支部积极和老营小学的校长沟通,制订竹马表演进校园的教育计划,引导尚村竹马传承人和表演队伍,走进老营小学,传承传统跑竹马技艺,丰富孩子们的文化生活,竹马表演成为老营小学的品牌项目。

观看、理解、体悟和掌握是技能学习的必经过程。观看是基础,理解了的东西,才有可能被真正接受,通过自己亲身体悟,才能实际掌握该项技能。尚村组织村里的少年儿童,利用周末和寒暑假时间,进行集中学习、演练。由传承人制定好练习计划和练习名单,排好家长值日表,督促孩子进行练习。年龄大的孩子在前面跑,年龄小的在后面追,成为尚村一道独特的风景线。有规律地练习一段时间后,孩子们由好奇转变为习惯,由被动转变为主动,"哪个周末捞不着出去跑跑,就觉得挺憋得慌,浑身不舒服"。调研过程中,村里的儿童笑着对笔者说到。竹马表演成为尚村青少年一代的联结纽带,成为尚村产生社区认同、凝固社区意识、奠定社会认同的重要抓手。

(3) 开展商业表演,打造村落品牌

"非遗"助推脱贫攻坚,竹马表演留住乡土味道。尚村党支部组织村里热爱表演的村民,建成了以尚村竹马为核心,以舞龙灯、舞狮子、踩高跷、划旱船等民间艺术为辅的60多人的尚村文艺表演队,让尚村竹马"跑"得更好、"跑"得更快、"跑"得更欢。基于尚村竹马表演动态性、观赏性和参与性强的特点,尚村民俗表演队伍在周末的民俗村活动、节庆活动,以及民俗文化节活动中，频频亮相，并开展周边村域的商业性演出，扩大尚村竹马影响力。参与表演者充满了对于担任角色的自豪感，表演费用每个小时30元，平均月收入可达1500元，以补贴家用。自2010年以来，尚村已经连续多次被评为济宁市优秀非遗传习基地。

3. 尚村竹马表演推动乡村振兴中的村民响应

（1）村落表演者的朴素愿望

个体生活历史首先是适应由他的社区代代相传下来的生活模式和标准。从他出生之时起他生于其中的风俗就在塑造着他的经验与行为。[①] 竹马表演队伍中1988年出生的lmz引起了笔者的注意，他在表演中担任着"帅"的角色，表演动作到位，表情丰富，表现效果和感染力强。"我13岁就会跑竹马啦，上学的时候光玩儿了，没考上高中，现在只能外出打工养家。因为中央电视台来拍摄，村支书专门打电话让我从青岛赶回来的。在外面上班的不能随便请假，我一天挣那一两百块钱不值啥，不能耽误了俺村里的大事"，"如果大家都知道了尚村，都来观看尚村竹马表演，游荒王陵，来我们村参观旅游，带动我们村的发展，那我就不用跑到青岛挣钱了，在家门口就能挣钱。"演出间隙，lmz高兴地对笔者讲到。

他还专门把自己的铠甲给4岁的儿子穿上，并拍摄照片留念。宗族观念是永远流淌在华夏子孙血脉里面的痕迹，"老祖宗传下来的好东西，不能毁在我们这一代手里"。lmz似乎是在对笔者表达决心，又像是在对孩子进行最朴素的村落教育。村落体育表演在不知不觉中成了村民生活方式的重要内容，作为薪火相传的文化印记成为尚村村民"自我表达""自我存在"的一种形式，是村民"身份认同"的重要途径。参与表演的动机倾向于对内彰显权威与秩序，对外展示自己的传统文化、维护村落形象。

仅靠政策制度等外力的推动，而没有来自乡村的内生动力，乡村无法获得自我生长的力量。只有让村里的年轻人看到生活的希望，信心满满，投入乡村振兴的大军中来，乡村的未来才有希望。基于对乡土文化智慧的了然于胸，对乡土文化价值的足够认知，年轻人一定能够成为乡村振兴的中流砥柱。

---

① 参见［美］鲁思·本尼迪克特《文化模式》，王炜译，社会科学文献出版社2009年版，第3页。

（2）尚村村民的积极参与

乡村振兴的内生动力来自7亿农民的自身需求，外力必须借助内力才能发挥合力作用。村民作为乡土生活的主角，只有充分激发农民的主动性，激活村民的参与热情和表演热情，让村民在共建共治共享中，获得更多的幸福感、存在感，乡村振兴的美好愿景才能实现。笔者在2017年11月对尚村进行田野调查时，恰逢中央电视台国际频道《探索发现》栏目组进行拍摄录像，寒风料峭，但尚村文化广场仍然坐满了围观村民，耄耋老人和可爱幼儿乐在其中；竹马表演队员也是个个精神饱满，英姿飒爽，向世界人民展示了积极向上、乐于表现、敢于争先的新时代尚村村落形象。

尚村的村民认为自身有义务和责任来维护竹马的代代传承，这成为竹马表演不断发展的动力。展示自己的传统，传承传统，成为维护既定村落形象的习惯性力量。

4. 政府推动下尚村竹马表演助推乡村振兴的具体措施

树立传统文化带动经济发展的思路，全力打造尚村民俗村，以全员参与、共同富裕为原则，实行鼓励就业、按劳分配制度，动员全村上下参与到尚村竹马的保护中，或是参与尚村竹马的表演工作，或是参与到其他相关产业，促使竹马表演产生的社会效益和经济利益全村共享，实现从文化资源到文化资本的转换，逐渐提高尚村村民的生活水平和生活质量，提高村民的幸福指数。

（1）尚村竹马表演中的教育振兴

在尚村竹马表演项目的文化价值挖掘和现代教育阐释上下功夫，尚村积极打造"山东省中小学研学实践教育活动——行走齐鲁资源单位"和"九龙山综合活动实践基地"，拓宽教育内涵，广大青少年来到尚村开展研学教育的同时，学习跑竹马，参观尚村动物园，割草喂养动物，培养青少年的实践能力和乡土情结。

整合重组尚村竹马资源，编写成老营小学校本教材，定期选聘尚村竹马传承人对学生进行培训，每月给予传承人一定的生活补贴。入芝兰之室，久而自芳，达到尚村人人都会跑竹马、人人都乐于跑竹马的教育效果。

(2) 尚村竹马表演中的旅游振兴

挖掘竹马文化特色，开发竹马表演的文化展示、个人体验板块，培育新的"非遗"产业化，推进"竹马+旅游"跨界融合发展。

积极打造"文化景观旅游+民俗表演"模式，依托周末游、民俗节等形式，助推休闲旅游发展。定制青少年儿童穿着的小号竹马和服装，让前来旅游的小朋友能够亲身体验跑竹马的感觉，提高儿童的参与热情和兴趣。通过参与表演，带给游客视觉上、感官上丰富多彩的体验，增加乡村旅游的文化内涵。

依托尚村杏花美食节、尚村牡丹美食节、尚村菊花美食节的举行，以尚村竹马为表演核心，尚村民俗表演队积极配合，提高游客关注率，延长游客停留时间，产生更大经济效益和社会效益。在民俗旅游推动下，催生了尚村石磨面粉厂、尚村菊花观赏基地、尚村农家乐，提高了尚村自主发展、自我"造血"的经济实力。开发的带有尚村竹马标识的系列文化产品如汽车配件、吉祥物、玩偶等，与村落文化深度融合，提高尚村的辨识度和影响力，打造有温度的文化产品、文化包装，实现"可带走的记忆"，合力实现乡村振兴"尚村"样板，打造尚村竹马发展的生动实践，汲取经验，为全国贡献"尚村方案"。

(3) 尚村竹马表演中的赛事文化振兴

以承办赛事带动尚村民俗文化村的关注度，以赛事带动人气，催生关注力经济。目前，尚村通过承办邹城市广场舞大赛、邹城市健步走协会的各种比赛，在赛事开幕式上进行以尚村竹马为核心的表演，通过赛事提人气、聚财气、增士气，进一步带动尚村的全面发展。

自2015年尚村新村改造搬迁积极打造民俗文化村以来，尚村在2017年、2018年、2019年共举行3届民俗文化节，累计接待省内中小学研学团队100余批次，各种比赛50余场次，累计接待游客20万人次，扩大了尚村在省内的综合影响力，实现了社会效益和经济效益的双丰收。

(三) 政府推动尚村竹马表演助推乡村振兴的现实困境

1. 经费来源渠道少，可持续发展受限制

尚村竹马表演属于较大规模的村落活动类型，参与群体较多，服装、道具、乐器等，需要投入一笔较大的费用。在实地调查中得知，该项目发展存在着经费投入不足问题。尽管本研究上述部分提到，相关部门为竹马文化发展提供了一定比例的经费支持，但目前依旧存在经费渠道来源单一，投入困难问题。据相关负责人告知，竹马表演已经成为周末和节假日的常态化活动，开展过程中需要投入一定的经费，地方政府部门规划中也仅仅提供道具方面修缮费用，而在每次活动中都要支付参演者一定的费用补贴，这部分费用只依靠村落财政支出，无形中增添了村落的财政压力。虽然，在村落旅游、村落研学教育等环节都有竹马表演文化参与其中，然而竹马表演是公益性活动，没有实现直接经济创收。这样一来，虽然有利于竹马文化的传承与传播，推动了乡村文化振兴，却引发了村落财政分配问题，滋生新的经济矛盾。

2. 村民们功利性较强，文化自觉性弱

在尚村竹马表演过程中，地方政府成为活动开展的主导力量，往往会削弱村民们的主体性认知。在与村民的交谈中得知，部分村民认为，参与表演活动是为了配合村干部的工作，支持地方政府，从政府领取误工费、劳务费是应该的，他们往往忽略了自我主体性存在，没有意识到文化传承的主动性和自觉性。据相关负责人说，早期的竹马表演活动多是村民们自觉自愿参与的，参与活动并没有什么报酬，而自从地方政府组织开展并提供报酬之后，诱发了村民们的功利性思想和行为。村民们参与表演，获取相关报酬，理论上是无可厚非的，但容易滋生工具理性行为，而消减村民们的价值理性思想和行为，也不利于重塑村民自觉自愿的参与意识，更难以营造自觉自愿的氛围与场域。如果没有价值理性参与其中，村民都是为了获取表演费用而参与，就不会思考自我主体性的责任与担当，那么这种共同体内部就会面临由于经费来源短缺而发生瓦解的风险，这势必会影响尚村竹马表演的可持续发展，影响乡村社会振兴。

3. 权益集中化严重，村落整体性发展不均衡

尚村竹马主要依托地方政府组织推动开展，村落其他能人的积极性有待提高。还有一部分村落能人能够熟练掌握和使用民间文献，熟知乡土礼仪，热心公益事务，拥有出色的组织能力与运作智慧，在日常生活和村落表演中

积累了较高的社会声望，具有"组织灵魂"的作用。但由于"非遗"传承人评审制度的欠缺，在制度设计时主要考虑的是行政运作之简便与政绩指标的易评估性，因而比较重视项目评审、传承人遴选等方面的工作，这在客观上容易助长"非遗"传承中的个人专享或专有倾向，而忽略了社区整体权益。这或许会对"非遗"传承的社区共享性产生一定的消极影响，甚至加剧了一些社区节庆类"非遗"活动的涣散或解体。因此，如何使这类具有社区公共活动性质的"非遗"传承，借助国家的行政运作而在乡村社区中更具活力，在延续已有的社区共享传统的基础上，助推乡村社区的当代发展，就成为目前"非遗"保护的关键所在。

4. 参与群体单一，日常化发展受阻

在多次的田野调查中，我们发现项目表演现场热闹非凡，但仔细观察后，发现表演群体多以老年人为主，年轻群体参与较少。据村党支部书记讲述，也只有春节期间，年轻人才有时间参与到表演活动中，目前参与群体单一成为阻碍日常表演的重要因素。尚村竹马表演不同于全国其他地域的竹马表演，它有12种阵法表演，表演过程非常精彩，但同样对参演者提出了较高要求，如果平时练习次数不够，难以形成演员间的默契，也很难展现阵法表演的文化内涵。由于目前村落的年轻人大部分在外打工，长此以往，年青一代便很难将这项传统文化活动传承下去，对村落文化复兴有一定影响。在访谈中，我们得知尽管竹马在尚村老营小学中作为特色项目进行了开展，但仅仅局限于学校场域，青少年平时很少参与到日常表演之中，也缺乏表演锻炼，随着青少年升学住校、他乡工作等，这项文化的传承也将受到影响。因此，竹马表演参与群体的单一，不仅会影响到日常的表演，同时也可能危及将来的发展，或不利于这项文化的传承。

第四节 个案三：梭村舞龙表演

一 田野概况

(一) 田野工作

为了深度了解与掌握梭村舞龙表演的情况，收集研究需要的第一手材料，笔者主要采用实地调查、无结构访谈等形式，于2017年至2020年共5次深入梭村进行实地调研。在调研过程中，笔者收集了大量的村落文化材料，录制、拍摄了大量活动视频、访谈录音、照片，并对访谈录音进行了文字整理，为本研究的顺利开展收集了大量第一手材料。在研究过程中，多次与梭村两委干部、梭村舞龙组织者、梭村村民等进行电话沟通、微信联系，以求全面客观反映梭村舞龙的真实情况，并补漏补遗，形成互证。

（二）梭村概述

梭村环境优美，民风淳朴，处五岳之首泰山东麓，行政规划属于山东省泰安市岱岳区祝阳镇，位于祝阳镇政府驻地西北3公里处，村内回汉两族合居。

在中华人民共和国成立前后，梭村是一个传统的自给自足的小农经济村落，发展到现代，仍然是民风淳朴，古俗犹存。梭村村民主要从事小麦、玉米、地瓜等粮食作物种植，也种植苹果、桃子、山楂、花椒、林木等经济作物。村子里畜牧业发达，成规模的养殖户有十几家，超市、饭店、杂货店等较为齐全，日常生活方便。村民中有经营小买卖，也有在家务农、外出打零工、做泥瓦匠等各种工作。2017年8月笔者第一次到达梭村，询问舞龙队负责人的住处时，村民表现出了热心关注和指引。漫步村落，村落中二层小楼与翻盖的新房并存，表现了村民们的富裕生活。

梭村较为重视春节和中秋两个节日，因为中秋正值农忙季节，一般是吃月饼、做一顿丰盛的晚餐来进行庆祝。春节处于冬闲阶段，成为梭村最为隆重的节日，外出打工的村民也要回家与亲人团圆，除了传统的祭祖祭神、走亲访友以外，最具特色的就是梭村舞龙队的表演，把节日的热闹气氛推向高潮。

二 梭村舞龙表演

（一）梭村舞龙的表演概况

舞龙求雨，舞狮求吉。龙是华夏民族想象创造出来的灵物。龙崇拜起源久远，是中国人独特的精神创造，它不仅是华夏子孙文化血脉中积淀最深的信仰和情结，也是民间智慧、民间文化的典型体现。梭村舞龙既是普通村民在日常生活中进行传统乡民艺术交流的一种表演媒介,也是村民展开村落自治生活实践的一种土生土长的运作模式。

在印有"梭村舞龙队"的红色锦旗引领下,震耳欲聋、响彻云霄的鞭炮遍地开花,在"咚咚"的擂鼓声中,一火龙和一青龙鱼贯而出,两队表演者身穿红色和绿色彩绸服装,精神抖擞,神态威严。双龙时而腾跳飞跃,时而飞冲云霄;时而低下,似蛟龙入海,引人入胜,惟妙惟肖。

队伍来到村里的文化广场后,锣鼓、唢呐、小号等乐器敲得更响了,火龙青龙先是盘龙表演,紧接着开始拜天拜地、卧龙、跳节、摇船、地躺、翻龙、跳龙珠、串花、龙攀珠、龙脱衣等动作,围观的村民不断发出阵阵喝彩声。

舞龙队从村西头的主干道开始串村表演,梭村整体规划后,街道宽约10米,适合表演。舞龙者上下翻滚,左右盘旋,生龙活虎,热情奔放,龙灯在他们手中也变"活"了,时而飞龙在天,腾云驾雾,时而潜龙在渊,翻江倒海。

接下来,根据聘灯户家的位置,沿着提前设计好的表演路线,去各家各户送灯,送吉祥,添福气。聘灯的户家早早就打扫干净了庭院,门口摆着香案,红布铺底,上面摆着水果、点心等,共三个盘子。由于大部分农户家的场院面积较小,所以都是在户家大门口进行腾跃、翻滚、盘回、耸立等大幅度的表演,进入户家的院子后,由龙珠引着,在主屋大略走一遍,然后在其他屋子的门口进行龙身的适当舞动,以表示神龙来过,去晦迎福。

(二)梭村舞龙的表演结构

1. 表演角色

"每一个组织都是为了满足一个基本需求而被组建的,其他行动只是辅助性的……一个制度的功能就是满足需求,为此机构才被组建。"[①] 梭村舞龙队一般在腊月中下旬集中排练,大年初二后开始进行串村表演。

(1)舞龙队

梭村舞龙为9节龙,龙身长度约23米,重量60斤左右,每个位置一般由

---

① [英]马林诺夫斯基:《自由与文明》,张帆译,世界图书出版公司北京公司2009年版,第109页。

3个人交替上场。舞体一般分为龙珠、龙头、二节、龙身、龙尾。

龙珠：龙珠是整个舞龙队伍的灵魂，整个舞龙表演套路都以追逐龙珠为表演节奏，龙珠到哪里，龙灯就跑到哪里。龙珠一般扎有宝镜、响铃和大红绸花，需要有稳健的跑姿，领先开道。

龙头：因为龙头比较重，又要举得最高，因此在表演过程中体力消耗较大。粗壮的龙角与浑圆的龙眼，相映成趣，栩栩如生，能让观众大饱眼福。

二节：龙身的第二节，第二节带动整个龙身舞动，该位置上的表演者是整个舞龙套路的核心人物。

龙身：即龙身的第三节、四节、五节、六节、七节、八节，属龙体的中间部位，这些位置的人员在表演过程中，需要紧跟第二节的表演节奏和趋势，体力消耗相对较少，是整个舞龙队伍相对轻松的位置。

龙尾：龙尾居于舞龙队伍的第二重要地位。因为龙尾在整个舞龙活动中需要一直不停地运动，既强调速度，还要突出大力抡圆。龙身不动时它需要动，龙身动时它需要更大范围地活动，如果龙尾摆动得不活跃，整条龙会显得没有生气，缺乏动感，也缺乏真实感。所以，在表演过程中，龙尾部分活动幅度较大，跑的路程也最长，消耗体力较多，一般由年轻、体力好、腿脚麻利的人员来担任。

（2）锣鼓队

锣鼓是中国特色的表演乐器，擅长营造欢快热烈的气氛，体现昂扬向上的精神风貌。早在古代战场就有擂鼓进军，一鼓作气之说。

大鼓：乐器中体积最大，敲鼓工作一般由两人轮换上场担任。舞龙表演过程中，无论龙动静与否，鼓声都不能停止。大鼓的声音低沉、浑厚，既要制造出欢乐的气氛，还要发挥宣传通知、充当预报员的身份作用。只要铿锵的鼓声一响，就打破了空旷田野的寂静，方圆两三里地的人们就知道梭村舞龙要开始表演了。春节期间只要一听到鼓声擂动，四面八方的人们就按捺不住好奇心，兴冲冲地来到梭村街上观看，呐喊助威。

唢呐：相传由阿拉伯国家传入我国，是我国民间使用较为广泛的乐器。音量较大、音质粗犷豪放，适合热烈、雄壮的乐曲。由于唢呐演奏技术性要求较高，本村的唢呐手离世后，在重要表演的时候需对外聘请，大部分时候缺席。

钹：也叫镲，锣鼓队中具有画龙点睛作用的乐器，体积较小，一般由一人敲打，发挥陪衬大鼓的辅助作用。该乐器需要敲打者双手各持绳线相互对击，新手敲打时，用不了多久，手就会被磨起水泡。钹敲出来的声音较洪亮，穿透力强，它的谱子跟大鼓的鼓谱一样。

铜锣：金属类的打击乐器，体积比钹稍大，由一人演奏，声音较低沉，声音传送距离较近。主要配合大鼓与"咣咣"的韵律，起烘托气氛的作用，营造和谐生动的曲调曲风。

旋子：体积最小的乐器，由一人演奏。在锣鼓队人员不齐时，旋子的位置可以取消。演奏部分可视情况而调整，旋子表演者可以去做其他工作。

2. 表演流程

梭村舞龙的表演流程一般包括：制龙—取龙—取水—出灯表演—接龙—化龙，具体如下所述。

（1）取龙仪式：梭村村民普遍认为年前腊月二十七是好日子，需要到停放神龙的地点进行取龙。取龙时，由年长的长辈主持，首先燃放鞭炮，仓库门口摆放香案，呈献鸡鱼等供品，然后点着香，烧完火纸后，所有的表演参与者要先磕头，围观的观众再自愿进行磕头，烧纸完成后仪式结束。

（2）取水仪式：农历大年初二，在全村村民的簇拥下，舞龙队的参与者个个喜笑颜开，人人衣着鲜亮，精神抖擞，在龙珠的引领下，两条巨龙昂首摆尾，蜿蜒起伏来到村边的小清河，翻滚汲水。村民在河岸边焚纸烧香，祈福祈寿祈健康。龙灯在取水后奔腾而起，变得活泼好动，摇头晃脑，左右盘游，显示出勃勃生机。

（3）出灯表演：在锣鼓声和鞭炮声中，在村民的期盼中，梭村舞龙的核心出灯表演环节开始进行。从正月初二到正月十四一般是应邀外出表演，比如到章丘、莱芜等地市的企业和村落表演，也与邻近村落有着相互走访的传统，构成生存意义上相互支撑的社会关系，从而形成一种稳定的乡土共存，依靠民俗方式的交流，维系和谐共存的生态圈。年后正月十五在梭西、梭东和梭北三个村子进行表演，村落的男女老少跟街随行，胡同巷道人山人海，整个村落都沉浸在欢乐幸福的氛围中。

村民们身着颜色鲜艳的红绿绸缎彩服，沿着顺时针的方向串村表演，按照提前设计好的串街路线,不走回头路。围观群众尾随表演队伍,浩浩荡荡,鞭炮声、呐喊声、鼓掌声,以及呼应声,此起彼伏,好不热闹。孩童们欢呼雀跃,埋藏在村民心底的荣耀感和自豪感得以释放,梭村舞龙表演成了密切村民关系和村落关系的强力黏合剂。

(4)接龙:百日之劳,一日之乐。条件稍微好点的村民或者开商铺做生意的店主在队伍必经之地准备好鞭炮,见到龙灯临近就点燃,沿路鞭炮声不断,震耳欲聋。据老人回忆,以往更热闹,以前在村里走街串巷,每家每户都会出门迎龙,在自家门口设好香案供桌,纸钱火盆,燃起鞭炮,龙头向案台三点头,若地方开阔会进行即兴表演,龙身在龙珠的指引下,忽而戏水,忽而翻身,忽而上天,翻腾起伏,鞭炮齐鸣,锣鼓喧天,热闹非凡。

主家会向舞龙队进行谢礼,早期礼品主要是点心、果品、香烟、酒和糖等,或者是较少的礼金酬谢;从20世纪90年代以后,主家一般都是给酬金,100—500元不等,由主家自己决定。主家"接龙",主要是祈求来年丰收,家庭安康和祛病禳灾。因为"灯"和"丁"谐音,也有主家是希望添丁,多子多福,给的酬金也会较多。舞龙队走后,围观的村民会哄抢香案台上的供品,梭村百姓称为抢福,抢到供品象征来年能够为自己和家庭带来运气和福气。

(5)化龙:一般是在正月十六的清晨进行,村民一般认为过完正月十五就相当于过完年了。村民们在村里的小清河边恭送神龙升天入海。虽然天气寒冷,但村民们一大早就在化龙地点插上香烛,烧上纸钱,点起高香,恭送神龙。首先,由德高望重的长者进行一番说辞,大意是感谢神龙一年来的眷顾,期盼神龙上天后保佑来年风调雨顺、五谷丰登。其次,燃放鞭炮,舞龙队的队员将手中的龙头、龙身、龙尾一一送入火堆,跪地磕头膜拜。神龙燃起后,围观群众均合掌叩首,再次祈求神龙赐福。最后,把灰烬倒入小清河,让龙灰顺流回到东海。

3.表演动作

梭村舞龙表演的基本动作有:叩、扫、举、抖、顶、托、跨、跳等;组合动作有:龙戏珠,卧龙,盘龙,龙翻身,龙盘柱,字舞,大小游龙,龙卷尾,左抢龙,右抢龙等。

(1)叩。舞龙表演的第一个动作。持龙头者双手握住主骨,绕场叩首三下，向围观的父老乡亲恭贺新年。

（2）扫。舞龙表演中紧随"叩"的第二个动作和整套动作的收尾。持龙头者马步站立，双手将龙头侧旋划圈，而后凭借腰臂之力将龙头扳直，与此同时，后面手握灯节的持灯者会紧随扫龙的方向奔跑，以示龙腾。

（3）举。用双手或者单手将龙头高高举起后，略略加以抖动，上下起伏数次，表示力气大和使用的巧劲，以体现龙的威武霸气。

（4）抖。双手、单手或肩头向上抛出龙头，复又接住，往返表演，体现表演者的稳定有力。

（5）顶。将内骨竹竿底部分别搁置在头顶心额头前，左右两肩处轮换，显得稳重潇洒。

（6）托。主要指2—9节表演者，跟随龙头进行穿插、游动，可以采用双手托、单手轮换托等动作。

表演者将一系列动作组合起来，上下翻滚，左右盘旋，生龙活虎，热情奔放。舞龙表演强调要舞出"圆"的韵味，所谓"圆"，是指表演者的动作要圆，舞起来的龙灯要圆。仔细观察就会发现，舞龙的动作套路大多是圆形的，而不是直线的，比如"字舞""大小游龙""左抡龙""右抡龙"等，龙灯的表演轨迹是一道道漂亮的圆弧线。只有舞得快且有力，线条饱满，龙才显得浑圆舒展、精神抖擞，而如果动作不到位或力度不够，龙的身体就会变瘪，观赏价值降低。

（三）梭村舞龙的表演特征

1. 表演动作速度快。龙图腾体现了梭村村民比较成熟的抽象思维能力，梭村舞龙被当地村民称为"风龙"，因其动作敏捷，反应迅速，节奏紧凑，以势夺人，像风一样迅速，在附近村落具有较强的影响力。伴随着震天的锣鼓，强壮的庄稼汉们舞动着一条火龙和一条青龙同时出场，两条巨龙时而盘旋，时而腾飞，令人眼花缭乱，目不暇接，反映了火热的民间生活、奋发向上的村落精神和奔腾向前的时代风貌。

2. 双龙共舞难度大。梭村舞龙包括火龙和青龙两种。据传说，火龙取自祝愿生活红红火火、兴旺发达之意；青龙被奉为主宰春天雨水的神灵而受到敬拜，青色与五谷植物的色彩相同。春季一般雨水较少，面临耕种的重要节气，村民舞青色的神龙以取悦雨水之神，祈求上天普降甘霖，解救生灵，以缓解旱情。梭村舞龙表演过程中要求两条龙的动作一致，速度一致，以形娱人，气势恢宏，难度相对较大。

3. 表演审美价值高。蜿蜒多姿、通体华美的龙的外在形象对人具有一种吸引力和震撼力。表演中龙的游、穿、腾、翻、滚，展现龙的精气神韵，龙身"线"的流畅与飘逸直接构成了舞龙运动的意境美、动态美、抽象美、韵律美和含蓄美，"动"和"静"的巧妙结合，能使舞龙运动融于行云流水的表演中，孕育了"自强不息""团结奋进"的时代精神，创设了一种普天同庆的民族情感和村落亲情弥漫的情景。

三　梭村舞龙源起

清朝末年，梭村刘姓村民走街串巷做生意，见识广，将在别的地方盛行的舞龙灯引入梭村，组织村民在农闲和春节时进行舞龙灯表演，受到村民欢迎，梭村舞龙由此开始出现。此后，每年约定时间，向龙王祈求风调雨顺、谷物满仓。村民通过邀请舞龙队入户表演，以求子求财、避邪驱凶，赶走霉运，接福、接喜、接平安进家门。

龙作为一种神灵，其独特魅力在梭村百姓的心目中具有重要的位置，是神圣不可替代的。舞龙是梭村全村的盛事，也是全村永恒的集体记忆，通过舞龙实现了人与自然的交流，成为村民重要的情感和愿望表达方式。春节期间，舞龙表演的锣鼓声、围观群众的喝彩声、小商小贩的叫卖声混合一起，显示了中国民众特有的追求热闹的生活状态。村民朴素的祈盼人安家旺，身体健康、阖家欢乐、喜迎龙灯的美好愿望，使得舞龙灯民俗在梭村长期传承，并延续至今。中华人民共和国成立后，梭村舞龙曾到泰安、莱芜、济南、淄博等地进行表演，受到当地群众的一致欢迎，表达了人民年年期盼的祭祖迎神、祈福纳祥的良好愿望。

四　社会变迁视域下的梭村舞龙发展历程

梭村舞龙作为一种村落文化，是在社会发展过程中因为人的需求而被传承发展的。清朝末年，舞龙表演由一刘氏村民引入梭村，由于刘氏家族是名门望族，在梭村具有一定的影响力和号召力，舞龙表演逐渐成为梭村民俗节日、喜庆活动的必备项目。

民国期间，梭村的民俗生活不断丰富，各种民俗表演活动成为村落生活的一部分。其中，龙灯的扎制技艺日益成熟，造型、着色水平提高，龙灯、花灯、转灯等形式多样，灯的玩法和套路也愈发丰富，舞龙表演队伍逐渐稳定，舞龙成为村落村民热衷的表演项目之一。

中华人民共和国成立初期，在刘家做帮工的杨姓村民，创新性地将原先龙灯的竹木结构改成了全竹制作，减轻了龙体的重量，表演起来更加顺手，受到村民的喜欢，表演起来更加流畅，提高了梭村舞龙的普及性和观赏性。"灯"和"丁"因是谐音，民间将二字相联系，舞龙灯蕴含着繁盛人才、兴旺家族的含义，得到梭村村民的一致欢迎，每到春节来临，舞龙表演终日活跃在梭村的大街小巷，深受男女老少的喜欢。

经过"文化大革命"时期的停滞，自改革开放至今，梭村村民重拾往日习俗，扎制龙灯，组织队伍，串村表演成为村民春节和重要仪式活动的必需项目。舞龙表演成为梭村生活的重要组成部分，舞龙技艺在梭村全面开花，舞龙表演成为梭村的文化符号。

五　梭村舞龙的文化内涵

梭村舞龙队作为村落自治组织，以舞龙表演为主体，穿插舞狮和秧歌表演，勾连着村落的经济、政治、文化和信仰生活等不同方面，发挥着调节村落生活的功能。

（一）器物文化内涵

梭村舞龙表演过程需操弄诸多道具器物，其中舞龙表演的器物是主体。在中国所有的神话或宇宙论概念中，龙是最为复杂和多样的一种象征，前人一般将龙分为四类："天龙"，代表着天的更生力量；"神龙"，能够兴云布雨；"地龙"，掌管着地上的泉水与水源；"护藏龙"，负责看守宝物。中国的龙是一种具有良好性情并且温和仁慈的生物，它也是自然界男性活力"阳"

的象征。[①] 这说明龙图腾在现实生活中已上升到神的高度，被人们所崇拜，古语就有"龙马精神"之说，即便到了现在，人们也同样将龙视为中国传统文化中的权势、高贵、尊荣的象征，同时又蕴含幸运与成功寓意，于此，赋予了龙文化的多重象征寓意。梭村开展舞龙表演，展示了舞龙表演在村落社会的影响，以及村民们对这种活动所寄予的丰收、吉祥、和谐、幸福、安康等愿景期待。

另外，梭村舞龙表演时的伴奏乐器，是演奏本土音乐、传递传统文化、表达人类情感的载体，其文化的价值、意义早已超越了乐器工具本身。锣鼓钹等器物参与助兴，既有鼓舞士气、增添喜庆气氛，体现欢快祥和之兆，同时也有控制表演节奏等功用。

（二）制度文化内涵

舞龙表演在梭村的传承已有一百多年的历史，具有自我表演特色和仪式规范。首先，就表演路线来看，舞龙要沿着每家每户进行，村落大街小巷都要游遍，以表示神龙来过，去晦迎福。其次，从整体规划顺序来看，经由制龙、取龙、取水、出灯表演、接龙、化龙等流程，每个部分仪式都有特别要求与做法，且赋有不同象征内涵。最后，在舞龙表演过程中，火龙青龙先是盘龙，紧接着开始拜天拜地、卧龙、跳节、摇船、地躺、翻龙、跳龙珠、串花、龙攀珠、龙脱衣等动作，这是老一辈的传统沿袭。如此等等，或多或少、或隐或现地展示出梭村舞龙所潜移默化蕴含的一种"规矩"。这种仪式文化是一种村落的习俗呈现，更是代代相承的规约，它不仅维系着这项活动的开展，更表达了人们日常生活的一种遵循，成为村规民约一种活态化的表现。在舞龙串村表演过程中，所到之处，村民们与舞龙队之间所谓的"敬礼""欢迎""答谢"等多样化互动仪式，诠释了村民之间相互尊重、礼仪往来等文化传统。在梭村舞龙表演中所呈现的种种现象及身体行为，皆展示出村落社会的制度文化和组织文化精髓。

（三）精神文化内涵

龙被神化之后，龙文化在民间得以广泛传播，并被广大民众所虔诚信仰

[①] 参见［德］汉斯·比德曼《世界文化象征辞典》，刘玉红译，漓江出版社1999年版，第81—82页。

膜拜，他们期望通过信仰传递民心民愿，能够获得神龙的庇佑，这种精神上的追求，可以说亘古及今，依旧风行。

古人云，虎行风，龙行雨。依靠自然条件，以农业种植为主要生存手段的梭村村民，靠天吃饭，对于雨水的感情比较复杂，希望具有神奇力量的龙王能够体恤百姓之疾苦，在干旱时能够大雨瓢泼，在庄稼丰收时要滴雨不见，因此村民对于水神龙王充满敬意与爱戴，希冀通过舞龙来和"上天"对话。在当下，梭村舞龙不仅是一种娱神活动，同时也是一种神人共娱项目，人们在娱神过程中，也为节日庆典、婚嫁婚娶、乔迁新居等增添喜庆，而对于参与者及观看者又是一种愉悦身心的方式。梭村舞龙的世代传承，充分体现了梭村村民感恩祖先、敬畏自然、敬重神灵以及积极进取的精神。

六 自组织：乡村振兴中梭村舞龙表演的路径选择

（一）自组织型村落体育表演的理论及现象分析

1. 自组织型村落体育表演的内涵

自组织理论始于20世纪60年代，研究在一定条件下，组织系统是如何自动由无序走向有序，由低级有序走向高级有序。[①] 它通过自我搭建完备的信息反馈体系，使个人、组织、社区自觉遵守相关约定，促进社会秩序、活力构建。村落自组织是指在村落中自然产生并依靠村落资本和文化惯习而自行运转的民间自组织，它是社会组织的最原初形态，也是最底层、最草根的组织形态。村落自组织是开展村落体育工作的保障，是联系村民的纽带，是推进村落体育表演传承发展的关键，具有强大的生命力。

自组织型村落体育表演是指村落居民因传统惯习或热衷传统体育文化而自发组织开展村落体育表演相关活动，以依法、自愿为基础，通过自我服务、自我管理、自谋发展来促进村落体育表演的持续开展。自组织是村落体育表演发展的必经阶段，也是村落体育表演的原初发展阶段，具有深厚的群众基础和文化惯性，是促使传统文化和体育文化传承发展的根本动力。尤其是经

---

① 参见刘淑虎、张盈、樊海强等《基于古村落自组织发展的适应性规划研究》，《宁夏大学学报》（自然科学版）2013年第3期。

过 5000 年历史文化变迁，作为村落内生、持续发展的传统文化资源，自组织发展起来的村落体育表演，凝聚集体智慧和体力，为村民的物质文化生活和精神文化生活提供便利，为村落体育表演的传承发展提供良好组织基础，在重构村落认同、提升村落凝聚力，助力乡村振兴等方面均具有重要作用。

自组织型村落体育表演，依靠村落村民的文化惯习和自觉意识，在政府支持力度不够、缺乏相关政策引导和村落精英作用不凸显等条件下，村落自发组织担负起维持村落独特文化资源、传承村落生活价值观的重任。因此，自组织型村落体育表演的组织时间往往依托传统民俗节庆节点，在村落村民农闲或闲暇状态下，开展相关村落体育表演。这些活动一般遵循民间社会组织运作的真正逻辑和民众思考的真实感受，尊重农村的内生性传统，具有牢固的群众基础和持续的发展活力，同时添加了村落政治经济文化因素，发挥了村落社会组织结构性功能，进而充分调动了村民的聪明才干和集体智慧，挖掘并动员农民内在蕴积的巨大能量，展现了村民对乡村文化的自我救赎和图存发展。

2. 自组织型村落体育表演的特征

在自组织型村落体育表演发展中，村落精英和政府起到的作用相对较弱。作为一种特殊文化传统现象，自组织型村落体育表演的特征，主要表现为全民自发参与、组织分工自愿民主、文化惯习引领、表演活动纯粹公益等，具体如下。

（1）全民参与的自发自愿性。村落是村民彼此认同和参与的公共空间，村落体育表演是集体智慧的结晶，是植根于民众生活中的文化，需要持有这一文化的民众进行集体传授，人人都是传承者。依靠村落村民，自下而上推动村落体育表演的传承。一方面，要增强广大民众对本地区民俗文化的认同感，提高民众对民俗文化保护传承的自觉意识，形成有利于民俗文化保护传承的文化氛围。自发参与进来的兴趣爱好者和热心公益文化的积极分子，他们能自觉、自愿地承担起村落体育表演的传承传播，保证村落体育表演的规模和内容，属于自发自愿行为。这种自发自愿来源于村落对于村落文化的认同和热爱，来源于对传统文化的传承动力，同时也体现出村落体育表演的原始性和朴素性。

（2）内部组织分工的民主性。自组织工作的分工，民主公开，根据成员的能力大小，对接村落体育表演开展的各项任务。舞龙表演队伍集结前，自愿报名，以能力原则为主，兼顾关系原则、平衡原则和搭配原则，各个年龄阶段兼顾，既有老年人的丰富经验，也要有年轻人的锐意创新，是自组织保持自己的活性和创造力的关键之处。每位村民根据各自的才能在自组织中担当不同的角色，具有独特的功能，从而形成对整体不可缺失的作用和意义，有效提升自我价值感和认同感。秉承人人参与、人人作为、分工合作的初衷，村落舞龙自组织具有较强的生命力。

（3）文化惯习引领的内生性。源于内生性的乡村传统文化累积而成的集体记忆，大部分村落体育表演代表着村民祈福驱邪、政清人和的安全需求与互通有无、联络情感的社交需求，又满足了节庆期间追求热闹活跃的年节心理。《关于实施乡村振兴战略的意见》中也提出："深化村民自治实践。坚持自治为基，加强农村群众性自治组织建设，健全和创新村党组织领导的充满活力的村民自治机制。"形成民事民议、民事民办、民事民管的村落体育表演传承发展新局面，保证村落自组织的发展活力和发展动力。村落集体表演的共有信念激发乡民对于规则和责任的自觉遵守，尊重、归属感和认同感与日提升，凝结为集体荣誉的社区价值愿景。

（4）表演活动的公益性。村落体育表演的开展，需要一定的财力消耗、物资支持，除去当地政府的部分资助外，绝大部分资金需要村民自筹完成。参与表演的村民付出的劳动属于公益活动，没有报酬或者只有较少表演报酬。表演不以营利为目的，以公益性、娱乐性、便民性为宗旨。村落体育表演产生于群众生活，服务于群众生活，是新时代解决群众日益增长的物质文化需求和体育文化产品供给不足之间矛盾的必然选择。

3. 自组织型村落体育表演的动力机制

在农村，许多以自发组织为基础的传统体育活动正是地方农民长期组织活动的定式和习惯延续的产物，农民自发的传统体育组织活动比较活跃，有锣鼓队、秧歌队、舞龙舞狮队等，出入于乡镇庙会、开业庆典等场合，是村民日常生活的有益补充。如贵州省贵阳市青岩镇龙井村依靠各类自组织，竹竿舞、刷把舞、粑棒舞、织布舞等村落体育表演每天轮番进行，充实了村民的日常生活。

（1）村民的文化自觉力。村民是乡土社会主体，也是村落体育表演主体。他们既是文化传承与发展的动力，又是传承与发展的目的。源于文化惯习传统的内生性，在乡村传统文化中累积而成的村落体育表演，是每个村落村民的集体记忆。因此，文化自觉的苏醒和唤醒是村落体育表演自组织自我发展的基石。基于此，村落组织才会经常召集村落体育表演传承者、爱好者开会，收集项目发展历史、组织表演，广泛地征求表演过程中的细节问题，并认真地记录和回应。进而日渐形成规模的村落体育表演，提升了参与表演村民乡民的关系和社会和谐度，激发了更多村民参与表演的热情，继而生成集体的荣誉感和归属感，建构和巩固乡村认同，形成良性循环，有助于建设富有良好生态和社会活力的村落。

（2）村落体育表演的文化符号。村落体育表演是村落村民一生都会热切向往、反复参与、终身享受的文化活动方式，对村落文化和村民个体成长具有深厚的影响力，是村落重要的文化符号和识别标志之一。因此，在传统节日、婚庆搬迁等大事中，村落体育表演频频登场，不可或缺，成为增加喜庆气氛的重要抓手，体现了村落团结、人际和谐的文化氛围。自组织下的村落体育表演，以村民的自愿参加为基本原则，以协商为解决问题手段，但只要参加就形成一种内在的隐性约束力，村民们不仅仅局限于追求自娱自乐，还为了扩大村落体育表演项目的影响力，落实排练细节，追求更加完美、更加紧凑、更加符合村民审美观的表演，在村落文化建设中发挥了重要的作用。当下，由于部分村落体育表演项目的影响范围较小，自组织下的村落体育表演一般立足于本村落及附近村落表演，以公益性、娱乐性为主，以服务村民文化需求为目的，秉承传承村落文化为初衷，形成村落文化特色。

4. 梭村舞龙表演中的自组织开展现象

梭村舞龙表演队伍现在有110人左右，由舞龙队和锣鼓队组成，其中舞龙队80人左右，锣鼓队10人左右，其他人员20人左右，人员年龄较多集中在60岁以上或者15岁以下两个年龄阶段。梭村舞龙队的组建与发展是"自下而上"的村民自我服务、自我管理、自谋发展和自我维权的民间体育组织，其舞龙队组织架构仍以组织、社团的原初状态自发形成、聚集。整个舞龙队的分工合理，工作边界清晰。

（1）队长：是梭村舞龙队的核心人物，是村落舞龙的组织者和决策者。

队长这个角色决定着村落舞龙表演的发展方向，他需要通晓整个舞龙表演过程，能够灵活把握舞龙的一切事宜。现任队长弭氏是梭北村村民，自幼跟随村子里的老人学习，舞龙、锣鼓样样精通，15岁开始就跟着村里的大人进行串村表演。其祖父、叔叔都曾在村落舞龙组织中担任班主、队长等重要职务。常年跟随大人跑场子的过程中，因为头脑灵活，点子多，表现出一定的组织管理能力和开拓创新精神，得到村民的信任，逐渐成为表演队中的核心角色。舞龙世家的传统使村民对弭家的后代产生信赖心理，也使队长本人对舞龙队的组织管理和传承发展产生责任感，承担舞龙队的组织管理工作也就成为情理之中的事情。

对100多号人的团队进行管理不是一件容易的事情，队长需要经常和村委会、相关企业打交道，取得政策和经济上的支持。表演费用或者从集体经费筹集，或者争取赞助，有时候需要自己提前进行垫付。队长还要负责协调舞龙队成员间的关系，保证舞龙队组织内部的和谐统一，调动演员的积极性，调解演员之间的矛盾，确保表演活动的正常举行。队长还要进行对外的联络，确定表演地点，演员的服装、饮食等都需要一一落实。没有细心、耐心和责任心，很难开展工作。

（2）副队长：舞龙队的副职领导者，协助队长做好相关管理事务。

（3）会计：负责舞龙队的收入与支出。每次舞龙表演时所得的全部钱物都由会计统计清理，全部表演结束后统一发放，统一分配，做到公平、公正，没有私心，令人心服口服。一般由责任心、公德心强的村民担任。

（4）外勤：负责舞龙队的对外沟通联系，登记请龙灯的户家、家庭住址，表演的时间安排、表演队员的召集等。通信不发达的时候，都要下请帖来请灯，现在通过手机联络就可以安排请灯的各种事情。

（5）安保：主要包括确定燃放鞭炮的位置，负责舞龙队的表演场地和表演路途中的安全。

(二) 梭村自组织舞龙表演助推乡村振兴之道

1. 梭村舞龙表演助推乡村振兴的基础

(1) 村落自组织能力强。100多年间连续的年节舞龙表演，代代传承，串联了村落村民。舞龙队通过互相协商、达成共识，消除分歧，解决冲突，处于"自我维系"状态。以舞龙表演为核心的自组织使梭村具有集体的力量，为村落生活的有序和稳定提供了组织保障。依靠梭村舞龙队的节庆表演，维系了村落情感和独特的生活价值观，培育出互惠合作的集体精神，有效抑制了农村社区的衰落趋势。

(2) 村民文化自信积淀深。源于村庄社会生活经验且历史积淀深厚的地方性公共文化产品最受村民的喜爱，群众基础深厚。梭村舞龙队的热心组织者，不计个人得失，不遗余力地操持舞龙；乐于参加的村民把舞龙当作无比荣耀的事情来做，舞龙成为捍卫村落荣誉、彰显村落地位的关键性因素。梭村舞龙的组织过程由民众自己管理，"这附近几个村，就俺村里有！"，这样的话语时不时会从梭村村民的嘴中传出，村民以拥有舞龙这项表演项目为荣，自豪感在每个梭村村民的心中激荡。村民认可的共同利益就是舞龙可以宣传梭村，可以代表梭村，这是全村的荣耀，要让老祖宗的文化能够长久流传下去。每年的春节排练期间，场地内里三层外三层挤满了围观的村民，既有颐养天年的老年人，也有抱着孩子来观看的妇女，大家乐此不疲，热情高涨，敲鼓、打锣、练动作，排练过程中的逸闻趣事能够成为村民一年闲暇时间的话题，改善了村落生活的单调乏味。

(3) 老年人热心公益奉献精神强。舞龙表演像黏合剂，将梭村联结为一体，六七十岁的老年人是梭村舞龙队的核心成员。这些老年人自年轻就参与舞龙表演，对于舞龙具有一种难以割舍的感情。尤其是与外界接触较少的村民，舞龙表演是他们寻找精神慰藉、加强村落交流的重要机会。出于时间的空闲和对社会活动的渴望，梭村老年人具有较强的公共服务精神和奉献精神，热衷于舞龙表演的排练和年节表演，不图报酬，行事稳健，再加上舞龙文化的积淀，保证了梭村舞龙表演的持续性。舞龙表演充实了村落的春节生活，是梭村的标志性文化，哪一年不舞龙，过年就像缺了点什么，整个年过得不完整。

（4）青少年参与积极性高。构建全民参与尤其是青少年的参与是舞龙等村落体育表演项目持续发展的不竭动力。舞龙是一个需要耗费较大体力的活动，因此在梭村舞龙队的队伍里，家长支持自家孩子积极参与，15岁以下的初中学生能占到总人数的70%。一般梭村舞龙队是在学生寒假期间进行集中排练，采取小班培训、互相切磋的形式推进青少年对舞龙活动的热爱和掌握，一方面充实丰富了孩子的假期生活，另一方面也有助于培养青年一代的传统文化自豪感和村落文化认同感。串村表演时，在人群中穿梭的小孩子，睁着大大的眼睛，好奇开心地看着表演，成为梭村的美丽画卷。梭村逐渐形成"传承人—核心学员—爱好者"的传承体系，鼓励村民学习扎龙和舞龙技艺，提升梭村舞龙的传承力。

2. 梭村舞龙表演助推乡村振兴的表现

（1）加强与政府互动，提升关注力。作为村民自娱自乐的表演形式，梭村舞龙最初只是在附近村落有一定的知名度。后期，为了获取政策上的扶持，梭村舞龙表演队积极向村委会、镇委会汇报，积极向政府靠拢，获取政府的关注。祝阳镇文化与旅游管理部门多次派人到梭村进行调研，考察舞龙表演的历史积淀，获取文字资料，向泰安市政府进行汇报，不断得到上级组织的重视和认可，为梭村舞龙表演的更好发展寻求组织保障。

（2）整合多方资源，破解发展困境。梭村通过开辟表演场地、动员村民参与、收支公开等形式多方整合资源，破解发展困局。一是空间资源落实。几十人的舞龙队在排练时需要的空间较大，组织内部积极和村委会联系，将村里废弃的砖瓦厂厂址改造为排练场地，建立了适合表演的空间，实现了低成本运作。二是人力资源动员。梭村舞龙队成员一起讨论服装、队形、器乐、路线等问题，并征询村民的意见，形成了相互尊重、相互协调、共同行动的村落共同体。自2018年重新组建腰鼓队，进一步扩大了村民的交往，激发了村民的文化自信和创造力，调动了村民的参与热情。乡民的文化自信力提升、村民间关系的改善和拓展，继而生成了集体的荣誉感和归属感，建构和巩固了村落认同。

（3）立足村落特色，对接文化振兴。乡村振兴战略提出后，梭村舞龙队的成员也在思考如何借助百年舞龙文化，充分发挥文化的影响力，进行新时代的村落建设，用文化的力量唤醒村民的自觉自律意识，用舞龙表演来激发村民对于新生活的追求，调整村民内在情绪和精神状态，调动村民的积极性，重塑村落精神传统，彰显村落形象。自2018年春节开始，通过在外地定居的老乡介绍，梭村舞龙队曾到济南、淄博等地进行对外表演，获得一致好评，扩大了村落影响力，并引来部分投资项目，助力乡村振兴。

（4）制度建设初显，助力村落治理。梭村舞龙组织从最开始的口头约定，发展到逐步制订舞龙队规章要求，成员各负其责，提高效率，出台账务公开制度，提高了村民对于规则、责任的认识，带来良好的社会评价。作为公益性表演，每位参演村民的初衷不是为了获取经济利益，而是出于对村落文化的尊重和满足个体情感诉求，自愿自觉参加表演，服从组织安排。以舞龙表演活动为中介，村民的自我尊重、自我归属感和认同感与日提升。同时，也提高了村民自我教育和自我学习的能力，提高了村民对村落公共事务的关心和支持程度，成为连接政府和村民的有效力量，为村落治理提供了群众基础。

（三）梭村自组织舞龙表演助推乡村振兴的现实困境

1. 申报"非遗"评选意识弱，区域社会影响力不强

梭村舞龙表演是村落自组织在自发自愿的基础上开展的一项民间体育活动，已在村落传承百余年，其间地方政府、村落精英没有组织申报非物质文化遗产评选工作，目前没有入选任何一种级别的"非遗"名录，地方社会关注度不高。根据笔者前期对入选国家级、省级"非遗"名录的村落体育项目调查情况来看，入选项目不仅代表了一个地方的文化特色，同时也会得到相关部门的重视，从而在经费、规划、传承等方面给予重点关注。慕名而来的媒体、研究者、旅游者等群体更是络绎不绝，从而带动项目文化的传承与对外传播。就梭村舞龙表演来看，尽管在村落传承了百余年，且有自我村落表演的一套仪式，体现了村落社会习俗，蕴含着丰富的象征寓意，但因没有积极申报各级别"非遗"，对外影响力不够，村民们多以自娱自乐形式开展活动。其社会价值并没有得到更好的挖掘整理，社会宣传力度远远不够，在地域社会的影响力亟待提高，其潜在的带动村落社会发展的经济价值也没有被

充分发掘。因村落集体自身重视不足,也出现了活动开展的力度及积极性不高的问题,从而得到相关经费支持不足,影响了其做大做强,并没有融入参与村落品牌打造之中。

2. 地方政府参与度不高,政策及经费支持不足

梭村舞龙表演主要是由村民自组织的形式开展,并一直以来都是以这种形式传承的,同时也没有申报入选各级各类"非遗"评选,往往也忽视了地方政府的作用,从而使得地方政府的参与度不高。地方政府参与到非物质文化遗产挖掘整理、传承、弘扬过程,是地方政府振兴村落社会发展一种责任与使命,同时对于舞龙文化的传承及传播也非常重要,可以成为舞龙表演发展与村落社会振兴的黏合剂。当地方政府能够真正参与到舞龙表演发展过程时,政府才会更加关注这项文化发展,也会花费更多精力去做大做强这个项目文化,并在政策支持、经费投入、人力参与、发展规划等方面给予更多关怀与帮助,从而让参与村民更有归属感,提高村民发展这项文化的积极性。就目前来说,梭村舞龙表演活动并没有将地方政府的多重价值更好地运用到项目发展之中,大大降低了地方政府应有的社会作用,从而影响了村落舞龙表演的更好发展,也无益于村落社会文化振兴,及其相关的品牌打造。

3. 管理组织不稳定,活动的稳定持续开展存在风险

在梭村舞龙表演发展过程中,地方政府很少参与其中,地方精英也较少关注,也没有成立固定的发展组织,是村民们的自组织行为,这在某些方面为活动开展带来一些不利之处。梭村舞龙在表演时每条龙需10人上场(龙珠1人,龙身等9人),再加上替换人员、锣鼓队、工作人员等,有近百人。在活动现场,我们发现村民们按照老一辈的传统推动活动开展,其间也有老人指挥协调表演活动,在单次的活动过程中,给人感觉流程较为顺畅,也没有出现关键性问题。然而,笔者访谈中得知,表演活动多集中在春节期间开展,平时开展难度较大。对于一些村落民俗体育活动来说,这种现象不足为奇,且多数项目有自我村落规约,只能在固定的场域出场。而对于梭村舞龙来说,由于没有固定的村落习俗规约,没有实现活动开展的常态化、生活化,其与乡村振兴之间互动互融互惠的关系尚未建立。正是因为没有一个固定的组织团体,也缺少发展和表演规划,使得该项目仅仅春节期间在村落组织开展与

传承,没有得到更大范围的对外宣传。

4. 缺乏全局性发展规划,与教育、经济发展结合不紧密

梭村舞龙表演是自组织开展,缺少地方政府、社会精英的参与,也没有建立起较好的组织管理制度,缺乏项目的全局性和长久性规划,不利于更好地融入村落教育、经济等发展中。就教育领域而言,梭村舞龙表演目前尚未在当地梭庄小学开展,也没有规划教材编写,这不利于因地制宜地开发地域民族传统体育资源,丰富地方学校体育文化,不利于民族传统体育进校园及发挥其应有的教育教化功能。梭村舞龙表演独具特色,拥有丰富的文化内涵,具有特殊的象征寓意及价值,如果能够在当地校园内部得以开展,能够较好弥补当下学校体育在新时代"体教融合"推行中的不足之处,对学生身心健康和文化传承形成积极影响。就经济领域而言,虽然梭村经济发展较好,但可能在某种程度上忽略了舞龙表演对村落经济发展的潜在影响。其实,舞龙表演如果能够较好地与村落经济发展融合,共同打造村落品牌,促进村落体育旅游发展,必定会为村落产业发展带来增值效应。正因如此,梭村舞龙活动缺乏合理规划,可能或多或少都会对村落教育发展、经济发展、社会发展等造成一定影响。

第五章　村落体育表演赋能乡村振兴的发展路径优化

前文对袁村鼓子秧歌、尚村竹马和梭村舞龙三个典型个案的深刻剖析，让我们了解到乡村振兴战略下村落体育表演的发展态势。针对典型性村落体育表演可持续发展存在的困境，积极调动政府、村落精英和村落自组织传承村落体育表演的积极性，将推动村落体育表演的新时代传承发展。

第一节　村落体育表演赋能乡村振兴的指导思想、目标与原则

新时代村落民俗脉络依然坚韧，只要国家与社会层面的"反哺"策略合理得当，乡村振兴和村落体育表演发展就能够在"文化应激"的振荡中顺时应变，寻求到对接时代需求的可持续发展之路。

一　指导思想

在乡村振兴的道路上，村落体育表演不应仅浮于乡村社会结构表面的表演和文化传承，而应在乡村可持续发展中发挥重要作用。以乡村振兴为契机，通过村落体育表演构建的人际关系网，加强村民联系，丰富村民日常生活。基于此，村落体育表演应当坚持以乡村振兴战略为指导思想，走新时代中国特色社会主义乡村振兴道路，筑牢农民自主发展之基，充分利用乡村智慧，唤醒村民文化自觉，让村落体育表演成为村民美好生活的着力点，成为村民生活有序、精神完满的文化创造，让村落成为新时代村民安居乐业的美丽家园。

二 发展目标

改革开放40多年来,中国经济、政治、文化与社会等领域都取得了史无前例的快速发展,综合国力得到显著增强,人们生活水平得到显著提高。乡村振兴战略下,村落体育表演独具的自然和谐性、村落特色性和观赏体验性等特点,将成为满足广大村民身心发展需求,感受文化特色的重要手段。同时,伴随市场化的开发,村落体育表演已发展成为我国体育文化产业发展和地区经济提升的新的增长点,成为文化内涵丰富、运动形态多姿多彩、产业开发潜力深厚的独具特色的地域性文化资源。因此,对接乡村振兴战略,应以提高村民身心健康水平、丰富村民日常生活、增加村民经济收入作为村落体育表演的发展目标。

(一)提高村民身心健康水平,助力健康中国

身体健康是全人类生存发展的基础,是人类追求和享受美好生活的前提。没有全民健康,就没有全面小康。在迈向健康中国的大道上,村落体育表演丰富了村民的生活休闲方式,调节了村民的心理情感和社会交往,充实了村民的社会文化生活。

悠悠民生,健康最大,生命在于运动的健康理念已经成为老百姓的共识。村落体育表演来源于人民的生产生活实践,是我国先人集体智慧的体现,群众基础深厚。大多数村落体育表演项目的技能要求不高,群体参与性强,以娱乐性为主,通过村民的身体力行,踊跃参与,锻炼村民的协调、速度、力量、柔韧等身体素质,提高村民的身心健康水平,满足村民的精神生活需要,助力健康中国建设。

(二)丰富村民日常生活,提升生命质量

文化传承是实现乡村振兴战略的内在要求,也是文化自信的重要表现。文化自信是一个国家、一个民族发展中最基本、最深沉、最持久的力量。没有文化内涵的乡村振兴是走不远的,没有村民参与的乡村振兴是走不稳的。目前,我国大部分农村地区的现代化水平相对较低,多数农村地区以体力劳动为主,业余生活相对单调,传统休闲观念仍然主宰着农民的日常社会生活。

日常生活是人类一切活动开展的前提，也是人类文化的起点。以村落体育表演为载体，丰富村民日常生活形态，充实村民的闲暇生活，是乡村振兴的题中应有之义。村落体育表演应该成为村民日常劳作之余，进行休闲娱乐的首选，这样有助于逐渐形成农村特色体育项目、民间特色体育项目与现代体育项目并存和互动发展的良好局面。与此同时，以村落体育表演为主体的"民俗村"建设，一方面成为广大城市市民缓解社会压力、转换生活节奏、排遣焦虑心绪、获得精神慰藉的良好出口，另一方面也成为带动乡村留守人员就业，拉动农村经济发展的有力抓手。

（三）增加村民经济收入，提高生活水平

"人、地、钱"是实施乡村振兴战略的三大关键要素。其中，人气是第一要素。农村经济社会发展得怎么样，关键在于人。生活富裕是乡村振兴战略的终极目标。只有切实从村民角度出发，为村民提供更多就业机会，提高村民经济收入，才能避免村落人口流失、人气衰落。

我国传统文化底蕴深厚，立足村落自身文化资源禀赋，以村落体育表演为抓手，文化与经济共生互济，发展村落特色文化产业，市场发展潜力巨大。乡土文化中保持着原初的村落体育表演形态，符合人们追求自然、原生态的价值取向，也符合现代社会文化消费趋势。以村落体育表演为核心，适度合理有序地进行产业开发，将表演与文化、旅游融合为相关产业，由村落体育表演发生的村落生活圈向更广泛的区域扩散，扩大村落影响力，实现多产业融合发展，实现社会效益与经济效益并重，文化价值和经济价值双赢，带动村落文化振兴和产业振兴，将切实推动乡村振兴战略的落地实施。

三　基本原则

（一）坚持村民主体地位

村民是村落文化的主体，村民思想文化素养和经济生活水平的提升是乡村振兴战略的出发点和落脚点。实现乡村振兴战略，要秉承为了村民、依靠人民，发展成果由人民共享的理念。

村落体育表演是由村民创造，也应该由村民传承的民俗文化，只有以村民为核心,才能调动村民积极主动地投身到乡村振兴的伟大实践,才能切实做好村落体育表演的传承发展。只有真正激活村民的内生力量才能激活乡村,才能促进乡村发展。村民作为村落体育表演的承载者,是村落体育表演获得"内源性"生长的主体因素,也是悠久传统融入当代生活的关键要素。因此,广大村民作为乡村振兴的主体,也是村落体育表演发展的主体[①],必须尊重村落村民主体的绝对优先性。村落体育表演的流变是有生活基础的,忽视了生气勃勃的生活、忽视了生机勃勃的村民对村落体育表演的滋润,其保护难免流于形式。

村落体育表演的传承中要注意以下四个方面:一是以村民意愿为根本,顺从民意,获取民心,充分调动亿万农民的积极性、主动性和创造性;二是以村落体育表演为枢纽,以村民身体健康为根本,以村民心理健康为关键,以村落村风文明为保障,大力发展村民感兴趣、能参加、有内涵的村落体育表演项目;三是切实维护村民根本利益,通过村落体育表演的开展,带动"村落表演+民俗旅游"的互动发展,实现"物归原主"式的保护,提升农民经济收益,不断提升广大农民的获得感、幸福感;四是探索通过村落社区民众广泛而深入的主体参与,让村民在村落体育表演发展中受益,增强传承村落文化的自豪感和责任感,建立主人翁意识,从而能够更加注重挖掘和保护自己的传统文化,增强村落体育表演保护的广度和深度,营造村民安逸平和、情趣盎然、怡悦和谐的日常生活。

(二)坚持村落特色原则

任何一座村落都是传统乡村社会的缩影,饱含着逝去岁月的遗存,传承不同时代的信息,成为诠释历史的鲜活见证。《关于推进社会主义新农村建设的若干意见》提出村庄治理要突出"乡村特色、地方特色和民族特色,保护有历史文化价值的古村落和古民宅"[②]。秉承"文化自觉"和"文化传承",古村镇既是祖国传统文化的标本和基因库,也是乡土社会之历史记忆的载体

---

① 参见方李莉《文化生态失衡问题的提出》,《北京大学学报》(哲学社会科学版)2001年第3期。
② 《中共中央国务院关于推进社会主义新农村建设的若干意见》,《人民日报》2006年2月22日第1版。

和典型单元，是"传统"与"历史"有可能得以再生、再现与再体验的场所或空间。①

一方面，要坚持村落特色，就是强调村落文化个性，提高村落影响力，保证文化多样性。各地村落文化是在中华文化母体上生长出来的独树一帜的文化产品，各具特色的村落体育表演异彩纷呈，构成独具魅力的人文风景，能够带动区域文化产业的逐渐推进。

另一方面，散落各地的村落体育表演项目是村落富有生命力的生产生活方式的鲜活再现，只有顺应时代发展，才能彰显时代精神。在浙江省农村地区存在着数量繁多的传统体育项目，如赛龙舟、舞龙舞狮、滚灯、斗牛、畲族火把舞、板凳龙、竹龙、登山等，是浙江农村居民节庆假日期间的社会文化生活内容，并有部分入选了浙江省乃至国家级非物质文化遗产项目名录。②彝族的跳火绳、藏族的滑坠绳、满族的跳马跳骆驼、白族的跳花盆、景颇族的射荷包、傣族的甩糠包、维吾尔族的摔跤赛、壮族的抛绣球、苗族的爬竿表演、朝鲜族的跳跷板、黎族的跳竹竿运动等民族民间传统体育项目也已成为各地特色。③ 保证各村落体育表演的特色存续，共筑发展大计，是新时代保护文化多样性传承的有效途径。

（三）坚持和谐发展原则

绿水青山就是金山银山。《关于深入推进生态环境保护工作的意见》中提出当代农村发展，要突出绿色导向，把握人与自然和谐共生的自然生态观，走生态优先、绿色发展之路。生态文明是未来社会的理性选择，也是对工业文明的有效修正。

一是坚持村落体育表演短期效益和长远效益和谐发展。提倡村落体育表演，是丰富农民日常生活的现实选择，也是维护文化多样性，避免文化资源浪费和破坏的长远选择。尊重传统文化发展规律，延长村落体育表演的生命周期，从而提升文化资源的长期利用效率。村落体育表演应提高自我创新能

---

① 参见周星《古村镇在当代中国社会的"再发现"》，《温州大学学报》（社会科学版）2009年第5期。
② 参见傅振磊《中国农村体育现代化研究》，博士学位论文，苏州大学，2011年。
③ 参见曾凡莲《建设农村特色体育的全民健身活动的思考》，《体育文化导刊》2006年第1期。

力,实现自我调整和适应,以更加积极的姿态迎接全球化、现代化带来的各种机遇与挑战。

二是坚持村落体育表演传承和经济生产和谐发展。以"绿色低碳、生态文明、环境友好"为发展理念,在村落体育表演的开展中,带动村落相关产业发展,统筹谋划农村政治、经济、文化、社会和生态文明建设,注重协同关联,整体部署,协调推进。秉承绿色、低碳、生态与生活化的发展思路,确保村落体育表演能够长期有效地促进乡村振兴战略的最终实现。倡导文化生活和经济生产相协调发展,以村落体育表演为抓手,发展乡村共享经济、创意农业、特色文化产业。

三是坚持村落体育表演资源的开发和保护和谐发展。树立整体性的文化保护意识,尊重村落体育表演的丰富性,既要关注村落体育表演的历史形态,也要关注其现实状态和未来发展。营造良好的村落体育表演成长环境,以村落体育表演为抓手,延长产业链、提升价值链、完善利益链,让广大农民合理分享产业链增值带来的收益。

第二节 村落体育表演赋能乡村振兴发展路径的优化设计

"文化乡愁"是全人类面临的共同难题,伴随着人们生活方式、审美观念和健身理念的变化,村落体育表演的生存环境也在不断发生变化。因此,开展多渠道、多方位、多层次的传承探索,使村落体育表演在新时代发展进程中成为文化自信、文化自强建设的有机组成部分,在不断反思中寻找更加合理的发展路径,是对接乡村振兴战略、实现乡村振兴的时代命题。

一 精英引领型村落体育表演发展路径的优化设计

以袁村鼓子秧歌为代表的村落体育表演,依托村落精英的用心运营,已经初步具有一定影响力,但是要促进秧歌古村的可持续发展,目前面临着经费、经营用地和传承人才不足等发展瓶颈,为了使精英引领型村落体育表演更好服务于乡村振兴,解决目前的困境,提出以下优化路径。

（一）寻求政府支持，推动村落体育表演品牌化发展

政府掌握着大量的社会资源和体育资源，但受种种因素限制，不可能全面介入所有的体育公共服务，也不可能全面关涉各级乡镇的村落体育发展。村落精英应发挥联结动能，主动作为，积极寻求政府在政策、经费、场地等方面的支持。在政府权力系统的高效运作和管理机构的积极推动下，以村落精英为核心，成立村落表演组织，充分开发和利用村落传统文化资源，将村落体育表演保护传承与市场经济体制有效结合，在适应性的互动发展中实现村落体育表演的更新和创造，向品牌化方向发展。

1.政府主动搭台，确认村落体育表演的文化资本属性

村落体育表演是各民族村落在不同的历史时期和自然环境中进行的文化创造，是具有独特性的文化符号。因为现代化发展背景下村落体育表演的逐渐消亡，它的稀缺性和不可再生性使其具有了经济开发的增值性，具备了成为文化资本的潜质。深耕地域文化，政府应将村落文化开发纳入发展规划，加快村内公共基础设施建设、改造村容村貌、发动组织舆论宣传等途径，为村落体育表演搭起转化为文化产品的"舞台"。

政府应通过舆论宣传、政策倾斜、资金扶持等方式，引导村民充分认识村落体育表演的社会价值和经济价值。建立对村落体育表演组织的激励机制，使表演参与者在获得精神鼓励和经济利益的同时，传播村落体育表演的生态文化精髓，让村民自觉成为村落文化建设的主体，彰显村落地方特色，发挥其传播农村优秀文化的战斗堡垒作用。

2.引入创意元素，促进村落体育表演品牌生产

品牌不仅仅是经济现象，也是文化现象。创意是促进品牌产生的核心，也是增强村落品牌影响力的关键。政府应建立筹资体系，合理引入市场机制，拓宽投资渠道，吸引社会资本流向村落文化市场，积极探索村落体育表演的产业化经营新手段，开创有效的市场运作新模式。如前文分析的秧歌古村，目前整体发展速度向好，但还是面临着表演套路需创新，秧歌表演的吸引力需提高等问题。

以村落体育表演的各种文化元素作为素材，合理融入村落精英、"非遗"

传承人的创意智慧，进行加工创造，形成文化艺术产品，让村落体育表演文化以新面貌、新形象进行展现，打造村落特色品牌。这对于繁荣村落文化市场、搞活村落文化产业、延续优秀文化底蕴具有重要的实践意义和时代价值。

3.合理规划村落体育表演品牌运营

科学合理设计具有较强村落特色的民俗文化村的中长期发展规划，采取健全的商业化运作模式，推动从村落文化到村落文化经济再到村落文化产业的有序发展。展现本地区村落体育表演文化的内涵、民族特色风格等，实现村落体育表演品牌化战略与规模化战略的整体效应。如电影《边城》中传统龙舟竞赛的展现，《血色湘西》中民俗武术的运用等，借助村落文化旅游资源，为村落体育表演的品牌化传播带来不可估量的无形资产。

一是积极探索村落体育表演的产业经营和市场运作模式。政府应立足区域村落体育表演文化资源，在一定程度上，既能减少传统旅游资源过度开发带来的生态环境的破坏和资源的消耗，也能充分挖掘村落体育表演文化资源价值，实现体育文化产业、体育旅游产业及延伸产业间的"多向良性互动"。通过文化品牌创立，独特文化符号创造和维护，使村落体育表演逐渐上升为村落的独特文化标识。

二是着力维护村落体育表演品牌的口碑。政府建立平台，促进主流媒体对村落体育表演文化的对外宣传，树立良好的村落文化形象，提高品牌美誉度。选择具有感召力、凝聚力的文化基因，塑造辨识度高、认可度强的品牌形象，与村落旅游、服务推介和招商引资宣传结合，形成相关产业链，多渠道打开村落体育表演文化品牌宣传路径。如目前秧歌古村已经发展成为AAA级旅游景区，但是尚未设计出自己的品牌logo，在一定程度上影响了游客的辨识度。

三是加强村民文化主体意识培养，倡导每个村民都成为村落体育表演的爱好者、参与者和自觉传承者。丰富村落文化内涵，促使村落体育表演从村落区域发展的产业资源向实现地方认同、构建村落品牌的象征载体转型，并得以良性发展。通过确立科学的文化定位、市场定位和时代定位，重视带动的配套旅游服务业，珍惜声誉和品牌，进行新时代的文化实践。

（二）稳定精英团体，促进村落体育表演创新化发展

发挥村落政治精英、经济精英和文化精英的桥梁作用，广泛宣传带动村落村民参与村落体育表演，扩大项目影响力，打造特色化、品牌化发展之路，才能真正实现乡村振兴。

1. 加大政策扶持，减少村落精英流失

村落精英来源于村落，深谙村落文化历史，以对村落文化的热爱，无私奉献的精神投入传统文化的传承工作中。一方面要肯定村落精英在村落体育表演传承中的工作，提供发展平台和渠道，营造良好的舆论氛围和现实环境，发挥精英组织者、领导者和协调者的作用；另一方面要在宣传、资源优先权、奖励机制等方面提供优惠政策，对作出一定成绩的村落精英开展精神褒奖、身份认可和经济资助，扩大其影响力，提高村落精英的工作积极性，稳定村落精英群体。村落经济精英，需要和村落文化精英、村落政治精英加强联系，互通有无，为村落的持续发展提供人力支持。

2. 关注村落精英成长，提升村落精英的综合能力

村落精英是维系村落关系、促进村落经济社会发展的重要纽带。各级政府要关心村落精英的生活状态，为村落精英投入表演活动消除后顾之忧。通过各种形式的培训、讲座和帮扶工作，一方面提高村落精英筹集体育发展资源和提供公共体育服务的能力，另一方面提高村落精英的管理能力、组织能力、营销能力和社会交往能力，提高为村民服务的工作能力，为村落体育表演的开展提供新思路、新途径。

3. 依托村落精英，开展村落体育表演创新

没有一成不变的传统。创新是村落体育表演在面对新的文化社会环境，生存发展，吐故纳新，自我调节变革的必需。对接乡村振兴战略，合理融入时代元素，村落精英可以邀请专业人士、组织表演人员，开展村落体育表演内容、表演形式、表演人员和组织教法的创新。

表演内容的创新。摒弃不符合人体生理学原理、不符合运动规律，对身体有伤害甚至带有封建迷信色彩的村落体育表演项目。加强对村落体育表演基本动作和技能的研究，将特色鲜明、健身效果显著，易于开展、群众喜闻

乐见的村落体育表演进行改造、整合，发扬光大，使之既保持村落特色又富有时代特征，完成传统与现代的融合。

表演形式的创新。将传统的村落体育表演中融入时尚和现代元素，在造型、服饰、灯光、背景、舞美、音乐等方面要力求超前、唯美，抓住观众的生活与审美情趣，使观众能够喜欢并愿意置身其中。

表演人员的创新。将女性纳入传承体系，增加女性村落体育表演人员比例，全员参与，丰富村落体育表演形式。如安徽省黟县碧山村女子舞龙队（14人）、云南省石屏县哨冲镇水瓜冲村"德培好"女子祭龙队（12人）、广西壮族自治区柳州市柳城县尖石村女子舞龙队（40人）在当地都起到了良好的文化传承和再生产的作用。

组织教法综合创新。一方面要对村落体育表演的锻炼方法进行不断创新，使其符合人体的生理规律，适应村民身心发展的普遍要求；另一方面对其组织教法进行不断变革，使其契合时代发展需要，寻求科学易行的方法，夯实村落体育表演的群众基础。

（三）对接社会需求，引领村落体育表演特色化发展

2017年，时任文化和旅游部副部长项兆伦在全国非物质文化遗产保护工作会议上强调，非遗保护需坚持"见人见物见生活"的保护理念，支持非遗实践回归社区，回归生活，让非遗在千家万户的日常生活中得到体现和传承。[①] 这需要多方位、多维度的传承、保护与发展。村落体育表演作为村落文化发展的重要形式，应在对接时代发展需求的同时，尽量保留村落文化风貌，打造村落文化符号，确保村落体育表演特色发展。2000—2019年，武汉市每年正月十三都举办"迎新春舞龙大赛"，大赛参与者在舞龙的音乐、技巧、形态和团队配合等多个因素上进行比试，金、银、铜奖争夺热火朝天，比赛既调动了村民参加表演活动的积极性和兴趣，也增添了节日气氛，活跃了百姓的文化生活。

---

① 参见崔家宝、周爱光、陈小蓉《我国体育非物质文化遗产活态传承影响因素及路径选择》，《体育科学》2019年第4期。

1. 引领村民积极参与

村落体育表演是加强村落村民联系的桥梁,与村落生活构成互动、共生的关系。村落精英和村落自组织加强合作、积极沟通、发挥长处,为村民搭建自我展示的舞台,让文化内涵成为美丽乡村的灵魂,塑造人们想留下、能留下的富有生活气息的村落。广大村民享受集体活动带来的独特心理体验,感受群体凝聚和团结的力量,在社会互动过程中体验情感,构建村落共同体。应加快村落体育表演爱好者向传承者转变,加快村落体育组织热心者向村落精英的转变,夯实村落体育表演创新发展的后备人才储备。

一是通过人人乐于参与,增强村落成员的地域归属感、社会认同感、文化自豪感和成就感,并最终提升村民生活的幸福感,打造亮丽的文化风景。通过参与村落体育表演,提高村民的力量、速度、耐力、灵敏、协调等身体素质,提高心血管系统、呼吸系统和免疫系统能力,全面提高村民的体质状况。

二是村落体育表演满足村民日渐提升的健身娱乐需求,有助于提高村民的生活品位和质量,展示村落的精神状态。表演用品的制作过程联络了村民感情,构建了和谐的村落人际关系。如浙江新安江的板凳龙是"各家分制,联缀成龙",即要求家家户户、男女老少齐动手,精心扎制神龙,然后将各家各户的节龙连接成长龙。通过舞龙,实现家庭的和睦相处,实现了邻里的守望相助、团结友爱。[①]

三是鼓励村民在劳作之余开展本村特色的村落体育表演。村民成为舞台的主角,一方面可以排遣村民的寂寞,增加大家的情感交流,建立积极健康的生活方式,另一方面也可以弥合生活中的隔膜和嫌隙,活跃村落文化生活,增加对村民精神生活的关照。当下,工业文明与城市文化不断扩张,只有赋予村落文化以新的精神内核,架构村落文化的新内涵、新价值,培养村民的文化自觉,依靠接地气、有人气的村落体育表演,壮大村民文化的发展力量,才能使其在凝聚人心、教化群众、淳化民风中发挥重要作用。

四是按照以人为本的原则,将村民参与的理念深入政府管理意识和政策

---

① 参见张俊英《建国以来民俗体育发展研究》,博士学位论文,山东大学,2009年。

中，使村民从村落体育表演的保护和发展中受益，调动村民参与村落体育表演传承发展的积极性和能动性，增强"非遗"保护的广度和深度。贵阳市乌当区下坝乡部分村落悠然自得的"打花棍"，安顺布依山寨中随处开展的"抵杠"比赛，群众参与度高，活跃了当地的文化氛围。在非传统民族节日、非传统民俗活动中出现的村落体育表演，还不够普遍，也不够经常，但预示着村落体育表演已经突破仅在民族传统节日和传统民俗活动中开展的旧有模式，成为广大村民劳作生活之外的首选。

2. 扩大对外宣传

利用文化遗产日、民族传统节日、村落纪念日等，策划组织展览、表演、论坛、讲座等系列文化活动，宣传村落体育表演的历史渊源与当代价值，明确村落体育表演的未来趋势。一系列的活动既为传承人提供展示的舞台，也让更多的群众了解、参与到村落体育表演中。

一方面，政府高处站位，顶层设计，广泛开展易于组织、便于掌握的村落体育表演，引领村民形成崇尚科学、抵制迷信、移风易俗的理念，养成科学的健身观，革除赌博、大操大办等陋习，用健身之风、团结之风削弱和压倒不正之风，倡导健康文明的村落社区新风，使村落洋溢祥和文明的新风尚，建设新时代的新农村。

另一方面，村落精英和村落自组织加强联系，积极利用村落文化广场、村落老年活动室、村文化大院、村组文化室，宣传村落体育表演，进行个性化塑造和特色化提升，增强农村文化的造血功能。开展优秀表演团队、优秀表演个人的评比和展演，提高村民参加集体活动的积极性，提高村落社区居民的自我管理能力。

二 政府推动型村落体育表演发展路径的优化设计

以尚村竹马为代表的村落体育表演，依靠政府自上而下的推动，在一定程度上促进了该项目的发展，若要服务于乡村振兴战略发展，需要通过拓展经费来源、引导村落精英的积极参与、鼓励村落力量参与、借助旅游发展村落体育表演，以及拓展衍生产业、提高村民文化自觉意识等途径来优化发展。

(一)引导村落精英发力,合理开发村落体育表演文化

1. 调动村落精英积极性,形成村落体育表演发展合力

政府需要转变观念,关注村落精英成长,为村落体育表演的发展创造良好的人才环境。无论任何时代,村落体育表演只有回归日常,回归民间,才能葆有活力和生命力。政府通过行政引领、政策指导,在村落体育表演的早期传承过程中,能够起到关键作用。但村落体育表演的可持续发展,必须依靠村落精英、全体村民的参与和作为,融入村民日常生活,才能确保政府政策的落地实施。

2. 分层分类,合理改造村落体育表演

我国村落体育表演像珍珠般散落于各民族和各地区之中,具有极高的观赏性、娱乐性和参与性。乡村振兴战略背景下,激发村民创新动力,对村落体育表演文化的合理开发和利用,不但可以丰富老百姓的文化娱乐方式,改善人们的精神享受,还可以促进村落表演的再生,衍生新的文化产品,多方营销,获得经济收益,实现人才振兴和产业振兴。

首先,各级政府要制定并实施各种有效挖掘和利用村落体育表演旅游价值的措施,与村落自组织和村落精英达成共识,在保留村落体育表演的文化个性、文化传统、村落特色的基础上,为提高观赏性、游客参与性、趣味性而对其进行适度的整理和编排,更为充分地挖掘和利用这些村落体育表演项目的旅游资源价值,以促进村落旅游事业与民族传统体育表演项目的互动式发展。[①] 通过参与性、体验性表演活动的开展,使游客感知、体验当地村落的真实生活和民俗,增强游客的直观感受。

其次,旅游开发必须以良性合理发展为前提,以整体性、可持续发展为开发原则,重视"人"这一核心载体的可持续发展。旅游开发是保护村落体育表演发展的一种手段和方式,并不是全部或者唯一手段。要传承村落体育表演,不仅仅是传统的典藏、保存与展示,还应该在独善其身的同时加强在地文化和外来文化的情感构建,需要结合其他手段和措施的共同实施,群策

---

① 参见冯胜钢《我国少数民族传统体育存在方式和存在基础的特征调查与近30年内逐步现代化的对策研究》,《北京体育大学学报》2006年第11期。

群力,合作发展。

最后,村落体育表演要注重原生态特性。政府要充分挖掘资源、整合资源、优化资源组合,开创村落体育表演社会化、市场化途径,多力并举,选择观赏性、参与性、体验性发展之路。充分利用村落自组织,结合村落自然地理资源开发村落旅游业,形成"以体促游"的良性互动局面,加快农村开放搞活,推动村落特色经济的快速发展。开发过程中,要坚持村落体育表演的体育性、民族性和传统性,防止出现体育价值目标丧失、传统与现代混杂、民族特征日渐消退的表演现象,保持传统体育的文化本质与特征,合理采纳村落精英的发展建议,把握传统体育的正确发展方向,促进村落体育表演实现"自上而下"和"自下而上"相结合的发展态势。

优秀民俗是散落在百姓生活中的珍珠,必须经过放大和集中,才能引起关注。如在凤凰古城景区开展的苗族鼓舞、摆手舞、土家族茅古斯舞、鬼谷神功表演等,舍弃其中迷信的部分,保留其积极健康的成分,以其浓郁的民族风情和健身娱乐价值吸引了国内外的大批游客,创造了可观的经济价值和社会价值。

(二) 鼓励村落力量参与,借力旅游发展村落体育表演

自20世纪80年代至今,民俗旅游已经成为提升旅游经济和现代旅游业的重要组成部分。村落作为当代社会的最后一抹乡愁,自然成为旅游开发和关注的焦点之一。据有关研究显示,仅2012年一年,全国共有8.5万个村庄开展了乡村旅游,乡村旅游经营户超过170万家,从业人员达2600万人。[①] 前文提到的袁村和尚村正是借助村落旅游,助力村落体育表演项目的发展,提高其社会影响力,对接乡村振兴战略。

村落体育表演具有稀缺性、不可复制和不可再生性,是蕴含着独特精神元素的村落特质文化。打造村落旅游,一方面可以强化村落村民的身份认同,传承村落文化;另一方面可以让旅游者了解当地的民俗风情,满足旅游者求奇的心理情绪,扩大村落体育表演的影响力。因此,借力村落旅游机遇成为

[①] 参见席建超、王新歌、孔钦钦等《旅游地乡村聚落演变与土地利用模式》,《地理学报》2014年第4期。

村落体育表演的发展选择之一。

首先，村落文化是旅游的重要吸引物，是现代旅游业关注热点之一。国家旅游局和国家体育总局联合发布的《关于大力发展体育旅游的指导意见》中指出："充分挖掘和发挥我国体育旅游资源优势，推进旅游与体育的深度融合。"[①] 因此，应以村落体育表演为旅游引线，依托农村自然风光、人文遗迹、民俗风情、农民生活及农村环境，以城市居民为目标群体，在参与、观赏村落体育表演过程中满足现代城市居民身心愉悦的需求，提升居民对于民俗文化、民族风情的感受，有力促进村落民俗旅游的发展。

其次，新时代乡村振兴战略为村落体育表演提供新的发展机遇。村落体育表演要传承发展必须面向市场，面向大众。村落体育表演独具地区特色，民族性、文化性突出，娱乐性、趣味性强，作为村落旅游的文化景观，在现代社会进程中，已经显示出广阔的市场发展前景。

最后，村落体育表演作为独特的旅游资源，应大力打造具有个性化、地域性，具有"文化差异"特点的旅游产品。将村落体育表演升级为旅游产品的过程，是对原生地传统文化重新加工创造的过程。[②] 如，最初用来祈福的云南腾冲刀杆节，现在已经演化出射弩比赛、爬杆比赛等内容，成为节日仪式中民众参与的表演项目，最终形成庞杂的民族文化旅游资源体系，并包含丰富的物资交流、集会，带动了当地经济的发展。[③] 以村落体育表演为核心开展的文化表演不仅发掘和复活了传统民族文化，而且彰显出传统民族文化作为旅游资源开发的巨大价值。

打造村落旅游，在促进村落经济发展的同时，也推动着村落体育表演的复兴，促进村落精神的建构。村落民俗旅游提高了村落的经济水平和社会关注度，也开阔了村民的眼界。乡村振兴战略下，以民俗旅游带动村落体育表演的传播、传承和发展，获得更多对外宣传的机会，加强了文化体验与文化

---

① 国家旅游局、国家体育总局：《关于大力发展体育旅游的指导意见》，http://www.law-lib.com/law/law_view.asp?id=551672，2016年12月22日。

② 参见阳宁东《民族文化与旅游发展演进互动研究——以九寨沟旅游表演为例》，《西南民族大学学报》（人文社会科学版）2012年第4期。

③ 何马玉涓：《文化变迁中的仪式艺术——以傈僳族刀杆节为例》，博士学位论文，云南大学，2015年。

交流，是提高旅游者与旅游地居民幸福生活指数的"阳光产业"，也是新时代中国特色城乡融合发展的有力抓手。

(三) 拓展衍生产业，提高村民的文化自觉意识

1. 升级村落产业链，带动村落产业创收增值

乡村振兴需要产业支撑，需要充分挖掘和利用现有村落体育表演文化资源，实现文化振兴；通过空间改造、引入创意、资源整合、整合营销，实现村落的产业振兴。政府对以农民为主体的从业人员开展必要的培训，不仅要提高他们科学文化知识水平和专业化服务水平，也要激发他们开发旅游资源的积极性，增强自我发展能力。

以村落自然的生态环境为依托，开展研学培训、田园养生等项目，对接城市需求，吸引城市旅游群体的关注。积极打造村落体育表演与种植、采摘、体验于一体的村落旅游，延长产业链条，带动旅游、餐饮、民宿的发展。吸引四面来宾、八方来客，为村落各产业经济繁荣发展、打造产业共同体、宣传树立村落形象起到积极的推动作用。将各具特色的舞龙舞狮、跑竹马、投绣球、赛龙舟等表演活动，与当地的经贸活动、民族节庆融为一体，互相促进，并赋予村落体育表演以时代精神和旺盛活力，通过整合本土文化，实现文化产业和旅游产业之间的"良性互动"，通过引进和培植新的文化理念，与经济融合，最终达到双赢局面。①

文化产业的发展是文化和经济发展共生共荣的过程。村落体育表演带来的文化创意产品开发，不仅能够鼓励具有专业技能的村民展现才艺，满足生活，也可以吸纳专业技能欠缺的村民从事住宿、餐饮等服务性工作，在家门口实现就近就业，振兴村落经济发展，提升村落活力和吸引力。政府的宏观引领与村落精英的辐射带动相结合，引领全民参与村落体育表演，全民受益。通过衍生产业带来的经济收益，使村民意识到村落体育表演具有的经济价值，养成自觉传承、主动传承的意识，筑牢发展村落文化产业的自信心。

---

① 参见汤立许、蔡忠林、刘轶《我国民族传统体育发展的困境及路径选择》，《西安体育学院学报》2011 年第 5 期。

2. 推动留守人员就业，提高村民生活质量

就业是民生之本。城市化进程中，农民工和新生代农民工的出现，使得老人、妇女和儿童成为留守人员。留守人员的生活状态与村落的稳定发展息息相关。全民参与、全民受益的村落旅游共同体构建，有利于村落人口的稳定，保持村落活力。

旅游业以室内劳动为主、室外劳动为辅，需要的体力较小，主要为旅游者的食、住、行、游、购、娱等需求提供服务。妇女与生俱来的任劳任怨、勤奋朴实、善于沟通、细心周到的优势在村落旅游行业中具有用武之地。妇女在村落体育表演中具有更强的表现力，很多以前只能是男子参与表演的项目，现在由于部分男性的外出打工，妇女成为表演队伍的主力。如山东省济南市兴隆村专门成立一支女子舞龙队，传承兴隆村百年的舞龙文化，打造女子舞龙品牌文化。妇女在传统手工艺商品、民俗节庆商品、地方传统文化或民族传统文化符号加工品的制作上也更具优势。女性特有的亲和力有助于和外来游客沟通，营造"宾至如归"的感觉。不管前台还是后台，各个年龄段的妇女都可在村落旅游中找到适合自己的岗位。

发展村落相关产业，为留守人员就近从事生产经营服务活动，展现自我价值，赢得社会尊重，提供了机会；也提高了这部分群体在家庭中的话语权和社会地位，奠定了村落和谐发展的社会基础，有效助力乡村振兴战略实现。

三　自组织型村落体育表演发展路径的优化设计

以梭村舞龙为代表的村落体育表演，依托村落自组织的相关工作，传承几百年的时间，具有了一定的村落影响力，达到了文化振兴的作用，但是如何更好地对接乡村振兴战略，需要从以下几个方面入手。

（一）加强自组织建设，提高村落体育表演的核心竞争力

1. 激发村落自组织动力。在平等参与中确认村落自组织的共同利益，提升成员参与村落活动的责任感。每个成员都要贡献自己的智慧、能力，为村落体育表演的可持续发展献计献策。自组织成员能够发挥个人才华，使组织系统发挥出整体功能。村落体育表演自组织要保持旺盛生命力，需要及时化

解冲突，达成契约，履行约定。

2. 健全村落自组织机制。基于不同家庭和不同利益组合，村落自组织运营过程中，难免出现利害冲突和矛盾摩擦。可以通过制定灵活多样的规章制度，签订自组织内部协约、规范等形式，加强内部协调机制的应用，解决表演活动中出现的观点分歧和利益冲突。确定合作的村落利益纽带，提高村落组织自我管理、自我建设、自我服务和自我约束的能力。

3. 链接村落和谐发展。积极开展村落体育表演，通过表演凝聚人心，实现村民和睦相处，打造居民自治、管理有序、服务完善、治安良好、环境优美、文明祥和的村落文化，承担村落发展责任，营造开展村落体育表演的良好社会氛围。

(二) 动员全员参与，筑牢村落体育表演的群众基础

村落体育表演的生活融入，应成为民众"自我启蒙""自我发展"的契机与资源。在村落体育表演的传承中，村民成为非物质文化遗产传承与知识生产的主体，自觉实践自我生活文化的意义价值。因此，村民运用自己的文化资本与政府、企业等力量进行协商与交流对话，进而建构当代民众的主体意识。

1. 培养村落精英的社会动员能力。基于村落精英的文化自觉，广泛动员与有效动员相结合，唤起村民对于村落体育表演的集体记忆，构成集体记忆的持久性和稳固性，获得村民内部的普遍认可。格局观从小村落转到大社会，为村落体育表演的长久发展提供可资借鉴的发展途径。

2. 丰富村落体育表演。创建多样化的表现形式、表现空间和表现场域，让村落体育表演能够成为村落社区生活的重要组成部分，突出村落体育表演在当代社会的存在感。让村民在参与村落体育表演中提高自身体验，全民共享，全民共建，实现集体记忆的延续和再生产。依托村民，进行文化创新，提高村落体育表演的吸引力，丰富村民的情感依偎与记忆情景的织构。在一年一度的绍兴舜王庙会巡游活动中，"各类民族民间艺术表演，以及旗幡、服饰，色彩鲜艳、目不暇接，给人们带来强烈的感官刺激，内心的情绪冲击，庙会上极尽欢乐"。庙会所涵盖的空间布置、祭祀仪式、体育表演、民间曲

艺、民间手工艺等方面的民俗象征符号的呈现，构成了身处其中的民众的鲜活的共同生活记忆，建构了乡村公共文化空间。①

3. 打造村落体育表演相关产业发展。以村落体育表演为抓手，拓展发展空间，打造旅游名村、民宿名村或生态名村，从而带动手工制作、餐饮、住宿、研学等相关产业发展，凝聚村民士气，使得村民生活空间宜居适度，农业产业转型升级，生态环境得到改善，人人爱村奉献，人人安居乐业。以产业发展带动村落体育表演有效融入现代生活，发挥其特定的服务民众生活的功能，使其真正成为村落文化生态微循环的一部分。

（三）获取政府帮助，提升村落体育表演的影响力

村落自组织是自发组成、自愿参加的非正式小团体，在倡导村落体育表演传承发展的过程中，难免会遇到人财物的各种困难。村落体育表演组织应以理性合法的方式，反映村民在体育生活方面的需求，寻求政府资金支持、人员支持和政策倾斜等，积极获取各种社会资源和体育资源，为村落体育表演的发展提供广阔的社会背景。

1. 积极申报非物质文化遗产名录，提高村落体育表演的关注度。文化遗产的背后，承载着历史的发展脉络，彰显着文明的无限魅力。遵照县级、市级、省级和国家级四级"非遗"传承申报模式，以申报为契机，以申报带动建设，深入挖掘村落表演项目背后的故事，提高村落体育表演的社会关注度。让村落村民熟悉本村落体育表演项目的历史，多渠道拓展村落体育表演的传播渠道，丰富村落体育表演传播交流的实践，彰显全社会为记录、保护、传承、弘扬、传播村落体育表演和中华优秀传统文化所付出的努力和取得的成效。

2. 寻求政府在表演主体上的指导。大部分村落体育表演项目是土生土长的村落特色项目，如果不及时创新提升，就会逐渐被社会遗忘。政府作为资源的宏观控制者，可以采取派驻专业人员驻村、专家指导等形式，帮助村落体育表演项目在表演形式、表演内容、表演技巧、锻炼科学性等方面进行更

---

① 参见萧放、王辉《非物质文化遗产融入当代生活的路径研究》，《广西民族大学学报》（哲学社会科学版）2021年第1期。

新，扩展村落体育表演的生命力，提高表演质量，满足人们观看表演的需求。

3. 寻求政府在对外宣传上的帮助。增加媒体宣传，才能扩大村落体育表演项目的区域影响力，提高社会对村落体育表演项目和村落的关注度。应借助各种传统媒体和新媒体，关注村落的人、景和文化发展，用心用力写好村落故事，激发大众对于村落体育表演的兴趣，培养村落体育表演传承的群众基础。

四 多元主体协同型村落体育表演发展路径的创设

（一）多元主体协同发展村落体育表演的必要性

协同，也称协作、合作，是指协调多个个体或者资源，使之协作一致地完成目标。乡村社会作为复杂多维的生态系统，在国家和社会力量对村落体育表演不断介入的变迁过程中，如何激发村落活力、促进村落体育表演的传承发展是具有挑战性的实践命题。

缘于村落体育表演发展的历史脉络不同、涉及的要素繁杂，只是依靠某个要素或者主体的单打独斗，无论在理论创新还是在实践探索方面，都不能满足当下村落体育表演的发展需要。因此，基于前文精英引领型、政府推动型和自组织型村落体育表演发展路径优化的相关探讨，结合社会发展实际，本研究提出多元主体协同型村落体育表演类型。多元主体协同型村落体育表演的发展需要政府、村落精英和自组织等主体的共同打造，基于"利益共同体"实现村落体育表演的新时代发展。

（二）多元主体协同发展村落体育表演的机制探究

1. 深化多元主体协同发展村落体育表演的理念认同

实现村落体育表演的当代发展，是传承保护非物质文化遗产的重要工作内容，也是落实乡村振兴战略的重要组成部分。要促进政府、村落精英和村落自组织等主体对于村落体育表演传承价值的高度认同，破除仅仅依靠一方来发展村落体育表演的狭义思维，以协同治理、协同发展的理念，引导相关主体共同参与，整合各方资源，形成多方主体协同发展村落体育表演的合力。

2. 强化多元主体协同发展村落体育表演的部门协同

村落体育表演的新时代新发展，需要实现宏观、中观和微观层面的层级协同，明确不同主体承担的责任和享有的权利，在协同中有序发展。国家宏观层面进行顶层设计，制定村落体育表演发展规划。中观省级地方政府组建相应的职能承接和实施部门，制定工作目标、评价机制和监督机制。微观基层政府部门具体实施安排，村落精英和村落自组织积极发挥作用，制订村落体育表演发展的具体计划，如人员培训、表演服装和表演器物等的配置，明确相关诉求单位，有计划、有组织、有步骤地实现村落体育表演的健康和谐发展。

3. 明晰多元主体协同发展村落体育表演的责任分担

政府部门单一管理村落体育表演，面临着政策难落地、资源供给不稳定等问题，因此寻求责任分担的协同发展势在必行。政府应由封闭管理向协同治理转变，通过法律、法规、法令、政策等手段，明晰不同利益相关者的权利及责任，构筑政府、村落精英和村落自组织等多主体均衡的合作秩序，引导、激励和约束各级政府、村落精英、村落自组织等统筹推进村落体育表演发展。

(三) 多元主体协同发展村落体育表演的路径选择

协同发展是存在样态，路径是具体方法。多元主体协同型村落体育表演，需要在政府推动，村落精英积极引领，村落自组织的积极响应下，形成乡村振兴战略下村落体育表演多元化发展的新局面。除了前文中提到的村落体育表演的路径优化建议外，提出如下路径，以满足不同资源的村落体育表演发展需求。

1. 拓展村落体育表演在学校教育中的传承空间

2003 年联合国教科文组织颁布的《保护非物质文化遗产公约》中要求各缔约国应竭力采取措施，向公众，尤其是向青年实施教育计划，宣传和传播"非遗"，使"非遗"在社会中得到确认、尊重和弘扬。青少年是"非遗"传承的中坚力量，只有吸引年轻人参与到"非遗"保护的队伍中，对传统文化有了感情，有了寄托，进而渗透于内心深处，中华民族优秀传统文化才能得到一代代的保护和传承。

学校是人才培育的摇篮，也是民间传统体育现代化的孵化器。学校是人类思想和文化传播的重要阵地,肩负着传承传统文化的历史使命;学校也是民俗体育传承的基础,教育传承是村落体育表演等民俗文化走向系统化、规范化和普及化的重要途径①。青少年是村落体育表演的传承主体,是未来文化的创造者,也是村落体育表演文化的继承者和发扬者,他们对于村落体育表演的认知、态度与行为将直接影响中国传统文化传承与发展的前景。

第一,将村落体育表演的"非遗"保护传承与校园文化教育相结合,提高青少年学习村落体育表演的积极性,以村落体育表演打通大中小学非物质文化遗产一体化活态传承保护与教育体系,加强村落体育表演传承力。让村落体育表演为青少年的精神文化生活提供与众不同的体验机会,让他们与优秀的村落文化传统保持血肉联系。

第二,引导学生了解村落历史文化,掌握村落体育表演项目,增强他们对村落体育表演的认知、体验和理解,使其热爱中华优秀传统体育文化,培养广大青少年成为民俗文化的真正拥有者、享受者和自觉传承者。发挥各级各类学校在民族传统体育的教育传承过程中的主导作用,拓展民间智慧在社区内获得世代传承的新路径。增强青年学生审美情趣养成、传统文化继承意识,使其自觉担当村落体育表演的传播者和发扬者。

第三,完善村落体育表演传习人的培养机制。政府可以设立奖学金制度来资助学习村落体育表演的青少年爱好者。要求学生自我选择项目传承人或者传承团体来学习某项感兴趣的表演项目,结合时限标准给予对应奖励,在一定程度上激励青少年学习村落体育表演的主动性,并提高代表性传承人带徒传授的积极性,形成良性互动。

根据村落体育表演项目的性质、特点和传承价值,有区别、有计划地将其引入校园。依托政府的行政强制力,对国家、省、市、县四级非物质文化遗产项目中的村落体育表演项目进行分类引入。如,选择具有竞争对抗性特征的体育表演项目培养学生竞争的勇气和竞争精神,选择集体性表演项目培养学生融入社会、融入集体、与人合作相处的能力,而趣味性较强的表演项

---

① 参见孟令英《中华民族传统体育现状及其走向世界的对策研究》,《北京体育大学学报》2004年第12期。

目可以培养学生的运动兴趣和爱好。同时，可以采纳趣味性较强的项目作为课外体育活动的内容；也可以根据不同学段学生身心发展特征，以提高学生身体健康水平为目的，选择合适的村落体育表演项目。将村落体育表演与其他体育项目相结合，与学校健康知识的传授相结合，实现丰富多彩、生动活泼的学校体育教育局面，实现教会勤练常赛的学校体育教育图景。学校教育在青少年儿童思想品格及其文化素养的塑造中起到基础性作用。合理引入村落体育表演，丰富学校体育教育内容，引导青少年积极参与传统村落体育表演，乐于学习，能够有效影响学生的价值观和文化观。勤于实践，让青少年在亲身体验村落体育表演的同时接受传统文化的熏陶，自觉担当优秀村落传统文化传承的主人。

2. 加大村落体育表演组织化、日常生活化融入

村落体育表演来源于村民的日常生活，也应该回归村民的日常生活。作为村民的主体实践方式之一，村落体育表演只有重新回归生活，才能真正实现传承发展，才能真正落实"以人为本"的发展理念。从时间上说，日常化意味着持续性或不间断性，表示它不是临时的宣传任务，不能一劳永逸，不能一蹴而就，而是需要常抓不懈，建立村落体育表演融入生活的长效机制。从空间上说，日常化意味着村落体育表演的融入发展，需要覆盖到村落的全体村民，成为全村村民津津乐道的重要事件，成为村落生活的重要组成部分。日常化的村落体育表演不仅使得村庄的历史与现实在社会变迁中找到联结的纽带，也再造了一个基于共同情感而维系的共同体，重建村民守望相助的交往关系，确保村落和谐发展，村落精神文化得以长存。

政府应高度重视村落体育表演的日常化发展问题，充分认识到村落体育表演的生活化融入是新时代提出的客观要求，提出融入生活的宏观指导，将村落体育表演融入日常生活纳入整体发展规划中，树立系统的、长期的融入理念，统筹规划、协调运行。

村落自组织和村落精英积极作为，村落体育表演参与者可以借助新媒体技术，随时随地进行自我书写、呈现，直播自己的日常生活，形成大众对于村落体育表演在"虚拟社区"的关注，这样也在客观上提升了村民的文化权利、文化认同和文化自信，对接乡村振兴战略的落地实施。各级组织应切实

肩负起领导和指导村落体育表演融入生活的重要责任，对融入的主要目标、主要任务、过程步骤、目的意义等都要通盘考虑、精密筹划、周密部署，认真研究和解决融入过程中可能遇到的矛盾和问题，不断推动融入往纵深发展。

3. 延续村落体育表演制度化、谱系化"非遗"传承

民间文化是我们满怀自信走向未来的根基，是中华儿女奋斗新时代的智慧和力量之源。自2004年以来，"非物质文化遗产"已经成为全民关注的主流话题，也成为学术研究的热土。中华民族文化基因的理念深入人心，5000年来淹没于民间，默默无闻的草根文化"忽如一夜春风来"，独特价值得以被认可，获得主流社会意识形态的支持，发展成民族和国家文化的象征和标识。同时，非物质文化遗产的申报热潮，创造了良好的国内外舆论环境，对于传统体育项目文化内涵的凝练与提升，起到了不可估量的作用，也拓展了传统体育项目的文化空间，产生新的经济"增长点"。

村落体育表演是中国非物质文化遗产的重要组成部分，应坚守中华文化立场，坚持客观科学礼敬的态度，扬弃继承、转化创新，推动中华文化现代化，让村落体育表演拥有更多的传承载体、传播渠道和传习人群，确保传承持续力，铸造富有人情味和影响力的村落之魂。传承不仅是炎黄子孙的义务，也是炎黄子孙的责任。村落体育表演散落存在于全国各地，目前仅有部分村落体育表演项目入选"非物质文化遗产"名录，具有传承不平衡、受众多样化、发展各具特色的现状，应从以下几个方面入手，继续做好村落体育表演的传承保护。

（1）深入开展村落体育表演的普查

政府应调动各方面的力量，认真开展村落体育表演项目的普查工作，将村落体育表演项目的普查摸底作为"非遗"保护的基础性工作。按层次深入，逐级落实，全面了解和掌握各省份、各地区、各乡镇、各村落体育表演的类型、分布状况、生存环境、传承现状和传承困境。合理运用文字、录音、录像、数字化多媒体等多种工具，真实、系统和全面地记录村落体育表演进程，完善档案和数据库，摸清家底。

（2）完善村落体育表演的项目库

村落体育表演是通过身体进行演绎的文化，除了建立文本性质的项目名

录库以外，还应该完善以图片、视频材料为主的项目库，保持文化的原始印象。通过制定评审标准并经过科学认定，建立不同级别的代表性名录体系。统一部署，全面普查，层层把关，立体记录，及时抢救，分类整理，有效扶持，定期由职能部门备案，并报同级政府批准公布。做到及时更新、及时干预，建立村落体育表演项目濒危的预警机制，有效提高村落体育表演的保护力度。

（3）加强村落体育表演项目研究

加强村落体育表演项目的认定、保存和传播工作。由体育和文化部门牵头，动员各级各类学校、科研院所和专家学者对村落体育表演项目的理论和实践问题积极关注，开展相关研究，并重视科研成果的转化。加大相关力量对村落体育表演项目表演过程中的器具、资料的妥善保管，通过督促、检查和评审，开展相关的宣传和保护工作。

发挥村落自组织和村落精英源自人民的优势，以民间征集的形式，扩大资料收集范围，积极获取记录反映村落体育表演项目的传习故事、典型记忆和难忘经典；采用口述史的研究方法，记录村落体育表演项目传承人的生活史，留存表演项目的文化信息，推进村落体育表演项目记录工作的开展。甄选具有代表性的"非遗"传承群体，合理利用文字、图解、视频等方式保存村落体育表演项目的展现形态、技艺要素、文化内涵等，传承项目的优质基因，便于村落体育表演项目的传承发展有所依托，有所参照。

（4）完善村落体育表演的传承机制和谱系建设

保护项目传承人。传承人作为民俗体育文化的主体，是掌握某种技术或技艺且有突出能力的代表者，他们左手链接历史，右手创造未来，也是文化传承发展中的重要环节。应切实考虑村落体育表演项目传承人的现实境遇、发展需求，体现人文关怀，采取命名、授予称号、表彰建立、资助扶持等方式，鼓励村落体育表演项目传承人进行有效传承、积极传承。保护好传承人，培育好传习人，既有传，又有成，确保非物质文化遗产的脉络永不中断，拥有长久的生命力。结合我国实际情况和国外的非物质文化遗产保护经验，我们尤其要加强经济落后地区的传承人，年龄较大、身体欠佳的传承人，濒临灭绝的项目传承人的保护力度，发挥传承人"非遗"文脉的核心载体作用。

通过"非遗"保护，对村落体育表演的传承工作提供多方面扶持，鼓励其依托"非遗"资源优势在所在地开展各种传承活动，繁荣当地文化生活，保持区域文化特色，激发传统乡村活力。唤醒村落文化主体对自己文化的保护意识，培养村民对村落体育表演的感情和价值意识，达到持久有效的传承效果。要提升共享者的文化自信和自豪感，充分认识到村落体育表演项目的价值，珍视身边的村落体育表演项目，积极投入工作。

培养村落文化骨干。村落文化骨干是热心于村落体育表演传承的民间力量，是村落事务的连接者，在村落中具有出色的组织能力和运作智慧，具有较高的社会声望。村落文化骨干以自身的能力为基础，或引领、或参与传承村落体育表演，将真善美的价值理念与日常生活相融合，是村落体育表演传承发展的重要推动力。

发挥组织者的引领作用。村落文化骨干成长于村落空间，熟悉村落事务，对于村民特长、村落家长里短十分熟悉，由他们来组织、指导、引导和动员全体村民参与村落体育表演，能够提高村民的参与率和认同度，保证表演活动的顺利进行，提高村落体育表演的普及率。村落文化骨干作为村落体育表演的热衷者，积极投身表演，可以起到以身示范、榜样带头作用，他们和项目传承人一起，为村落体育表演的开展，营造了良好的村落传承环境。

（5）培养村落体育表演的受众群体

村落体育表演的当代传承，保护是根本，也是基础，传承是目的，发展是方向，传播是措施和手段。在政府宏观引领下，充分利用各种传统媒体和新兴媒体，传播和发展中国传统文化的精髓，扩大中国文化的影响力，进行村落体育表演项目的历史渊源、发展现状的推介，表演视频的推送，提高观众对村落体育表演项目的熟悉、理解和鉴赏能力，形成有组织、有活动、有声音、有成效的媒体推介局面。

一方面要继续做好传统媒体的基础性传播。传统媒体如报刊、书籍、广播、电视、电影等，普及性广、传播范围大，对于村落体育表演的深度挖掘和深度报道，在一定时间内，仍然能够发挥重要的传播作用。

另一方面要建构村落体育表演与全媒体时代相适应的传播模式。以新媒体为主的全媒体（如网络直播、网络视频、微博、微信、QQ等）受众的接触频率最高、信任程度最大、受众人数最多，对受众的吸引力越来越强。新媒体传播集文字、图形、图像、动画、声音和视频等多种传播手段于一体，借助网络和移动媒体，使传播的内容可听、可看、可评、可学、可保留、可传送，互动性强。这种传播方式与村落体育表演动态的、可参与、可传递的和可观看模仿的等基本特征不谋而合，必将成为村落体育表演及其他表演类非物质文化遗产传播的最佳选择。全媒体时代也将成为村落体育表演保护、传承和发展的最好时代。

4. 开展村落体育表演信息化、科学化创新发展

媒介已经成为时代发展的加速器，无论是以报纸、杂志为主的印刷媒介，以广播、电视、电影为主的电子媒介，还是新兴的网络媒介，在现代人类的社会、文化与生活中都正发挥着巨大的功能。

当代社会已经进入全球信息流通便捷，交往更加多元化的电子时代。村落体育表演在当代的活态传承发展，要在准确把握村落体育表演价值内涵的基础上，紧跟时代步伐和社会发展要求，对接现代人的生活文化和文化生活，充分运用"互联网＋"技术手段，信息化、科学化融入，进行数字化保存、展示和营销，实现村落体育表演的创造性转化和创新性发展。年青一代成长于由新媒体连续建构着的日常生活，对于传统文化具有新审美、新思考和新的表现方式，因此应与时俱进，广泛应用新技术、新手段，合理改造和传播村落体育表演，提升人们的生活品质。

（1）积极打造"媒体＋村落体育表演"

通过互联网强大的宣传功能，借助其覆盖广、投射强、定位准、受众多等特点，不仅能及时传播村落体育表演，还可以全方位、多角度地解读和认知村落体育表演项目，甚至可以通过互联网平台与国外文化单位进行互动交流和合作对接。

新媒体无处不在、无时不在、无孔不入，移动互联网的普及让更多的商家成为"自媒体"，与客户互动频繁，观念越来越新颖，方式也越来越巧妙，新媒体直播成为新亮点。自媒体的出现，让村落体育表演有了更多的表达出口，从视觉到听觉，实现全面的认识，开启了人们对于村落体育表演的向往和实践过程。

媒体在村落体育表演形象塑造方面发挥着独特作用。2016年底中国网民规模已达7.31亿人,其中农村网民约有2.01亿人,占到27.4%的比例。① 政府通过政策和资金的投入,加快村落体育表演的数字化建设,以网络、大数据为平台,宣传村落体育表演项目、演员情况、表演形式、表演特点、表演安排等信息,便于村民对村落体育表演信息资源的查询,了解村落体育表演的文化内涵。原本现场发生的,无影像和文本留存,仅凭社会民众记忆、口头传承的村落体育表演通过信息化时代的大众传播媒介,加以合理的造势和宣传,将其影响空间范围延展到该事象产生的现场之外,产生的社会影响不限于现场围观的民众,将产生潜在的影响力。通过互联网的传播平台效应,提升村落的知名度和美誉度,创造更多的经济效益和社会效益。

(2)发挥信息化发展的拓展效应

在新媒体时代,人们接触文化的主要方式转化为文化的大众化生产和大众化传播,不仅流行文化如此,高雅文化也如此。② 新媒体带来的"摧枯拉朽"的巨大力量,给村落体育表演的传播方式和传播范围带来巨大的变革。以数字采集、数字储存、数字处理、数字展示、数字传播等现代数字化技术对村落体育表演进行记录、存储、传播和展示,以新的视角加以解读,以新的方式加以保存,以新的需求加以利用,实现村落体育表演的可视化传播,是推动民俗文化实现现代性的变迁助力器,③ 村落体育表演传播的时空效应被无限延展和拉长。

"互联网+"、多媒体技术的共时传播、3D虚拟交互、VR、AR、MR等高新技术把人类的不同感官关联,实现文化传承渠道的多元化,拓展村落体育表演的传播范围,扩大村落体育表演衍生产品的销售,惠及广大村民群体。图文并茂、生动鲜活的传播媒介,全方位、多角度增强宣传力度、深度和广度,丰富了村落体育表演的文化表达,引起老百姓的广泛关注和重视,实现

---

① 参见朱启彬《"互联网+"背景下的村落共同体重塑》,《人民论坛·学术前沿》2017年第11期。
② 参见[美]约翰·R.霍尔、玛丽·乔·尼兹《文化:社会学的视野》,周晓虹译,商务印书馆2002年版,第222页。
③ 参见黄永林、谈国新《中国非物质文化遗产数字化保护与开发研究》,《华中师范大学学报》(人文社会科学版)2012年第2期。

村落体育表演的持续健康发展。借助互联网技术，实现村落外出村民与留守村民之间的城乡联动，基层政府与村民之间的上下联动，村落体育表演主体与他者的交流互动，村落村民之间的友好互动，加深村落成员之间的亲密度，提高对村落的认同感等，营造出新型的村落共同体，促进乡村社会的稳定、有序和谐发展。

一要借助新媒介的全覆盖，举办村落旅游投资推荐会，搭建招商引资平台。深度开发村落体育表演资源，改善当地基础设施建设，提升村落旅游发展水平等，起到良好的桥梁作用。互联网招聘平台的应用，能有效对接村落体育表演品牌建设中需求的各领域人才。对缓解当前旅游系统人才不足的现状，改善品牌传播，促进生态旅游建设等方面，均具有良好成效。

二要充分认识到村落体育表演不再为某一区域或局内人所独享，已经成为共享文化。由区域性的自我文化体验，转变为被展示、被欣赏的，为更多网民所分享的"他"俗文化。"互联网+"加速了村落体育表演的在线化、数字化进程，使村落体育表演成为所有人可以随时随地"在场"或"在线"体验的文化事象，实现民俗文化在跨界融合性、链接性、开放性中的活态传承发展，实现更多样、更频繁、更深入的当代传播模式。通过手机浏览村落体育表演项目的表演内容，通过虚拟化的村落体育表演场景，通过博物馆的村落体育表演项目的网络再现，获取有关该项目的习俗，了解当地的风土人情，获取更多体验，带动该村落成为旅游目的地。

最后，借助互联网传播信息量大、速度快、覆盖面广、参与性强等优势，通过信息设备终端随时随地展示游客热衷参与的村落体育表演项目，从而自我书写、呈现、直播自己的日常生活。个性化地参与、个性化地展现村落体育表演，突破了时间和空间局限，无限放大了民俗文化传承主体的数量。自媒体应用背景下，互动体验进一步激发了村落体育表演传承主体的创意和创造力，增强了民俗文化传承主体的参与意识和使命感，也同步提升了普通村民的文化权利、文化认同和文化自信。

5. 扩大村落体育表演竞赛化、标准化项目开发

任何一个国家和民族，在生存发展过程中所创造的文化，凡是经得起历史考验、历代流传下来的内容，总有其合理的因素和科学的价值。传统体育

中无法适应社会发展趋势的内容，将在历史前进的洪流中不断沉淀，成为中华民族体育文化宝库中的静态遗产。竞技体育已经成为世界体育发展的标杆，因此，应开辟村落体育表演发展新格局，合理推进村落体育竞技表演项目研发、标准制定和赛事活动，丰富当代竞赛体系，提升社会关注度。

一方面，抓住体育运动的竞技性精髓。超越自我，战胜对手，竞争取胜，体现速度、耐力与柔韧性是体育精神的本质内核，它与全人类不断奋斗、不断进取的崇高理想相一致。比赛是展示传统体育项目特色和魅力的亮点和窗口。充分利用竞赛的引导作用，调动项目参与者的积极性，是村落体育表演当代有效传承的重要路径。应积极采纳专家意见，进行广泛细致的素材挖掘、整理和有效的编排创新，创新发展表演规则，细化评分细则。村落体育表演转型为竞赛项目后，需要适当调整项目的动作规格和要求、竞赛的规则和方法，带动媒体的关注，带动表演项目的更多受众，提高村落体育表演项目的社会传播范围和影响力。

另一方面，借力举办各项赛事扩大村落体育表演的影响力。全国少数民族传统体育运动会、各省市少数民族传统体育运动会和各单项民族传统体育运动会等各类赛事已经逐渐形成定期化、多元化举行态势。类似赛事的定期举办，提高了社会对少数民族体育的关注度，提升了少数民族传统体育的知名度和影响度，对村落体育表演的传承和发展起到了重要的推动作用。在2011年举办的第九届全国少数民族传统体育运动会上，竞赛类项目为历届最多，也仅有16个大项，而表演类项目达到184项之多，表演类项目所覆盖的民族也最多。少数民族传统体育运动会不设金牌榜，不搞总积分，把奖牌意识淡化为一、二、三等奖，[1] 更加烘托了重在参与、重在展现的竞赛意识。

村落体育表演的系列赛事，也给全国和世界人民带来了丰硕、冲击力极强的"视觉大餐"。如国际龙舟邀请赛，国际风筝邀请赛，大学生舞龙、舞狮邀请赛，太极拳、脚斗士等单项赛事，具有独特的竞赛文化魅力和多元化的

---

[1] 参见冯胜刚《中国现代化进程中少数民族传统体育有效传承路径的实证研究》，《贵州民族研究》2012年第2期。

发展格局，村落体育表演类赛事越来越丰富，越来越受市场追捧，获得了一定的社会赞誉。山东临沂郯城的舞龙舞狮大赛，自2016—2019年共举办了四届，届届火爆，满足了广大人民群众的文化需求，深受当地广大群众的喜爱。赛事的举行既保护和传承了舞龙舞狮这一传统民俗，也丰富活跃了群众的春节文化生活，营造了喜庆祥和的节日气氛。

自1988年开始举办的全国农民运动会，引进独具"农"味的体育项目，村落体育表演项目也呈现出逐渐增多的趋势。村落体育表演项目贴合农村生活实际，体现鲜明的群众性和趣味性。

表5-1　　　　　　　中国第1—7届农民运动会比赛项目统计

届数	时间（年）	举办地点	比赛项目
1	1988	北京	田径、篮球、射击、中国式摔跤、乒乓球、自行车、足球
2	1992	湖北孝感	田径、篮球、中国式摔跤、乒乓球、象棋、自行车、武术（48式太极拳）、游泳、民兵军事三项
3	1996	上海	田径、篮球、中国式摔跤、乒乓球、自行车载重、游泳、象棋、武术、民兵军事三项、舞龙
4	2000	四川绵阳	田径、篮球、中国式摔跤、乒乓球、自行车载重、游泳、象棋、武术、民兵军事三项、舞龙舞狮、风筝、毽球花毽、龙舟
5	2004	江西宜春	田径、篮球、中国式摔跤、乒乓球、自行车载重、游泳、象棋、武术、民兵军事三项、舞龙舞狮、风筝、毽球花毽、龙舟、钓鱼
6	2008	福建泉州	田径、篮球、中国式摔跤、乒乓球、自行车载重、游泳、象棋、武术、民兵军事三项、舞龙舞狮、风筝、毽球花毽、龙舟、钓鱼、健身秧歌
7	2012	河南南阳	田径、篮球、中国式摔跤、乒乓球、自行车载重、游泳、象棋、武术、民兵军事三项、舞龙舞狮、风筝、毽球花毽、龙舟、钓鱼、健身秧歌、搬重物赛跑、提水保苗赛跑、抢收粮食赛

资料来源：笔者根据国家体育总局网站信息整理所得。

第三节 村落体育表演赋能乡村振兴发展路径的运行保障

一 政府部门联动协作

《周礼》曰"俗，习也。上所化曰风，下所习曰俗"。人文化成，政府有责。政府在村落体育表演的传承发展中扮演着"掌舵者"的角色，国家政策是村落体育表演发展的重要外在推动力。乡村振兴战略下，村落体育表演的发展需要政府的引导、指导、监督、宣传及财政等多方面的扶持与帮助。由政府适当介入村落体育表演市场，在尊重市场规律的基础上，充分发挥其引导和支撑作用，加强村落基础文化设施投入，满足村民基本文化需求，促进村落体育表演保护与发展的统一，实现社会效益与经济效益的双赢。

以国家文化部、农业部、财政部、住建部及省市级各相关部门作为政策制定主体，建立村落体育表演传承发展联席会议制度，广泛吸纳有关学术研究机构、大专院校、企事业单位、社会团体等各方面力量共同开展村落体育表演的保护工作。充分发挥专家智库作用，建立村落体育表演传承发展的专家咨询机制和检查监督制度。中央和省地市部门负责构建村落体育表演传承发展的整体性保护制度和工作方案，各地方政府做好政策落地，逐年加大对公共文化服务投入的力度，做好组织管理层面和传承发展两方面的工作。以市区（县）级人民政府和村委会等为工作推进抓手，以民众为主体，将村落体育表演的传承效果纳入各级政府政绩考核标准，以此来规范引导地方政府行为。

首先，政府在村落体育表演的发展过程中应扮演倡导者、管理者、协调者的角色，通过引进市场的经济资本、学者的知识资本，发挥当地的文化资本来共同促进村落体育表演的保护和更新。政府部门在颁布政策文件的同时，要切实落实且真正提升村落体育表演的地位。将制定的政策法规落实到实际工作中，务求政策法规体系的严密性和各项具体政策的同向性。以管理、服务、督促、检查、指导和奖惩等方式，积极稳妥地推动村落体育表演的保护工作，借以提高村落治理的有效性和针对性。对村落体育表演的传承发展从依靠传统行政手段转向依靠法治手段，对村落体育表演的保护从文化传承上的呼吁转变为政策法规上的硬性规定。

其次，政府应担负村落体育表演良性发展的顶层设计责任。自上而下的政府行为是推动力，对推动村落体育表演的传承起着重要的作用。政府通过一系列政策文件的出台提高人民参与、关注村落体育表演的积极性，使村落体育表演在当代获得新的生命力。各级政府颁布有关的法律依据和政策规范，为各民族地区的文化艺术遗产保护工作建构良好的制度基础和社会氛围。政府应通过财政资助、税收优惠、人才辅导等措施，积极培养村落精英，扶持村落体育表演的自组织合理发展，借助社会力量发展村落体育表演文化。各级政府要做好村落体育表演传承的责任分担，尤其是投资经费的分摊，并鼓励一部分企业参与到村落体育表演的投资供给上，建构合理的经费分担机制。

最后，政府宏观管理村落体育表演的发展趋向，尽可能减少村落体育表演传承发展中的变味、走形现象。对各级政府等其他责任主体进行监督和评估，建构村落体育表演价值评估体系，正确处理好政府与市场企业、社会民间组织、文化事业单位之间的关系。政府通过多方面推介，提高企业、市场、民众对村落体育表演文化的认识和了解。做好做细村落体育表演项目传承人的认定、保护工作，建立有效的人才激励机制，打造政府、企业、民间等相结合的多样化投融资机制，建立专项扶持基金，为村落体育表演的转化提供财政和政策支持。立足村落文化资源，推进村落体育表演文化产业"政产学研"一体化发展。

二　村落精英主动参与

村落精英是村落社会中最强有力、最生机勃勃和最精明能干的人，是乡村振兴战略落地实施的持久动力和不竭源泉。村落精英是在村落发展过程中具有突出的表演能力、组织能力、服务能力或者沟通能力的群体，能够发挥积极的带动作用。

着力培养大学生、退休教师、退休干部、乡贤等群体发展成为村落精英，拓宽创新发展途径，加大村落精英的素质提升，让村落精英成为村落体育表演创新发展的主体。当下，农村体育正从国家政策供给为主体的单一供给状态转向市场多元化供给的局面，村落精英在农村体育生活多元化中的价值功能将更加显著。乡村振兴战略的提出，为村落精英提供了施展才华、发挥自身能力、加速村落发展的更为宽广的舞台。

一是强化村落精英的非物质文化遗产保护意识，正确解读村落体育表演对于凝聚村落精神、唤醒村落文化记忆的独特价值。调动村落精英积极性，使其发挥自身优势，助力村落体育表演传承发展。村落体育表演是村落文化代代传承的深层积淀，独具特色的村落体育表演文化伴随非物质文化遗产的保护工作而日益受到关注。

二是培养村落精英的运作能力，把握村落体育表演文化向村落文化产业转化的发展契机，积极争取政府补助和各方面的媒体关注，促进村落体育表演的可持续发展。可以通过争取政府投入、引导民主决策、企业捐资、村民筹资等多渠道的融资方式，为村落体育表演的开展提供资金支持。

三是村落精英来自村民之中，应敢于说话，敢于做事，敢做百姓的代言人，可以真实地反馈村民的体育需求。村落精英具有的人格魅力和技能优势，可以吸引更多的群众加入村落体育表演的组织中，不但可以传承文化，强身健体；也可以促进村落成员间的交流、欣赏，打造和谐共生的村落共同体。让村落精英获得心理满足、经费支持或其他价值的实现，以更好地促进供给的持续性。

三 村落自组织积极发展

自组织是指"长期生活在特定空间中的共同体成员自发形成的具有一定同质性的思维方式、行为准则、社会习俗、传统习惯、价值观念、族群意识、地域心态等的集合体"[①]。村落自组织依托村落而生成，村落生活的传承和变迁是在村落组织多方协调、运营的背景中进行的。

村落自组织不需要外部具体行政指令的强制，自组织成员通过面对面协商，取得共识，消除分歧，解决冲突，增进信任，合作治理社区公共事务，

---

① 边晓红、段小虎、王军等：《"文化扶贫"与农村居民文化"自组织"能力建设》，《图书馆论坛》2016年第2期。

并使社区逐步进入"自我维系"状态。广大农村村落中存在民间武装组织、信仰组织、艺术组织和生产互助组织等,村落体育表演自组织以村落体育表演为中介,通过开展有规律、有内容的表演活动,服务于村民的日常生活。通过村落自组织管理能力提升、加强组织制度建设、落实组织保障和组织文化建设等各个层面,能够加强村落相关活动的发展。

首先,村落体育表演自组织是村落活动开展的主心骨,内生型村落表演组织的出现和有规律的活动,能够产生团队凝聚力和向心力,保证村落体育表演定期开展。精心安排的内容,带动村落形成勇于争先、敢于表现的活动氛围,形成有组织体系的表演团队。自上而下的"他组织"力量与自下而上的"自组织"力量相结合,能够激发农村内发动力,切实加强村落体育表演的生命力。

其次,村落自组织以村落体育表演为媒介,通过个人发展与乡村认同之间的良性互动滋养,建构乡村认同。村落自组织通过日积月累的心理和情感积淀,凝聚村落文化体系的内核,加大村落自组织的自我管理、自我教育、自我服务和自我约束能力,实现村落公共生活的有序有效、有条不紊。

最后,加大村落自组织与政府的沟通能力,获取有利于表演项目发展的信息、资源或者资金,助力村落文化建设。通过加大村落自组织内部的协调能力,有效化解矛盾,提高村落体育表演的影响力和辐射力。村落体育表演自组织可以丰富"政府—村落自组织—村民互动"的"自上而下"和"自下而上"相结合的农村体育供给模式,实现非物质文化遗产的生活化传承,使村落体育表演回归村民日常生活,开展常态性的在地化表演。

四 村落文化认同增强

文化认同意味着接受、归属某种文化,村落文化是全体村民在长期生活中的智慧结晶,村落文化认同是联结村落情感,提高村落凝聚力,形成村落文化共同体的重要纽带和桥梁。

梁漱溟先生曾指出,中国的文化之根在农村,农村建设中应十分重视农民的自身参与。共享是文化的本质属性,村民是村落空间的核心,拥有村落体育表演文化的阐释权、享有权。加强村落文化认同建设,增强村落文化自信，增强村落凝聚力是乡村振兴的关键和亟待解决的问题。因此，保护文化资源、传承文化资源应该成为村民主体的共识。村落体育表演只有融入社会、融入民众、融入村民生活才能保持活力，只有惠民、利民，才能得到村民的积极参与。

首先，要提升村落村民的文化自觉。人民是创造和传承文化的主体，终结传统，创造新的历史，必须动员全体民众。村落体育表演作为具有积极建构意义的文化土壤，提供了村民自我展示、团结协作的平台。村民积极投身村落体育表演的活动中，实现心理满足和精神体验，是村民生活中的华彩乐章。只有对村落体育表演的当代和未来价值有足够的认知与共识，才能让村民在乡土文化的智慧积累中看到未来希望的生长点，才能激发他们传承和发展乡土文化的热情，使其参与到乡村振兴的历史潮流中。

其次，要扩大村落体育表演的影响力。村落空心化、文化传承危机和价值观弱化等问题成为中国现代化进程中不得不面对的难题。进入21世纪的今天，农耕时代形成的村落体育表演，其传承保护已不能故步自封或只是成为村落表演的展示品，而应是活态传承、可触摸到的真正的文化实体。因此，村落文化中的村民应以弘扬传统文化为己任，调动年轻人对于村落体育表演的热情，借助新媒体、自媒体，提高传统文化的吸引力，增加村落体育表演的次数，延长村落体育表演的持续天数，做好衍生品设计开发，提高村民的关注度，使得村落体育表演的影响范围不断扩大。

最后，要调动村落留守人员的参与热情。空心化的村落社区中，留守的老年人、妇女和儿童群体扮演着乡愁守护者的角色，孤独感较强，缺乏情感交流。村落体育表演的内生动力是广大的村民，需要广大村民的主动承接和积极配合。村落体育表演是村落社区记忆的来源之一，是我们讲好乡村故事，传播乡村声音的重要抓手。应充分调动老人、妇女和儿童的集体认同感，以村落体育表演为纽带，提高表演覆盖率，加强人际互动，激发留守人员的参与热情，重新打造村落共同体，逐渐达到"老有所养，少有所乐"的局面，塑造良好的村落文化氛围。

五 村落文化产业发力

文化是乡村产业、旅游及治理的灵魂和核心，依托村落文化特色才能吸引城里人来体验田园生活，共建叙事空间，讲述乡土故事；有文化才有乡愁，才能吸引农民工和新生代农民工返乡回流，助力村落振兴；有文化才能培育和留住本土工艺匠人、"非遗"传承人、乡贤精英和"新农人"，实现人才兴村。

村落体育表演作为一项老少皆宜的社会活动，以村落文化资源为媒介，发展村落文化产业，在经济全球化影响下，借助商业化的推动，能够产生一定的经济收益。应以村落体育表演为基础，带动村落种植业、旅游业、餐饮业、手工业等产业链的延伸和拓展，助力村落产业振兴和文化振兴。

一方面，大力发展村落体育表演产业，最大限度地整合和利用一切可以利用的资源，谋求村落体育表演的社会效益和经济效益的最优化，实现对村落体育表演的宣传、传播、交流的有效推动，切实推动乡村振兴战略的实施。以创新为核心，将村落体育表演与舞蹈、音乐、视觉艺术、文学、手工艺等形式有机结合，通过书籍报刊、影视广播、社交媒体等文化业态，输出文化价值；借助设计、广告、游戏、旅游等典型业态，共享文化元素，实现综合效益最大化。

另一方面，加大村落体育表演的资源开发，是对其进行价值再阐释和整合的过程。村落体育表演是文化产业资源的重要组成部分，可以依托其独特性打造村落文化品牌，带动相关行业发展，推动村落体育表演、村落文化的良性循环发展。当然，在村落体育表演的开发过程中，应减少急功近利的行为，遵照文化本身的规则，遵守文化发展规律，重视对文化和生态环境的保护，讲究社会效益和经济效益，实现经济指标。通过市场经济的推动，广大村民既能传承村落体育表演等优秀非物质文化遗产，也能享受物质条件提升、生活水平提高后的美好生活。

六 专家学者科研助力

专家学者兼具文化建构者、文化评估者和实践指导者的多重身份，可以成为村民和村落的代言人。缘于共同的人文追求和责任担当,众多专家学者秉持共同的学术追求,致力于村落体育表演的理论建构和创新发展研究。

一方面,专家学者可为村落体育表演的可持续发展提供智力支持。专家学者深谙地区文化和历史,具有参与社会实践、实现自身价值的良好基础,对地区人文历史文化资源的合理开发利用,不仅可以促进文化的传承发展,而且会产生带动经济发展的联动效应。许多村落体育表演等非物质文化遗产的价值判断,是专家学者智慧的集体结晶,对其进行合理的创作和编导,尽量减少村落体育表演的失真和变味。村落体育表演的呈现样态和演绎方式符合当下国家、社会和个体的现实需求,应促进村落体育表演的健康可持续发展。

另一方面,村落体育表演文化可借助学者提高自身文化影响力和自觉力,树立村落形象。依靠政府政策强迫村民保留文化传统行不通,因此,需要学者指导村民培育文化自觉意识,主动参与文化遗产的保护。村落体育表演的创造与传承者虽然创造传承了这种文化,但他们大多只知道这种文化的使用价值,却并不一定清楚他们所创造的这一文化的历史价值、艺术价值、文化史价值和审美价值,需要专家学者的解读,提高村民对村落体育表演的认知格局,合理发展村落体育表演文化。

在长期的学术实践中,专家学者深入民间进行采风和田野作业,收集整理民俗文化事象,展现了各地丰富多彩的非物质文化遗产名录。如少数民族地区的村落体育表演项目抢花炮、脚斗士等都是因为学者的参与才逐渐扩大了影响,地方文化建设需要充分倾听学者的声音。而专家学者具有发展理念上的优势,其研究成果和建设性建议可以扩大村落体育表演的影响力,拓展村落体育表演研究的学术影响力和感召力,为相关学科的研究人员提供个案材料和信息,引入更深层次的研究和考察,从而协助政府作出正确的决策,有效调整市场发展方向。面对多元复杂的传承语境,不仅要全面关注村民作为传承主体群传承了什么,更要关注如何传承,如何更好地传承,全面考察村落体育表演纵向传承和横向传播的完整动态过程。

参考文献

中文著作

陈绍棣:《中国风俗通史·两周卷》,上海文艺出版社2003年版。

陈学孟编著:《中国民间艺术瑰宝:商河鼓子秧歌》,中国文联出版社2002年版。

方李莉编著:《费孝通晚年思想录——文化的传统与创造》,岳麓书社2005年版。

费孝通:《江村经济:中国农民的生活》,江苏人民出版社1986年版。

费孝通:《乡土中国》,生活·读书·新知三联书店1985年版。

费孝通:《乡土中国生育制度》,北京大学出版社1998年版。

费孝通:《中华民族多元一体格局》,中央民族学院出版社1989年版。

冯胜刚:《贵州少数民族传统体育理论与方法》,贵州民族出版社2011年版。

富察敦崇:《燕京岁时记·溜冰》,北京出版社1961年版。

高永久:《民族社会学概论》,南开大学出版社2010年版。

中国体育博物馆、国家体委文史工作委员会编:《中华民族传统体育志》,广西民族出版社1990年版。

郭泮溪:《中国民间游戏与竞技》,三联书店上海分店1996年版。

郭晓君:《中国农村文化建设论》,河北科学技术出版社2001年版。

郭学松:《宋江阵:仪式、象征与认同》,社会科学文献出版社2019年版。

韩明谟:《农村社会学》,北京大学出版社2001年版。

贺雪峰:《新乡土中国》,北京大学出版社2013年版。

胡庆山:《新农村建设背景下我国村落农民体育的理论与实证研究》,北京体育大学出版社 2011 年版。

胡小明：《体育人类学》，高等教育出版社 2005 年版。

胡志毅：《神话与仪式：戏剧的原型阐释》，学林出版社 2001 年版。

《决胜全面建成小康社会 夺取新时代中国特色社会主义伟大胜利——在中国共产党第十九次全国代表大会上的报告》，人民出版社 2017 年版。

雷军蓉主编：《舞龙运动》，北京体育大学出版社 2004 年版。

黎启全：《美是自由生命的表现》，广西师范大学出版社 1999 年版。

李培林、陈光金、张翼：《社会蓝皮书：2017 年中国社会形势分析与预测》，社会科学文献出版社 2016 年版。

李泽厚：《中国现代思想史论》，天津社会科学院出版社 2004 年版。

李志清：《乡土中国的仪式性少数民族体育》，中国社会科学出版社 2008 年版。

联合国教科文组织编：《世界文化报告——文化的多样性冲突与多元共存》，关世杰等译，北京大学出版社 2002 年版。

梁漱溟：《东西文化及其哲学》，上海商务印书馆 1929 年版。

梁漱溟：《乡村：中国文化之本》，山东大学出版社 1989 年版。

《列宁选集》第 2 卷，人民出版社 1972 年版。

林毓生、陈新夏、吕世荣：《中国传统的创造性转化》，生活·读书·新知三联书店 2011 年版。

刘茂才、张伟民主编：《科学学辞典》，四川社会科学院出版社 1985 年版。

陆素洁：《如何开发乡村旅游》，中国旅游出版社 2007 年版。

罗雄岩：《中国民间舞蹈文化教程·舞蹈卷》，上海音乐出版社 2001 年版。

马聪玲：《中国节事旅游研究》，中国旅游出版社 2009 年版。

马鸿韬：《体育艺术概论》，高等教育出版社 2011 年版。

《马克思恩格斯文集》第 1 卷，人民出版社 2009 年版。

马莉：《非物质文化遗产与历史变迁中的地方社会》，人民出版社 2011 年版。

《1844 年经济学哲学手稿》，人民出版社 2000 年版。

彭万荣主编：《表演辞典》，武汉大学出版社 2005 年版。

齐士龙：《电影戏剧中的表演艺术》，中国电影出版社 1999 年版。

钱穆：《中国历代政治得失》，生活·读书·新知三联书店2001年版。

饶远、刘竹：《中国少数民族体育文化通论》，人民出版社2009年版。

商河县志编纂委员会编：《商河县志》，济南出版社1994年版。

孙天路主编：《中国舞蹈编导教程》，高等教育出版社2004年版。

孙正聿：《哲学的目光》，吉林人民出版社2007年版。

谭培文、陈新夏、吕世荣主编：《马克思主义经典著作选编与导读》，人民出版社2005年版。

唐家路：《民间艺术的文化生态论》，清华大学出版社2006年版。

童昭岗、孙麒麟、周宁：《人文体育——体育演绎的文化》，中国海关出版社2002年版。

王刚义等：《中国社区服务研究》，吉林大学出版社1990年版。

王岗：《民族传统体育与文化自尊》，北京体育大学出版社2007年版。

王铭铭：《村落视野中的文化与权力》，生活·读书·新知三联书店1997年版。

《闻一多全集》，湖北人民出版社1993年版。

伍雄武：《现代人与体育》，中国社会科学出版社1990年版。

《习近平谈治国理政》第2卷，外文出版社2017年版。

熊景明主编：《进入21世纪的中国农村》，光明日报出版社2000年版。

熊梦祥：《析津志辑佚·风俗》，北京古籍出版社1983年版。

杨圣敏、丁宏：《中国民族志》，中央民族大学出版社2004年版。

杨文轩、陈琦主编：《体育概论》，高等教育出版社2013年版。

余英时：《文史传统与文化重建》，生活·读书·新知三联书店2004年版。

张岱年、方克立主编：《中华文化概论》，北京师范大学出版社2004年版。

张立文：《传统学引论：中国传统文化的多维反思》，中国人民大学出版社1989年版。

张士闪：《乡民艺术的文化解读：鲁中四村考察》，山东人民出版社2006年版。

张晓萍：《民族旅游的人类学透视：中西旅游人类学研究论丛》，云南大学出版社2005年版。

赵岷、李翠霞、王平：《体育——身体的表演》，知识产权出版社 2011 年版。

赵源伟：《龙狮和龙舟》，中国社会出版社 2006 年版。

郑杭生：《村民自治面临的社会焦点问题透析——对全国第一个村民自治示范县的追踪考察》，山东人民出版社 2004 年版。

郑杭生主编：《社会学概论新修》，中国人民大学出版社 2003 年版。

中国社会科学院语言研究所词典编辑室编：《现代汉语词典》第 6 版，商务印书馆 2012 年版。

中国体育科学学会等编：《体育科学词典》，高等教育出版社 2000 年版。

钟敬文主编：《民俗学概论》，上海文艺出版社 1998 年版。

周尚意、孔翔、朱竑编著：《文化地理学》，高等教育出版社 2008 年版。

周西宽主编：《体育基本理论》，人民体育出版社 2007 年版。

朱光潜：《西方美学史》下卷，人民文学出版社 1979 年版。

中文译著

[美] 爱德华·泰勒：《原始文化》，连树声译，上海文艺出版社 1992 年版。

[法] 爱弥尔·涂尔干：《宗教生活的基本形式》，渠东、汲喆译，上海人民出版社 1999 年版。

[英] 保罗·康纳顿：《社会如何记忆》，纳日碧力戈译，上海人民出版社 2000 年版。

[美] 道格拉斯·凯尔纳：《媒体奇观：当代美国社会文化透视》，史安斌译，清华大学出版社 2003 年版。

[法] E. 迪尔凯姆：《社会学方法的准则》，狄玉明译，商务印书馆 1995 年版。

[英] 厄内斯特·盖而纳：《民族与民族主义》，韩红译，中央编译出版社 2002 年版。

[美] 葛赛尔：《罗丹艺术论》，沈琪译，人民美术出版社 1978 年版。

[德] 黑格尔：《哲学史讲演录》，王太庆、贺麟译，商务印书馆 1983 年版。

[美] 杰·科克利：《体育社会学——议题与争议》，管兵等译，清华大学出版社 2003 年版。

［美］克莱德·伍兹：《文化变迁》，施惟达、胡华生译，云南教育出版社1989年版。

［英］拉德克利夫·布朗：《原始社会的结构与功能》，潘蛟等译，中央民族大学出版社1999年版。

［美］理查德·鲍曼：《作为表演的语言艺术》，杨利慧、安德明译，广西师范大学出版社2008年版。

［美］鲁思·本尼迪克特：《文化模式》，王炜译，社会科学文献出版社2009年版。

［英］马林诺夫斯基：《自由与文明》，张帆译，世界图书出版公司北京公司2009年版。

［法］孟德拉斯：《农民的终结》，李培林译，中国社会科学出版社1991年版。

［美］明恩博：《中国乡村生活》，午晴、唐军译，时事出版社1998年版。

［法］莫里斯·哈布瓦赫：《论集体记忆》，毕然、郭金华译，上海人民出版社2002年版。

［美］尼尔·波兹曼：《娱乐至死》，章艳译，广西师范大学出版社2004年版。

［加］欧文·戈夫曼：《日常生活中的自我呈现》，冯钢译，北京大学出版社2008年版。

［法］乔治·维加雷洛：《从古老的游戏到体育表演：一个神话的诞生》，乔咪加译，中国人民大学出版社2007年版。

［美］塞缪尔·亨廷顿：《文明的冲突与世界秩序的重建》，周琪、刘绯、张立平译，新华出版社1998年版。

［英］特瑞·伊格尔顿：《文化的观念》，方杰译，南京大学出版社2006年版。

［美］伊沃·苏皮契奇：《社会中的音乐：音乐社会学导论》，周耀群译，湖南文艺出版社2005年版。

［荷］约翰·赫伊津哈：《游戏的人：文化中游戏成分的研究》，何道宽译，花城出版社2007年版。

［美］约翰·R.霍尔、玛丽·乔·尼兹：《文化：社会学的视野》，周晓虹译，商务印书馆2004年版。

［英］约瑟夫·马奎尔、凯文·扬主编：《理论诠释：体育与社会》，陆小聪

译，重庆大学出版社 2012 年版。

中文期刊论文

巴胜超：《表演》，《民族艺术》2014 年第 2 期。

白晋湘、万义、白蓝：《乡村振兴战略背景下村落体育非物质文化遗产保护的治理研究》，《北京体育大学学报》2018 年第 10 期。

曹海林：《乡村社会变迁中的村落公共空间——以苏北窑村为例考察村庄秩序重构的一项经验研究》，《中国农村观察》2005 年第 6 期。

陈福刁、周进国、潘哲浩：《对潮汕民俗体育研究的几点思考》，《体育学刊》2012 年第 4 期。

陈红新、刘小平：《也谈民间体育、民族体育、传统体育、民俗体育概念及其关系——兼与涂传飞等同志商榷》，《体育学刊》2008 年第 4 期。

陈家明、蒋彬：《少数民族传统体育融入乡村振兴路径研究——以川西北地区为例》，《云南民族大学学报》（哲学社会科学版）2020 年第 4 期。

陈筠泉：《现代性问题与文化研究》，《黑龙江社会科学》2006 年第 5 期。

陈联记、王立军：《非物质文化遗产的商业化经营与开发原则》，《河北学刊》2020 年第 2 期。

陈淑奇：《现代奥林匹克运动与生命道德中"真善美"价值关系》，《北京体育大学学报》2010 年第 6 期。

陈心林：《村落旅游的文化表述及其真实性——以鄂西枫香坡侗寨为例》，《西南民族大学学报》（人文社会科学版）2013 年第 11 期。

陈志平：《地方特色体育文化在乡村振兴中的功能定位与开发思路》，《北京印刷学院学报》2020 年第 2 期。

程丽平：《浙江村落体育研究》，《体育文化导刊》2011 年第 7 期。

崔新建：《文化认同及其根源》，《北京师范大学学报》（社会科学版）2004 年第 4 期。

杜春斌：《陕北村落体育研究》，《延安大学学报》（自然科学版）2012 年第 4 期。

段峰：《作为表演的翻译——表演理论视域下的我国少数民族口头文学对外翻

译》,《当代文坛》2012 年第 4 期。

樊凡:《从围观走向行动:乡村振兴战略背景下农村社会研究范式的转型——兼谈学术何以能中国》,《中国农村观察》2019 年第 1 期。

樊艺勇、樊艺杰:《我国团体武术表演存在的问题及发展对策》,《成都体育学院学报》2010 第 1 期。

方李莉:《请关注非物质文化遗产的拥有者》,《艺术评论》2006 年第 6 期。

方李莉:《文化生态失衡问题的提出》,《北京大学学报》(哲学社会科学版) 2001 年第 3 期。

方千华:《表演视域中的竞技运动诠释》,《体育科学》2008 年第 6 期。

方曙光、郭敏刚、胡庆山:《新农村建设中村落体育的文化诠释》,《南京体育学院学报》(社会科学版) 2010 年第 5 期。

费孝通:《百年中国社会变迁与全球化过程中的"文化自觉"——在"21 世纪人类生存与发展国际人类学学术研讨会"上的讲话》,《厦门大学学报》(哲学社会科学版) 2000 年第 4 期。

冯琦:《契机与前景:乡村振兴战略背景下我国农村体育现代化的发展路径》,《西安体育学院学报》2018 年第 4 期。

冯强、涂传飞、熊晓正:《马塞尔·莫斯的"礼物交换理论"对民俗体育的启示》,《武汉体育学院学报》2012 年第 6 期。

冯胜刚:《关于表演评判与表演性少数民族传统体育发展的研究》,《贵州民族研究》2003 年第 4 期。

冯胜刚:《我国少数民族传统体育的价值与西部大开发研究》,《贵州师范大学学报》(社会科学版) 2004 年第 6 期。

冯胜刚:《中国现代化进程中少数民族传统体育有效传承路径的实证研究》,《贵州民族研究》2012 年第 2 期。

冯胜钢:《我国少数民族传统体育存在方式和存在基础的特征调查与近 30 年内逐步现代化的对策研究》,《北京体育大学学报》2006 年第 11 期。

冯淑华、沙润:《乡村旅游中农村妇女就业与发展研究》,《妇女研究论丛》2007 年第 1 期。

傅钢强、耿文光、夏成前:《我国农村体育助力农村社会发展的历程回顾、使命延续和未来展望——基于浙江省乡村振兴的典型样本分析》,《体育科学》2020 年第 8 期。

高丙中:《圣诞节与中国的节日框架》,《民俗研究》1997 年第 2 期。

高留红:《论团体操的内涵及表演模式的发展演变》,《北京体育大学学报》2014 年第 11 期。

高留红:《团体操表演功能:仪式、文化与艺术》,《北京体育大学学报》2017 年第 7 期。

桂朝旺、聂锐新:《玉溪市村落体育文化活动现状调查研究》,《玉溪师范学院学报》2009 年第 4 期。

郭琼珠:《村落乡土文化资源中的传统体育研究——兼对一个侨乡村落武馆百年史的考察》,《东南学术》2008 年第 3 期。

郭修金、虞重干:《村落体育的主要特征与社会功能探析——山东临沂沈家庄的实地研究》,《广州体育学院学报》2007 年第 3 期。

郭于华:《生活在后传统之中》,《读书》1997 年第 6 期。

郭玉成:《中国民间武术的传承特征、当代价值与发展方略》,《上海体育学院学报》2007 年第 2 期。

国伟、田维华:《贵州少数民族传统体育的传承和发展》,《体育学刊》2009 年第 9 期。

何雄谦:《从民运会现状看今后民族体育的发展》,《体育科技》1993 第 2 期。

何秀全:《少数民族民俗仪式在四川重大体育活动中的作用研究》,《体育文化导刊》2017 年第 1 期。

洪静、赵磊:《山东省节庆旅游资源开发研究》,《理论学刊》2013 年第 12 期。

胡鸿保、左宁:《村落社区的民族志:类型比较与追踪调查》,《思想战线》2008 年第 11 期。

胡娟:《我国民俗体育的流变——以龙舟竞渡为例》,《体育科学》2008 年第 4 期。

胡庆山、郭小海、黄爱峰:《论村落农民体育》,《体育文化导刊》2008 年第 6 期。

胡庆山、王健:《新农村建设中发展"新农村体育"的必要性、制约因素及对策》，《体育科学》2006 年第 10 期。

户晓辉：《〈保护非物质文化遗产公约〉能给中国带来什么新东西——兼谈非物质文化遗产区域性整体保护的理念》，《文化遗产》2014 年第 1 期。

黄宽柔、胡小明、李佐惠：《我国大型运动会开幕式表演的特点及其对社会的影响》，《体育学刊》2003 年第 1 期。

黄宽柔、赵海波：《团体操表演范式的构建与解读》，《体育与科学》2014 年第 4 期。

黄胜进：《从"文化遗产"到"文化资本"——非物质文化遗产的内涵及其价值考察》，《青海民族研究》2006 年第 4 期。

黄永良、傅纪良：《海岛民间民俗体育特征的研究》，《北京体育大学学报》2010 年第 7 期。

黄永林：《非物质文化遗产传承人保护模式研究——以湖北宜昌民间故事讲述家孙家香、刘德培和刘德方为例》，《中国地质大学学报》（社会科学版）2013 年第 2 期。

黄永林、谈国新：《中国非物质文化遗产数字化保护与开发研究》，《华中师范大学学报》（人文社会科学版）2012 年第 2 期。

冀宁、褚晓娥：《沟边村九鲤灯舞的体育人类学研究》，《体育文化导刊》2015 年第 10 期。

姜长云：《全面把握实施乡村振兴战略的丰富内涵》，《经济研究参考》2017 年第 63 期。

解乒乒、史帅杰、丁保玉：《"一带一路"战略下武术文化"走出去"的机遇与策略》，《体育文化导刊》2017 年第 6 期。

金晓阳：《体育院校表演专业学生实践能力培养体系的构建研究》，《广州体育学院学报》2007 第 4 期。

金耀基：《论中国的"现代化"与"现代性"——中国现代的文明秩序的建构》，《北京大学学报》（哲学社会科学版）1996 年第 1 期。

孔庆波、戴晓敏、马春银：《少数民族体育的身体文化本相与发展变迁》，《武汉体育学院学报》2015 年第 6 期。

郎勇春、周美芳、程其练：《江西民俗体育文化的现代流变——以江西永新盾牌舞为例》，《体育学刊》2009 年第 12 期。

李东岳、牛爱军：《对村落民俗中武术的研究——从非物质文化遗产的视角》，《广州体育学院学报》2009 年第 3 期。

李红梅、郑国荣、方千华：《论民俗体育的现代化发展》，《沈阳体育学院学报》2008 年第 6 期。

李会增、王向东、赵晓红：《我国村落体育的文化特征及发展模式研究》，《北京体育大学学报》2007 第 10 期。

李江霞、贾鹏：《武术表演走进体育展示之研究》，《贵州工业大学学报》（社会科学版）2008 年第 5 期。

李俊怡：《少数民族传统体育表演项目的特点和类型》，《黑龙江民族丛刊》2006 年第 3 期。

李开文、谭广鑫、李晓通：《基于表演理论的纳西族"东巴跳"传承语境探究》，《首都体育学院学报》2016 年第 2 期。

李莉、黄宽柔、赵海波：《论运动会开幕式表演的体育精神》，《体育文化导刊》2014 年第 3 期。

李培林：《从"农民的终结"到"村落的终结"》，《传承》2012 年第 15 期。

李培林：《巨变：村落的终结——都市里的村庄研究》，《中国社会科学》2002 年第 1 期。

李睿：《传统身体文化如何重回传统：回答双重处境下的双重问题》，《体育与科学》2015 年第 1 期。

李政、冯胜刚：《贵州省少数民族传统体育表演项目研究》，《贵州民族研究》2013 年第 2 期。

李政涛：《在表演和观看中生成的生命——表演视角下的学生观》，《教育科学》2004 年第 2 期。

李宗桂：《简论文化的民族性、时代性和世界性》，《哲学动态》1992 年第 8 期。

梁林：《伦敦奥运会的社会表演学观照》，《体育文化导刊》2013 年第 1 期。

廖奔：《20 世纪中国戏剧学的建构》，《文艺研究》1999 年第 4 期。

廖恒：《健美操对艺术院校表演专业学生舞台表演的辅助功能》，《成都体育学院学报》2009 年第 8 期。

林伯原:《论中国岁时和礼仪民俗中的传统体育》,《北京体育学院学报》1993 年第 1 期。

刘家和:《传承和创新与历史和史学》,《北京师范大学学报》(社会科学版)2014 年第 2 期。

刘魁立:《论全球化背景下的中国非物质文化遗产保护》,《河南社会科学》2007 年第 1 期。

刘旻航:《民俗体育功能分类及特点研究》,《山东体育学院学报》2012 年第 5 期。

刘生文:《临潭"万人拔河"古今谈》,《体育文史》1992 年第 6 期。

刘铁梁:《村落生活与文化体系中的乡民艺术》,《民族艺术》2006 年第 1 期。

刘一民:《体育存在的生命意义与表达》,《武汉体育学院学报》2015 年第 4 期。

刘远林、董英豪:《贵州苗族芦笙舞的表演形态及其文化价值》,《北京舞蹈学院学报》2011 年第 4 期。

卢文云:《统筹城乡发展中促进村落体育公共服务发展的策略研究》,《北京体育大学学报》2018 年第 2 期。

逯克胜:《对我省少数民族传统体育项目的特点分析》,《青海师专学报》(教育科学)2005 年第 S3 期。

吕福祥:《太极拳舞台表演艺术化发展》,《武汉体育学院学报》2013 年第 11 期。

罗湘林:《对一个村落体育的考察与分析》,《体育科学》2006 年第 4 期。

罗远标、梁丽凤:《海南民俗体育研究》,《体育文化导刊》2011 年第 12 期。

马德浩、季浏:《民族传统体育文化面临的安全威胁及其应对策略》,《上海体育学院学报》2015 年第 6 期。

马鸿韬、李敏:《体育表演艺术概念及分类的探讨》,《北京体育大学学报》2006 年第 9 期。

马鸿韬、李敏、吴梦晗:《我国体育院校艺术类专业发展的再审视》,《北京体育大学学报》2015 年第 7 期。

马鸿韬、吴梦晗、李敏:《我国体育院校表演专业"一三一"人才培养模式的研究》,《北京体育大学学报》2010年第12期。

孟令英:《中华民族传统体育现状及其走向世界的对策研究》,《北京体育大学学报》2004年第12期。

牛爱军:《从非物质文化遗产视角对"传统武术传承人"保护问题的探讨》,《武汉体育学院学报》2008年第10期。

彭牧:《身体与民俗》,《民间文化论坛》2018年第5期。

任波、黄海燕:《新时代体育产业助推乡村振兴的价值审视与实施路径》,《体育文化导刊》2020年第2期。

任海:《乡村振兴战略与中国特色城乡体育融合发展》,《上海体育学院学报》2021年第1期。

任映红:《论村落文化与当前农村的政治发展》,《江汉论坛》2005年第5期。

任映红、王勇:《城市化进程中村落变迁的条件和作用机理》,《理论探讨》2015年第1期。

沙青青:《在新中国打棒球:一项体育运动的境遇变迁及其多重角色》,《中共党史研究》2014年第2期。

施炎平:《从文化资源到文化资本——传统文化的价值重建与再创》,《探索与争鸣》2007年第6期。

石先彬、孙健、汪正法:《基于价值取向多元化视角论太极文化之全面与个性发展价值观》,《南京体育学院学报》(社会科学版)2012年第1期。

司马容:《体育游戏:人类生存的辩证法(续)——现代哲学家对体育本体的多维反思》,《体育与科学》1994年第6期。

孙风林:《村落体育的社会生态学分析——以河北沧州郭村为例》,《体育科学》2013年第3期。

孙红昺:《八阵图与古代的阵法》,《文史知识》1984年第6期。

孙克勤:《北京门头沟区古村落遗产资源保护与开发》,《地域研究与开发》2009年第4期。

孙明跃:《表演艺术类国家级非物质文化遗产保护研究——以云南省为例》,《民间艺术研究》2011年第5期。

汤立许、蔡忠林、刘轶：《我国民族传统体育发展的困境及路径选择》，《西安体育学院学报》2011年第5期。

唐承财、郑倩倩、王晓迪：《基于两山理论的传统村落旅游业绿色发展模式探讨》，《干旱区资源与环境》2019年第2期。

唐远金、周家金、张强：《村落体育文化的教育价值及构建》，《体育文化导刊》2019年第7期。

田雨普：《现时期我国群众体育确立以农村为重点的战略方针刍议》，《体育文化导刊》2007年第9期。

涂传飞：《社会再生产机制：对民俗体育历史作用的人类学阐释——来自一个村落舞龙活动的民族志报告》，《天津体育学院学报》2011年第1期。

涂传飞、陈志丹、严伟：《民间体育、传统体育、民俗体育、民族体育的概念及其关系辨析》，《武汉体育学院学报》2007年第8期。

涂传飞、余万予、钞群英：《对民俗体育特征的研究》，《武汉体育学院学报》2005年第11期。

万义：《村落少数民族传统体育发展的文化生态学研究——"土家族第一村"双凤村的田野调查报告》，《体育科学》2011年第9期。

万义、胡建文、白晋湘：《苗族鼓舞文化生态变迁的人类学研究——湘西德夯的田野调查报告》，《西安体育学院学报》2010年第6期。

汪俊祺：《与乡村旅游融合的徽州村落体育创意产业扶贫价值、困境、对策——结合徽州武术创意产业进行分析》，《宁夏社会科学》2016年第5期。

王程：《试论民俗体育文化产业化的发展》，《社会科学家》2011年第12期。

王代莉：《全球化与民族文化认同刍议》，《中共贵州省委党校学报》2007年第6期。

王德刚、史云：《传承与变异——传统文化对旅游开发的应答》，《旅游科学》2006年第4期。

王德刚、田芸：《旅游化生存：非物质文化遗产的现代生存模式》，《北京第二外国语学院学报》2010年第1期。

王建伟：《新农村建设背景下村落体育文化的功能、变迁及定位》，《首都体育学院学报》2014 年第 1 期。

王杰文：《"表演"与"表演研究"的混杂谱系》，《世界民族》2012 年第 4 期。

王敬浩、周爱光：《民俗体育对身体和谐的建构——谈民俗体育的发展逻辑及其现代道路》，《武汉体育学院学报》2008 年第 10 期。

王俊奇：《赣皖边区村落民俗体育研究》，《北京体育大学学报》2006 年第 11 期。

王俊奇：《也论民间体育、民俗体育、民族体育、传统体育概念及其关系——兼与涂传飞、陈红新等商榷》，《体育学刊》2008 年第 9 期。

王俊奇：《关于民俗体育的概念与研究存在的问题——兼论建立民俗体育学科的必要性》，《西安体育学院学报》2007 年第 2 期。

王亮清：《新农村建设中村落体育可持续发展面临的困境与解决路径——河南省"村官学院"乡村工作站 16 个行政村的实证研究》，《体育与科学》2012 年第 2 期。

王琳：《晋中民俗体育特征及其发展途径研究》，《体育文化导刊》2011 年第 6 期。

王明建：《拳种与村落：武术人类学研究的实践空间》，《成都体育学院学报》2016 年第 1 期。

王庆军、方晓红：《跨文化对话：中国传统体育国际化的障碍与超越》，《体育科学》2010 年第 6 期。

王若光、刘旻航：《我国民俗体育功能的现代化演进》，《武汉体育学院学报》2011 年第 10 期。

王胜华：《扮演：戏剧存在的本质——对戏剧本质思考的一种发言》，《戏剧》（中央戏剧学院学报）1996 年第 1 期。

王硕、马鸿韬：《我国体育院校表演专业研究现状》，《体育文化导刊》2011 年第 10 期。

王小明：《传统村落价值认定与整体性保护的实践和思考》，《西南民族大学学报》（人文社会科学版）2013 年第 2 期。

王亚敏、陈小蓉：《我国体育非物质文化遗产中舞龙项目分类研究》，《体育文化导刊》2017年第1期。

王永健：《费孝通的艺术人类学思想》，《内蒙古大学艺术学院学报》2015年第1期。

温铁军、罗士轩、董筱丹：《乡村振兴背景下生态资源价值实现形式的创新》，《中国软科学》2018年第12期。

吴保占：《论武术表演文化的价值功能及其实现》，《体育文化导刊》2017年第9期。

吴理财：《农村公共文化日渐式微》，《人民论坛》2006年第14期。

吴文智：《旅游地的保护和开发研究——安徽古村落（宏村、西递）实证分析》，《旅游学刊》2002年第11期。

吴晓：《村落文艺活动研究的艺术人类学视野》，《民族艺术研究》2010第5期。

吴晓：《民间艺术旅游展演文本的文化意义——基于湘西德夯苗寨的个案研究》，《民族艺术》2009年第2期。

吴玉华、陈海琼、汪淑玲：《赣南客家灯彩民俗体育表演的源流、形式及特征》，《赣南师范学院学报》2015年第3期。

向云驹：《论非物质文化遗产的身体性——关于非物质文化遗产的若干哲学问题之三》，《中央民族大学学报》（哲学社会科学版）2010年第4期。

萧放：《传统节日：一宗重大的民族文化遗产》，《北京师范大学学报》（社会科学版）2005年第5期。

肖英：《论戏曲表演与身体美学》，《中国人民大学学报》2017年第6期。

邢楠楠：《人类学视域下的秧歌民俗文化生态考察——以海阳秧歌为个案》，《民俗研究》2015年第4期。

熊文颖、余万予、马磊等：《农耕体育文化传承的变迁与当代危机》，《上海体育学院学报》2011第2期。

熊晓正：《传统的批判与批判的传统——略论本世纪提倡民族传统体育的得失》，《体育文史》1987年第2期。

徐赣丽：《非物质文化遗产的开发式保护框架》，《广西民族研究》2005年第4期。

徐寅生、金大陆、吴维：《我所亲历的中美"乒乓外交"》，《世纪》2017年第1期。

徐再高：《村庄精英：推动村民自治的新力量——贵州聚合村调查手记》，《中国乡村发现》2007年第5期。

许彩明、武传玺：《乡村振兴战略背景下我国农村体育公共服务升级路径研究》，《西安体育学院学报》2019年第5期。

阳宁东：《民族文化与旅游发展演进互动研究——以九寨沟旅游表演为例》，《西南民族大学学报》（人文社会科学版）2012年第4期。

杨海晨、王斌：《从工具到传统：红水河流域"演武活动"的历史人类学考察》，《北京体育大学学报》2015年第10期。

杨海晨、王斌、胡小明：《想象的共同体：跨境族群仪式性民俗体育的人类学阐释——基于傣族村寨"马鹿舞"的田野调查》，《上海体育学院学报》2014年第2期。

杨海晨、吴林隐、王斌：《走向相互在场："国家—社会"关系变迁之仪式性体育管窥——广西南丹黑泥屯"演武活动"的口述历史》，《体育与科学》2017年第3期。

杨建华：《日常生活：中国村落研究的一个新视角》，《浙江学刊》2002年第4期。

杨建设、李建国：《我国民族传统节日体育文化的地理分布特征及其影响因素》，《上海体育学院学报》2007年第1期。

杨利慧：《表演理论与民间叙事研究》，《民俗研究》2004年第1期。

杨青、刘静：《乡村振兴视域下"以拳塑乡"的新型乡村共同体建构及治理——基于"武术之乡"陈家沟的田野调查》，《西安体育学院学报》2021年第1期。

杨世如、周华：《贵州少数民族传统体育表演项目调查分析》，《贵州民族学院学报》（哲学社会科学版）2011年第4期。

姚磊：《村落体育发展的制约因素及对策》，《体育文化导刊》2012年第9期。

殷姿：《竞技仪式的重构：体育表演学在中国的发展态势》，《体育科研》2016年第2期。

游拢：《传统村落对民族传统体育发展的促进作用研究》，《体育文化导刊》2016年第12期。

于浩：《中国"重装保护"民族优秀传统文化》，《中国人大》2011年第5期。

余涛、涂传飞、余静：《村落体育生活方式的百年变迁及启示》，《上海体育学院学报》2011年第4期。

虞重干、郭修金：《农村体育的根基：村落》，《武汉体育学院学报》2007第7期。

曾凡莲：《建设农村特色体育的全民健身活动的思考》，《体育文化导刊》2006年第1期。

翟廷立：《体育院校表演专业艺术实践的研究》，《武汉体育学院学报》2009年第1期。

张广瑞：《关于旅游业的21世纪议程（一）——实现与环境相适应的可持续发展》，《旅游学刊》1998年第2期。

张珩、王园悦：《莫让传统体育文化被边缘化》，《人民论坛》2017年第31期。

张华江：《地域性"原生态"民俗体育发展的现实进路》，《广州体育学院学报》2012年第4期。

张建华、常毅臣、芦平生：《中华民族传统体育文化研究：价值、进展与走向》，《中国体育科技》2013年第3期。

张士闪：《非物质文化遗产保护与当代乡村社区发展——以鲁中地区"惠民泥塑""昌邑烧大牛"为实例》，《思想战线》2017年第1期。

张士闪：《"借礼行俗"与"以俗入礼"：胶东院夼村谷雨祭海节考察》，《开放时代》2019年第6期。

张士闪：《温情的钝剑：民俗文化在当代新农村建设中的意义》，《中国农村观察》2009年第2期。

张同宽：《海岛渔村原生态海洋民俗体育特征研究——以舟山群岛为例》，《成都体育学院学报》2011年第5期。

章锦河：《古村落旅游地居民旅游感知分析——以黟县西递为例》，《地理与地理信息科学》2003年第2期。

章立明：《文化人类学中的身体研究及中国经验探讨》，《世界民族》2010年第5期。

赵定东、杨政：《社区理论的研究理路与"中国局限"》，《江海学刊》2010年第2期。

赵晶晶：《民间体育的"文化表演"、价值及其研究语境：以"北京花会"的仪式性传承为例》，《首都体育学院学报》2014年第6期。

赵岷、李翠霞、魏彪：《西方职业体育竞赛表演化发展趋势的研究》，《山西大同大学学报》（自然科学版）2009年第6期。

赵岷、李金龙、李翠霞：《从仪式到表演：古罗马角斗活动的文化学剖析》，《西安体育学院学报》2015年第2期。

郑丽冰：《刍议我国体育表演的功能与发展趋势》，《武汉体育学院学报》1999年第1期。

郑土有：《非物质文化遗产保护中的"儿童意识"——从日本民俗活动中得到的启示》，《江西社会科学》2008年第9期。

钟敬文：《论娱乐》，《浙江学刊》1999年第5期。

周大鸣：《"年例"习俗与宗族认同——以粤西电白县潭村为中心的研究》，《文化遗产》2008年第1期。

周飞舟：《从"志在富民"到"文化自觉"：费孝通先生晚年的思想转变》，《社会》2017年第4期。

周小燕、邢金贵：《我国少数民族传统体育表演项目创作的发展走向与文化传承——简论"第8届全国少数民族传统体育运动会"之室内表演项目》，《首都体育学院学报》2009年第2期。

周星：《古村镇在当代中国社会的"再发现"》，《温州大学学报》（社会科学版）2009年第5期。

周星：《民族民间文化艺术遗产保护与基层社区》，《民族艺术》2004年第2期。

朱飞跃：《追寻历史的风：十部文艺集成志书编纂纪事》，《文化月刊》2004年第3期。

朱琳、刘礼国、徐烨：《论我国少数民族传统体育文化遗产保护》，《体育与科学》2013 年第 5 期。

朱启彬：《"互联网＋"背景下的村落共同体重塑》，《人民论坛·学术前沿》2017 年第 21 期。

朱启臻：《村落价值与乡村治理关系的探讨》，《国家行政学院学报》2018 年第 3 期。

朱启臻、芦晓春：《论村落存在的价值》，《南京农业大学学报》（社会科学版）2011 年第 1 期。

朱泽建：《试论太极拳技击、表演和健身的辩证统一》，《中华武术》（研究）2012 年第 5 期。

朱振华：《村落语境中的艺术表演与自治机制——以鲁中地区三德范村春节"扮玩"为例》，《民俗研究》2017 年第 2 期。

学位论文

艾安丽：《汉水流域湖北段民俗体育文化的变迁——以"三龙文化"为例》，博士学位论文，福建师范大学，2015 年。

安定明：《西宁东关回族社区的变迁研究》，博士学位论文，中央民族大学，2009 年。

蔡焰琼：《仪式与集体认同——海涅作品〈巴哈拉赫的拉比〉的文化学探讨》，硕士学位论文，四川外语学院，2008 年。

常洁琨：《甘肃少数民族非物质文化遗产的分类保护研究》，博士学位论文，兰州大学，2017 年。

董德光：《戏曲表演程式研究》，博士学位论文，中国艺术研究院，2012 年。

樊艺勇：《中华团体武术表演研究》，硕士学位论文，河南大学，2010 年。

方千华：《竞技运动表演论》，博士学位论文，福建师范大学，2007 年。

冯伟强：《新疆锡伯族村落体育研究——以乌珠牛录村为个案》，硕士学位论文，新疆师范大学，2011 年。

傅振磊：《中国农村体育现代化研究》，博士学位论文，苏州大学，2011 年。

高静飞：《湘西州苗族村落体育研究》，硕士学位论文，吉首大学，2012 年。

何马玉涓：《文化变迁中的仪式艺术——以傈僳族刀杆节为例》，博士学位论文，云南大学，2015年。

黄龙光：《民间仪式、艺术展演与民俗传承——峨山彝族花鼓舞田野调查研究》，博士学位论文，中央民族大学，2009年。

贾瑞学：《沂蒙山区民俗体育的调查研究——以"龙灯、抗阁"为例》，硕士学位论文，江西师范大学，2011年。

李宏岩：《在乡土与高雅碰撞中再生——以本山艺术学院民间表演专业为个案》，博士学位论文，中央民族大学，2011年。

李萌：《基于文化创意视角的上海文化旅游研究》，博士学位论文，复旦大学，2011年。

李淼：《旅游体验中的场现象：一个表演的视角》，博士学位论文，东北财经大学，2017年。

李政涛：《教育生活中的表演——人类行为表演性的教育学考察》，博士学位论文，华东师范大学，2003年。

刘海英：《中国工业化进程中农村体育问题研究》，博士学位论文，南京师范大学，2011年。

刘孝蓉：《文化资本视角下的民族旅游村寨可持续发展研究》，博士学位论文，中国地质大学，2013年。

柳庆阳：《现代跆拳道舞台表演设计的探讨》，硕士学位论文，华中师范大学，2016年。

吕韶钧：《舞龙习俗与民族文化认同研究》，博士学位论文，北京体育大学，2011年。

罗湘林：《村落体育研究——以一个自然村落为个案》，博士学位论文，北京体育大学，2005年。

马冬雪：《福建省体育非物质文化遗产的活态传承研究》，博士学位论文，福建师范大学，2016年。

门小飞：《新农村建设背景下烟台地区村落体育发展现状与对策研究》，硕士学位论文，武汉体育学院，2009年。

倪依克：《论中华民族传统体育的发展》，博士学位论文，华南师范大学，2004年。

任远金:《徽州地区一个典型村落——瞻淇村的体育研究》,硕士学位论文,北京体育大学,2008年。

覃继督:《"表演理论"在中国民间文学研究中的应用述评》,硕士学位论文,云南大学,2011年。

涂传飞:《农村民俗体育文化的变迁——江西省南昌县涂村舞龙活动的启示》,博士学位论文,北京体育大学,2009年。

王明建:《武术发展的社会生态与社会动因——以村落武术为研究个案》,博士学位论文,上海体育学院,2013年。

王庆:《非物质文化遗产主体制度设计研究》,硕士学位论文,西南大学,2009年。

吴静:《武术舞台表演创编研究》,硕士学位论文,河南大学,2010年。

吴贤贤:《基于民俗表演活动的非物质文化遗产嬗变研究》,博士学位论文,南昌大学,2014年。

谢玉:《文化生态视野下民俗体育传承与发展研究——以长乐"故事会"为个案》,硕士学位论文,湖南师范大学,2014年。

邢楠楠:《山东民间三大秧歌的艺术表现形式研究》,博士学位论文,山东大学,2015年。

严若艺:《民俗体育在城市中的演进与发展趋势研究》,硕士学位论文,江西师范大学,2008年。

袁晓丽:《丽江市非物质文化遗产保护的政府职能履行研究》,硕士学位论文,云南财经大学,2019年。

张红霞:《宏村古村落游憩价值及其旅游开发的环境影响价值评估》,硕士学位论文,安徽师范大学,2006年。

张俊英:《建国以来民俗体育发展研究》,硕士学位论文,山东大学,2009年。

张士闪:《乡土社会与乡民的艺术表演——以山东昌邑地区小章竹马为核心个案》,博士学位论文,北京师范大学,2005年。

郑国华:《社会转型与我国民族传统体育文化传承》,博士学位论文,北京体育大学,2007年。

外文期刊论文

Bartosz Prabucki, "Small Nation, Big Sport: Basque Ball-Its Past and Present Cultural Meanings for the Basques", *The International Journal of the History of Sport*, Vol. 34, No. 10, 2017.

Climence Scalbert-Yucel, "The Dream of a Village: The YesilYayla Festival and the Making of a World of Culture in the Town of Arhavi", *Turkish Cultural Policies in a Global World*, No. 19, 2018.

David Barboza, Michael Jordan, "Movie Is Sports Marketing in New and Thinner Air", *The New York Times*, No. 16, 2000.

Ioannis Poulios, "Discussing Strategy in Heritage Conservation", *Journal of Cultural Heritage Management and Sustainable Development*, Vol. 4, No. 1, 2014.

Katherine Dashper, "Strong, Active Women: (Re) Doing Rural Femininity Through Equestrian Sport and Leisure", *Ethnography*, Vol. 17, No. 3, 2015.

Keiko Miura, "Conservation of a 'Living Heritage Site', A Contradiction in Terms?: A Case Study of Angkor World Heritage Site", *Conservation and Management of Archaeological Sites*, Vol. 7, No. 10, 2005.

Meida McNeal, "Navigating the Cultural Marketplace: Negotiating the Folk in Trinidadian Performance", *Latin American and Caribbean Ethnic Studies*, Vol. 8, No. 1, 2013.

Michelle Whitford, Lisa Ruhanen, "Indigenous Festivals and Community Development: A Sociocultural Analysis of an Australian Indigenous Festival", *Event Management*, Vol. 17, 2013.

Regina Bendix, "Tourism and Cultural Display: Inventing Traditions for Whom?", *Journal of American Folkflore*, No. 102, 1989.

Richard Schechner, "A New Paradigm for Theatre in the Academy", *The Drama Review*, Vol. 36, No. 4, 1992.

Ryan Copus, Hannah Laqueur, "Entertainment as Crime Prevention: Evidence From Chicago Sports Games", *Journal of Sports Economics*, Vol. 20, No. 3,

2019.

Smith Robert, "The Art of the Festival: As Exemplified by the Fiesta to the Patroness of Otuzco: La virgen de la puerta", *American Anthropologist*, Vol. 80, No. 1, 1979.

报纸文章

李慧:《去年全国休闲农业和乡村旅游接待游客近 21 亿人次》,《光明日报》2017 年 4 月 11 日第 7 版。

马小宁:《文化不应放入博物馆——访哈佛大学肯尼迪行政学院亚洲部主任塞奇教授》,《人民日报》2001 年 1 月 20 日第 7 版。

任映红:《引领村落共同体发展新常态》,《中国社会科学报》2016 年 7 月 6 日第 7 版。

申维辰:《文化创新的本质与法则》,《人民日报》2010 年 10 月 12 日第 6 版。

闻一多:《端午节的历史教育》,《生活导报》1943 年 7 月 3 日第 32 版。

徐赣丽:《拓展民俗学研究的三个方向》,《中国社会科学报》2016 年 12 月 20 日第 8 版。

张岂之:《深刻认识中华文化的历史渊源》,《人民日报》2014 年 5 月 16 日第 7 版。

张士闪:《关注民俗传统的现代转型——〈2012:中国民俗文化年度发展报告〉述要》,《中国文化报》2013 年 2 月 8 日第 3 版。

张士闪、李海云:《"城乡民俗连续体"有重构趋势》,《社会科学报》2015 年 4 月 16 日第 6 版。

后　记

本书源于我的博士学位论文。博士论文的写作是充满挑战的过程，在研究选题、调研、撰写和修改等方面获得了诸多良师益友的帮助，在此一并感谢。

感谢我的博士导师曹莉教授。曹老师学识渊博、温文尔雅、治学严谨，无论是在学术上的严格要求还是在生活中的关心爱护，都对我产生了重要的影响。先生求实严谨的治学态度，创新发展的学术情怀，谦逊宽容的为师之道，是我人生永远的启明。师恩难忘，铭记在心。

感谢我的硕士导师孙晋海教授。在研究过程中，我有幸得到了孙老师一如既往的悉心指导，常记孙老师在关键时刻的点拨，在我逃避困难时的鞭策以及小有成绩时的祝贺。师生情谊，永生难忘。

感谢曲师大体育科学学院提供的各种平台，让我不断学习、成长和进步。感谢学院领导、同事和朋友们的帮助、支持和鼓励。

感谢父母、公婆对家庭生活的照顾，年过40依然享受着父母的庇护，感谢上苍的眷顾！感谢丈夫和女儿给予我的理解和支持！

感谢给予我帮助却不能一一致谢的专家学者！感谢田野调查点诸位淳朴的老乡！

由于本人才疏学浅，书中难免疏漏和错误，恳请专家学者及广大读者批评指正！

周芳

2023.11.29

曲园